抵当権制度論

私法研究著作集 第14巻

抵当権制度論

伊藤　進著

私法研究著作集　第14巻

信山社

はしがき——第一四巻解題——

本書は、私法研究著作集第四巻・物的担保論の「Ⅱ　抵当権論」に掲載した一一本の論稿後（一九九三年以降）に執筆した「抵当権制度」に関する論稿を収録したものである。私法研究著作集第二期（第一七巻まで予定）の最初のものでもある。抵当権制度全体に関する論稿二本、物上代位に関する論稿三本、法定地上権に関する論稿八本、その他六本から構成されている。

抵当権制度全体に関する「*1*　抵当権制度の基本的課題」は、抵当権制度の理想像、抵当権法の解釈準則及び抵当権の諸効力につき学理的な検討を行っている。「*2*　抵当権制度見直しと抵当権法理」は、法制審議会が、平成一三年二月、「担保・執行法制の見直し」に着手したのを受けて、担保法研究会（代表・椿寿夫教授）でも検討を開始し、その中間まとめとして発表したものである。各課題については研究会メンバーが各論的に検討を加え、発表している（「特集・抵当権制度の立法的見直し」ジュリスト一二二八号参照）。本稿は、そのことを前提として、その見直しが抵当権法理との関係でどのような意味をもつものであるのかにつき検討している。このため、研究会メンバーによる各論的検討と併せてみていただきたい。その後、平成一五年に、先の「担保・執行法制の見直し」に基づいて改正が行われた。抵当権規定に限ってみると、主なものとしては、抵当権の果実に対する効力（民法三七一条）、滌除制度に代わる抵当権消滅請求制度の導入（民法三七八条〜三八七条）、一括競売（民法三七九条）、短期賃借権保護制度の廃止に伴う賃借建物明渡猶予制度の導入（民法三九五条）、根抵当権の元本確定規定（三九八条ノ一九・三八九条ノ二〇）などが改正された（このため、本書に収録した諸論稿や私法研究著作集第四巻収録の諸論稿と齟齬するところも出てきている）。また、民事執行法では担保不動産収益執行制度などが導入されて、実体法である抵当権法理に与える影響が大きい。抵当権制度についての、このような動向は、執行法との関係に止まらず、それは倒産法との関係において顕著にみられる。実体担保法理と倒産担保法理の関係をどうみるかが、今後の大きな課題となってきているが、このことに関する論稿は、私法研究著作集第一五巻で収録し、問題提起している。本書の*1*と*2*と共に、併せてみてほしい。

物上代位に関しては、「*3* 抵当権に基づく物上代位に関する判例上の問題点」は賃料債権への物上代位についての判例理論を総括している。また、「*4* 包括賃料債権譲渡後の抵当権に基づく物上代位権の行使」は包括賃料債権譲渡と物上代位との関係についての最高裁判決を検討したものである。

法定地上権に関しては、「*5* 土地建物共同抵当における建物再築と法定地上権」と、「*7* 土地とともに共同抵当の目的となっていた建物の滅失・毀損と法定地上権の成否」では共同抵当の特質に注目するとき一体価値考慮説に基づき再築建物については法定地上権の成立を否定するのが妥当と主張する。「*6* 再築建物に対する土地・建物共同抵当権と国税債権との優先関係」は国税債権がからむ場合の東京地裁判決について検討し、「*8* 土地・建物共同抵当における法定地上権と租税債権」は国税債権がからむ場合の東京地裁判決を更地ケースと再築ケースを比較して検討し、一体価値考慮説に立って再築建物に法定地上権の成立を否定すべきであると主張する。「*9* 共同抵当に優先する国税の交付要求と法定地上権の成否」では優先する国税債権がからむ場合の最高裁判決につき検討する。最高裁判決は一体価値考慮説に立つか否か不明であるが、この場合には法定地上権は成立しないとして結論的には同旨の見解を示した。「*10* 土地・建物共同抵当権設定後の建物の再築と法定地上権」は、判例を概観し実務上の留意点を指摘するものである。ところで、法定地上権に関する諸論稿中、かなりの重複部分がみられる。しかし、このことについては許しをいただき、その検討の思考の過程を知ってもらうために敢えて重複掲載した。さらに、「*11* 土地と建物の所有者が後順位抵当権設定時には同一だった場合と法定地上権」では法定地上権成否の判断基準時に関する名古屋高裁判決について、「*12* 建物共有者の一人がその土地共有持分を有する場合の土地抵当権の実行と法定地上権」では最高裁判決について検討する。

その他の「*13* 抵当権者の抵当不動産の不法占有者に対する妨害排除請求権及び直接自己への明渡請求の可否」では最高裁平成一一年判決のような技巧を用いることなく、不法占有により抵当権の本体ともいえる優先弁済力の減少の生ずることを考慮し、この場合に換価権が侵害されたものとして抵当権に基づく妨害排除請求権の行使を認めるべきではないかと主張する。「*14* 建物の合体と抵当権の消長」は建物の合体によって建物上の抵当権が消滅すると解するのは妥当でないこと、「*15* 共同抵当における異時配当と後順位抵当権者の地位」では、最高裁判決が債務者抵当と物上保証人抵当の共同抵当において物上保証人については共同抵当の代位によらないで弁済者の代位により、そのことを前提に後順位抵当権者についての代位を構成したことの妥当性を論じ、「*16* 共用根抵当権における被担保債権への充当方法と案分の基礎となる被担保債権額の算定方法」では、最高裁判決が弁済充当の方法によるのではなく根抵当権の本質に着目したことの妥当性を論じ、「*17* 被相続人から抵当権設定を受けた相続債権者と相続財産法人に対する抵当権設定登記請求の許否」では最高裁判決の理論構成の問題点を論じ、「*18* 後順位抵当権者と先順位抵当権の被担保債権の時効援用」では、最高裁判決がこのような場合、後順位抵当権者はつき援用権を否定したことの妥当性を論じたものである。

ところで、私法研究著作集の第一期（第一巻〜第一三巻）でも指摘したように、本書のような著作集を出すことについては、今でも、若干の躊躇を感じている。しかし、第一期発刊以降、そこで収録した論稿につき、それ以降、どのように研究を積み重ね、あるいは中断したのかを明らかにすることによって、私の研究の遍歴を示すことができ、ご教示いただければ幸甚である。

なお、私法研究著作集第二期の発刊にあたり、これを快く引き受けて下さった信山社の今井貴氏に心から感謝するとともに、編集工房ＩＮＡＢＡの稲葉文子氏にも一方ならざるご協力を得たことについて感謝するしだいである。

平成一七年六月

伊　藤　　進

抵当権制度論（私法研究著作集　第一四巻）目　次

抵当権制度論（私法研究著作集 第一四巻）

〈初出一覧〉

1 抵当権制度の基本的課題〔改題〕……〔椿寿夫編「担保法理の現状と課題」一九九五年一〇月〕
2 抵当権制度見直しと抵当権法理……〔ジュリスト一二二八号 二〇〇二年三月〕
3 抵当権に基づく物上代位に関する判例上の問題点〔改題〕……〔法学教室二三九号 二〇〇〇年八月〕
4 包括賃料債権譲渡後の抵当権に基づく物上代位権の行使――最高裁の二つの判決を契機として――……〔NBL六三七号 一九九八年三月〕
5 土地建物共同抵当における建物再築と法定地上権……〔ジュリスト一〇五五号、一〇五六号 一九九四年一一月・一九九四年一一月〕
6 再築建物に対する土地・建物共同抵当権と国税債権との優先関係……〔NBL五四六号 一九九四年六月〕
7 土地とともに共同抵当の目的となっていた建物の滅失・毀損と法定地上権の成否……〔銀行法務21・五一一号 一九九五年九月〕
8 土地・建物共同抵当における法定地上権と租税債権……〔金融法務事情一四五九号 一九九六号八月〕
9 共同抵当に優先する国税の交付要求と法定地上権の成否〔最判平成九年六月五日〕……〔私法判例リマークス一七号 一九九八年七月〕
10 土地・建物共同抵当権設定後の建物の再築と法定地上権……〔銀行法務21・三月号増刊号・五六〇号 一九九九年三月〕
11 土地と建物の所有者が後順位抵当権設定時には同一だった場合と法定地上権〔名古屋高判平成七年五月三〇日〕……〔私法判例リマークス一三号 一九九六年七月〕

12 建物共有者の一人がその土地共有持分を有する場合の土地抵当権の実行と法定地上権〔最判平成六年一二月二〇日〕……〔金融判例研究五号、金融法務事情一四二八号 一九九五年一〇月〕
13 抵当権者の抵当不動産の不法占有者に対する妨害排除請求権及び直接自己への明渡請求の可否〔最判平成一一年一一月二四日〕……〔判例時報一七六〇号 二〇〇〇年六月〕
14 建物の合体と抵当権の消長〔最判平成六年一月二五日〕……〔金融法務事情一五八一号 二〇〇〇年六月〕
15 共同抵当における異時配当と後順位抵当権者の地位〔最判昭和六〇年五月二三日〕……〔椿寿夫編・担保の判例Ｉ（ジュリスト別冊号）一九九四年四月〕
16 共用根抵当権における被担保債権への充当方法と案分の基礎となる被担保債権額の算定方法〔最判平成九年一月二〇日〕……〔判例時報一六〇六号 一九九七年九月〕
17 被相続人から抵当権設定を受けた相続債権者と相続財産法人に対する抵当権設定登記請求の許否〔最判平成一一年一月二一日〕……〔私法判例リマークス二〇号 二〇〇〇年二月〕
18 後順位抵当権者と先順位抵当権の被担保債権の時効援用〔最判平成一一年一〇月二一日〕……〔私法判例リマークス二二号 二〇〇一年二月〕

抵当権制度論

1　抵当権制度の基本的課題

一　抵当権制度の理想像の一視点

あるべき抵当権制度を問題にする場合に、近代的抵当権制度につき注目し、論議されるのが常である。いくつかの代表的教科書をみてもまず最初に、このことにつきふれられている(1)。それでは、このような近代的抵当権制度が、わが国で、今日、求められている抵当権制度の理想象になるのかどうかである。

一　ところで、近代的抵当権論の内容や問題的に関しては、すでにいろいろなところで論じられているし、松井教授の要領を得た論稿(2)があるので参照されたい。

そこでは、近代的抵当権の本質については、まず、石田博士が『投資抵当権の研究』で、抵当権は物質的支配を内容とせず、その交換価値を支配する価値権なる独自の存在を有すると主張され、その影響を受けて我妻博士が『近代法における債権の優越的地位』において、近代法において抵当権は資本主義の発展により、債権の履行の確保を目的とする保全抵当から、抵当不動産の有する交換価値を把握して金融市場に流通せしめ、投資家の金銭投資の媒介を務める投資抵当へと発展するととらえ、このような投資抵当としての近代的抵当権の本質を価値権と解されている。そして、近代的抵当権の特質としては、公示の原則、特定の原則、順位確定の原則、独立の原則、流通性確保の原則という法的諸原則を備えているものとされている。そして、これがわが国における資本主義の発展に対応するところの抵当権制度の理想象であると理解されており、抵当権法の解釈においても、その努力が行われてきた。

しかし、このような近代的抵当権論に対しては、保全抵当から投資抵当へという図式は、ドイツにおける特異なもので、資本主義の発展に対応した、普遍的なものではないとの批判がなされ[(3)]、これが今日では、一般的に承認されてきている。すなわち、抵当制度の行き着く所は、必ずしも投資抵当ではないということになるわけで、そのための努力をする必要はないことになる。それでは、わが国においては、いずれを目指すべきか問題となる。松井教授は、抵当権を投資抵当へと展開させるには基本的には農業金融、より根本的には資本の充足を求める資本主義的農業経営に対する金融ということになるが、企業金融では抵当権は債権担保を目的とする保全抵当で基本的に十分であり、企業金融がいくら発達しても、抵当権が投資抵当へ展開することはないと指摘されている[(4)]。そうだとすると、わが国においては、資本主義的農業経営のための金融需要はほとんどみられないで、企業金融が主流を占める現状においては、基本的には近代的抵当権としての保全抵当を目指しての抵当制度[(5)]を探索していくことで十分であるということになろう。

二　このことから抵当権の本質を価値権とみる考え方についても、それが投資抵当を目指しての本質論であることからすると、再考が求められよう。わが国においては、保全抵当であることを前提としての抵当権の本質づけをしていくことが必要になるからである。しかし、この保全抵当概念については、いまだ十分に検討されているとは思われない。石田博士[(6)]は、保全抵当権は「債権の弁済を確保するための従たる権利」であり、機能的には「信用保全の手段」にとどまり、債権によって権利者が取得すべき財産的価値をより確実に取得するためのものである。その特徴は、①人的信用が基礎になり付加行為として抵当権が存在すること、②抵当権によって取得する財産的価値は債権で達成しようとする財産的価値と同一であること、③抵当権は債権の効力を拡大をもたらすものであること、④被担保債権との附従性が要件となり別個に独立して流通に置かれることのないことなどが挙げられている。しかし果たして、今日においても、この性質と特徴には変わりはないのかどうか検討を要しよう。そして、その上で、保全抵当としての抵当権の本質づけに至ることになろう。

また、今日、価値権論に対して出されている問題、すなわち、抵当権は究極的には設定者の所有を奪うという点に着目すべきであるとか、抵当権は設定者の用益を制限するものでもあるとか、抵当権は物支配を通じて交換価値を支配するものであるとかの性格変更議論についても、概してみれば、保全抵当としての視点を強く意識しての論議ではないかとも思われる。このことからすると、抵当権の価値権性は、保全抵当においては純粋型としては維持できないことになりそうである。それはどこまで維持できるのかも検討の余地があろう。

三 近代的抵当権の特質とされる前述の法的諸原則についても、近時、疑問が出されている。星野教授[7]は、公示の原則と特定の原則は第三者との関係で特質とみることができるが、独立の原則と流通性確保の原則は特質にかかわるものではない。順位確定の原則のうち先順位抵当権の消滅による昇進を認めるかどうかも特質には含まれないとされる。しかしこれらの見解も投資抵当を念頭においたものか、保全抵当を念頭においたものかによって評価が異なろう。どちらかと言うと、わが国における保全抵当としての抵当権が念頭に置かれているのではないかと推察される。そうだとすると、保全抵当としての抵当制度を探究する上においては、重要な示唆を与えるものと評価できよう。

四 以上からすると、抵当制度の理想像との関係で展開された、かつての近代的抵当権論は、わが国の抵当権の理想像を考えるにあたって、その役割を果たし得ない状況にあるといえようか。わが国では、今日における企業金融に対応した保全抵当としての抵当制度の理想像を求めていくべきである。その検討は今後に譲るが、抵当権の基本的要素にかかわって、思いつくままにみると、つぎのようなことが挙げられよう。

第一は、抵当権の本質を交換価値支配権とみることは否定できないとしても、その物的支配性を強調し、調和させることが必要ではないだろうか。

第二は、抵当権の効力として、抵当不動産の異常な占有用益により、それが妨害されることのないようにする必要があるのではなかろうか。このことは、抵当権者をして一方的に利するとの批判も考えられるが、結果としては抵当不動産の担保価値を高めることになろう。

第三は、抵当目的物に関して、集合不動産抵当の途を開くことは必要ではないとしても、(8)特定の不動産を中心としながらも、それに附属する財産を経済的有機的価値一体性のままで抵当目的物となりうるものとするために、一物一権主義の原則を前提とする特定に代わる目的物の特定と公示方法を考える必要はないだろうか。併せて、目的財産の設定後の変動をも視野に入れての法的処理を適切に行われることも必要であろう。根抵当における被担保債権についての「枠支配」的視点を、抵当目的物についても思考する必要はないだろうか。

第四は、被担保債権に関しては、債権の存在を前提としない抵当権制度は保全抵当を念頭におく場合には必要とは思われない。附従性については、実行時において確保されているかぎり、設定時における緩和は保全抵当に反するものではないであろう。このことから、被担保債権にかかわっては現在の法理論が維持されてしかるべきであろう。

二　抵当権法の基本的解釈準則

抵当権規定を解釈適用する場合の解釈準則を基本的にどこに求めるべきであるかについては、今日、若干の議論が見られる。また、後述（一七頁以下参照）で採り上げた抵当権に関する近時の一連の最高裁判例は、そのことにつき問題を提起するものといえる。このことから、ここでは、その問題状況を指摘し、その検討の素材を提供することにする。

1　抵当権の価値権性の解釈準則性

抵当権の本質につき、価値権であるとするのが学説・判例においてほぼ承認されているところである。このような価値権性については、近代的抵当権論との関係で、石田博士が主張され、その影響を受けて我妻博士が展開されたことは周知のところであるが、このような近代的抵当権の本質とされる価値権が法解釈論との関係においても受け入れられているのが、従来の代表的学説や判例である。(9)そのことは、前述したところでもある。この意味では、抵当権の価値権性は、抵当権法の基本的な解釈準則とされてきたといえる。では、今日においても、それが基本的準則としての地位を維持できるものなのかどうかである。

最近の二つの最高裁判例、すなわち賃料債権への抵当権に基づく物上代位を認めた最高裁平成元年判決[10]と短賃解除後占有者に対する抵当権に基づく抵当権者への明渡請求を否定した最高裁平成三年三月判決[11]について、この価値権ドグマに基づくものとして、批判する学説が多くみられる[12]。そこでは、価値権性が基本的解釈準則とされているというのである。このことから、この価値権ドグマを解釈で克服することの必要性を強調すること[13]、物支配を通じての交換価値の支配を意味するとして価値権支配の内容修正を迫ること[14]、あるいはわが国の抵当権は抵当権設定者の用益を制限する要素を持つとして価値権論の修正を主張することなど[15]によって、価値権性を解釈準則とすることについて異論を唱えるか、批判する見解が強まってきている。

また、川井教授は、抵当権は究極的には設定者の所有を奪うという点に着目すると、価値権のみの説明では不十分であり、抵当権の本質は実行により目的物の交換価値を取得しうる期待権であるとみるべきであると主張される[16]。このことは、価値権に代わり期待権性を基本的解釈準則とすべきであるとするものである。

さらには、価値権性を基本的解釈準則とする立場に立ちながらも、二様に解しうるという現象もみられる。賃料債権への抵当権に基づく物上代位に関連して、一方では、価値権であることに注目して、本来の目的物に対して抵当権の実行ができなくなった場合に、その交換価値が形を変えて存続しているときには、その価値変形物について担保権の行使を認めることが公平・妥当との考え方を前提として、賃料債権は目的物の「価値の一部を代表するもの」あるいは「交換価値のなし崩し的な具現化」であるとして、肯定する見解があるのに対して[17]、価値権的発想が台頭するにつれて、物上代位は本来の目的物に対して担保権を行うことができなくなった場合に価値代表物に抵当権の効力を及ぼすことができるのであって、追及力のある抵当権については本来の目的物に効力を及ぼすことができることから、賃料債権の物上代位を認めるべきではないとの見解[18]も有力に主張されている。もっとも、否定説では追及効という要素を加味している点で異なることになるが、しかしこのような二様の解釈が成り立つとなると、価値権性からは形式論理的には肯定も否定も演繹できないということになる。このことは、その基本的解釈準則性に問題を投げかけられていることは確かである。

このように価値権性を基本的解釈準則とみることに関して、さまざまな問題が生じてきている。そこで、法解釈学の観点からは、抵当権を価値権と構成することには、それほど重要な意味は認められないとして、解釈準則性を否定する見解も見られる(19)。また、法解釈学レベルにおいては、価値権概念でどこまで有効に抵当権の法的問題が解釈論的に解決できるのかを具体的に検討する必要があり、その有効性の大小によって価値権概念を維持すべきかどうかを判断しなければならないともいわれている(20)。

このように、抵当権の本質とされてきた価値権性を基本的解釈準則とすることについては、揺れ動いている。このことから、価値権性が基本的解釈準則になり得るのかどうかについては、どこまでが妥当するのかについての検討を含めて、再考する必要がある。この点、鎌田教授は、価値権説については、一方ではその動揺が指摘され、他方では、その行き過ぎが批判されているが、その基本的な考え方は、今日でも厳然として生きていて、これからも維持されてよいとしながら、その発想を具体的な解釈論上の結論と短絡させ過ぎているところに問題があると指摘している(21)ことも注目されよう。

2　抵当権の非占有・非用益性の基本的解釈準則性

抵当権は、設定者に目的物の占有を委ね、その使用収益を認めるものであって、抵当権者には占有権限も使用収益権限も存在しない担保権であることには異論はない。とくに、抵当権は非占有担保であることによって、質権と異なる。ところで、このような抵当権の非占有・非用益の性質と価値権性との関係については、通常は、一体的に理解されているようである。非占有・非用益であることによって純粋の価値権といえると解されているようである。そこで、価値権性を基本的解釈準則とする立場に立つものは、この非占有・非用益性をも包含したものとして取り扱っているのが普通である[22]。しかし、抵当権の本質を価値権に求めない場合であっても、抵当権の性質としての非占有・非用益性は否定されるものではない。この意味では、これだけを基本的準則とすることも可能である。

さきの二つの最高裁判例は、前述のように価値権性を基本的解釈準則とすることの帰結として批判されることが多いが、その判決文では、価値権性には直接触れられてはいない。そこで、基本的論拠として強調しているのは、抵当権の非占有性であり、非用益性である。これは意識的であるのか無意識的であるのかは推察することはできないが、とにかく、文言上は価値権性ではなく、非占有・非用益性を基本的解釈準則としていることは確かである。

それでは、このような非占有・非用益性は基本的解釈準則としてどこまで機能するであろうかが問題となる。それは、占有担保としての質権と法的関係において差異を生じさせることは明らかである。この意味では、解釈準則として機能するといえよう。また、最高裁平成三年三月判決[23]は、抵当権に基づく抵当権者への明渡請求を否定するにあたって、抵当権の非占有性を指摘し、そのことの帰結としている。それは、教条的解釈であると非難されてはいるが[24]、明渡請求を肯定する見解によっては、この非占有性という性質との関係を前提としての説得力ある理論が提供されていないことからすると、この解釈準則はかなり確かなものとみることができそうである。しかし、ひるがえって、抵当権の非占有・非用益を前提としながら、賃料債権への物上代位を肯定した最高裁平成元年判決[25]とこれを否定する多数説との関係をみると、そうともいえない面もある。賃料債権への物上代位を否定する論拠の一つとして、抵当権は、目的物の使用収益権を設定者に留める非占有担保であることが強調されている。これは、抵当権の非占有・非用益性を基本的解釈準則とするものであることは明らかである。しかし先の判決は、抵当権は非占有・非収益の性質の担保権であるが「抵当権のこのような性質は先取特権と異なるものではないし、抵当権設定者が目的物を第三者に使用させることによって対価を取得した場合に、右対価について抵当権を行使できるものと解したとしても、抵当権設定者の目的物に対する使用を妨げることにはならない」として肯定している。この判例は、まず、賃料債権への物上代位の問題を考えるにあたっては、抵当権の非占有・非用益の性質を解釈準則として持ち出すのは意味のないことを指摘する。このことは、否定学説が抵当権の性質論を解釈準則として論拠づけてきたのに対して、抵当権の性質論を解釈準則として持ち出すことのできないことを指摘したものである。抵当権性質論の限界を示したものとも評価されている(26)。さらには、非用益性の意味内容を変更することによって、別の解釈も成り立つことを示している。抵当権の非占有・非用益を解釈準則とする場合であっても、それは一義的ではないことから、その意味内容を探究し変更することは許されることであり、このことは解釈準則性を損なうものではない。しかし前者の指摘のように非占有・非用益は解釈準則となり得ないとすることは、これを解釈準則とする否定学説と対立する。それは、先取特権も抵当権同様に非占有・非用益であるから、抵当権と先取特権とを区別するには非占有・非用益は解釈準則になるものではないとの考えを前提とするものと思われるが、それでは非占有・非用益性はどのような場合に解釈準則となり、どのような場合には解釈準則にならないのかの検討が重要ということになろう。

3　利益衡量の解釈準則性

最近、抵当権に関する解釈問題を考えるうえで、利益衡量の必要性が強調されるようになった。まず、椿教授が十数年前に(27)、抵当権関係者論を主張されたが、その根底には、従来の抵当権に関する解釈理論において、各関係者の利害状況が配慮されていないことに対して反省を求めるものであったといえる。すなわち、抵当権法においては、多数の関係者が一つの不動産をめぐって対立するのであるが、これらの関係者の利害状況はまったく異なっているのであって、したがって、各関係者ごとの利害状況を細かく把握して理論化し、その基礎に抵当制度を論ずる必要があると提唱されているのである。このことは、各関係者の利害状況を理論化した上での利益衡量を基本的解釈準則にすべきことを示唆するものであることは明らかである。抵当権の本質や性質、あるいはそれぞれの制度趣旨から演繹的に帰結しようとしてきたきらいのあったこれまでの抵当権解釈学に対する重要な問題提起であった。そして、この椿教授の提唱を踏襲した近江教授は、関係者ごとの利害の分析は、関係者の多く絡む抵当法においては必要・有益な方法であると評価され、抵当権関係者図を描き、それぞれの関係者についての抽象的利益状況につき分析している(28)。ここではまだ、このような抵当権関係者の抽象的利益状況論が、一般的解釈準則としてどこまで有用性をもつものなのかについては検討されてはいない。しかし近時に至って、鎌田教授(29)が、賃料債権への物上代位という個別問題との関係で、「この問題を考えるときに、理屈の上ではどっちもどっちですので、具体的な利益衡量をして、政策的な判断をしなければいけない」として、賃料債権をめぐっての抵当権者の利益、所有者・賃借人の利益、一般債権者の利益などにつき具体的に分析し、利益衡量した上で、肯定と帰結されている。椿教授(30)も、物上代位との関係で、「不動産は、数量が有限であるとともに、債権回収源あるいは資産として各関係者にとり重要である。そうだとすれば、物上代位という物（＝不動産）自体を超える権利主張には、一定の線が引かれることもやむをえない。このような立場からは、物上代位を肯定すべき必要度が高い保険金・賠償金と追及効の認められる関係でそれが最も低いとみられる売却代金との間にある賃料が微妙に揺れておかしくはなく」として、具体的に利益衡量の解釈準則としての一つのモデルを示しておられる。このようにして、特定問題にかかわる関係者の具体的利益状況を分析し、利益衡量をするという一般的解釈準則について、それを承認する傾向が強まってきている。また物上代位に関連しての「抵当権の本質論ないし物上代位制度の趣旨論からの形式理論的演繹による、しかも無条件否定ないし無条件肯定という硬直した構成ではなく、とくに抵当権者と設定者との利害状況の肌理細かな類型的考量が必須」との主張(31)もみられる。そして、物上代位に関連しては、折衷説の台頭がそれを象徴するものとみられている。このような状況から、鎌田教授(32)は、「抵当権の本質論や物上代位制度の趣旨論からの形式論理的演繹による解釈が次第に影をひそめ、抵当権者、設定者および一般債権者の利害状況の肌理細かな類型的考量や、執行手続上の問題点についての具体的な考慮に基づいて解釈論を構成する傾向が強まってきた」と指摘されている。

たしかに、抵当権関係者の利益状況を分析して利益衡量をして、これを解釈準則にすることは魅力ある方法である。それは実質的価値判断によることでもある。そこで、このような実質的価値判断になまのまま依拠することができるかである。立法論としては立法政策の問題として、そのままに採用することも可能であるかも知れない[33]。しかし解釈論では、現行の法体系、法理論を前提としたうえで、そのような価値判断が許されるかというフィルターをかける必要があるのではなかろうか。すなわち、現行の抵当権法理論——もっともこれをどのように理解するかは問題であるが——、たとえば抵当権の非占有・非用益という性質を無視して、利益衡量のみによるわけにはいかないという限界があるのではなかろうか。このような利益衡量の一般的解釈準則性の限界も認識する必要があろう。

なお、椿教授は「われわれが法律問題の解決を模索するときには、当該問題において当事者の利益状況からみてどちらに軍配を挙げるべきかが、普通は最初に出てくるであろう。なまの判断だけでは法的解決にならないから、われわれは同時に、どのような法律論が適用可能であるかを考えてみる。これら二つのものの組合せ方はさまざまであり、妥当と判断される利益衡量を活かすために、法的な理論構成を犠牲にすることもあれば、後者の限界を守るために、結論の妥当性をもあきらめることもある。両者をどのような形態・比率で結びつけるかは、人により場合によって異なることは否定できない[34]。」といわれている。それはそのとおりである。ただ、一つ疑問と思われるのは、それでは、このようにしてそれぞれにおいてなされた解釈論につき、何が基準となって、その妥当性が決められるのかである。ここでも、やはり抵当権の本質や性質、制度趣旨からみて受け入れられるかどうかのフィルターを通す必要があるのではなかろうか。

なお、このような利益衡量を一般的解釈準則とすることについては、物権法の領域においても、債権法領域におけると同様の思考でよいのかどうかである。教条的言い方をすれば、物権法定主義との関係で修正を余儀なくされないのかどうかである。物権法定主義により抵当権の内容が法的に確定されているということは、抵当権に係わる関係者の利益状況は、この確定されている内容の範囲内においてのみ認められるのであって、全くフリーに利益衡量をして、それに基づいて解釈してよいものではないのではないかという疑問が残る。椿教授は、それが法律論の問題とされ限界のあることを指摘されているが、この限界性は、債権法領域よりも強固なものではないのかどうかである。

4　抵当権特約の一般的解釈準則性

抵当権設定にあたって、抵当権者と設定者との間でなされた抵当権特約が解釈準則性を持つものなのかどうかである。物権法定主義の結果として、当事者間では自由に抵当権の性質や内容を変更することができないことの結果として、このような変更にかかわる特約は無効とされ、解釈準則にはならないとするのが一般的考え方といえる。最近の大阪高裁平成三年判決[(35)]で、抵当不動産に対する占有移転禁止等特約につき、抵当権の非占有・非用益性との関係で、その効力は認められないとするのも同様の考えによるものと思われる。しかし、このように、抵当権特約を、いちいち抵当権法理に照らしてみてみなければならないものなのかどうかである。とくに利益衡量を一般的解釈準則とする場合には、抵当権特約の存在も重要な衡量要素となり得る余地はあろう。そして、そのことのみを重視することになると、実質的には解釈準則化する可能性もある。もっとも、この問題は、担保法（ここでは抵当権法）における契約自由の原則はどこまで貫けるかの問題と関係するものである。ここでは問題指摘のみにとどめる。

(1)　我妻栄『新訂担保物権法』二二四頁以下（岩波書店、一九六八）、川井健『担保物権法』一五頁以下（青林書院新社、一九七七）、高木多喜男『担保物権法』九〇頁以下（有斐閣、一九九三）。もっとも、最近の教科書では、余り重点的に扱われていないか（近江幸治『担保物権法』一〇五頁（弘文堂、一九八八）、全く触れられていない（道垣内弘人『担保物権法』九三頁以下参照（三省堂、一九九〇））ものもみられる。

(2)　松井宏興「近代的抵当権論」星野英一編『民法講座3物権（2）』三三頁以下（有斐閣、一九八四）、椿寿夫編『担保物権法』一六七頁以下〔松井宏興〕（法律文化社、一九九一）。

(3)　鈴木禄弥『抵当制度の研究』三頁以下（一粒社、一九六八、所収）。

(4)　椿編・前掲注(2)一八三頁、一八四頁〔松井〕。

(5)　松井・前掲注(2)四五頁。

(6)　石田文次郎「価値権の純粋型」法学志林三四巻八号（一九三二年）。拙稿「担保法における理念の変革――不動産担保を中心として――」物的担保論五頁参照（信山社、平成六年）（初出、日本土地法学会編『不動産金融・水資源と法』〔土地問題叢書一〇号〕

（一九七九））。
(7) 星野英一『民法概論Ⅱ』二四〇頁、二四一頁（良書普及会、一九七六）。
(8) 同旨、椿編・前掲注(2)一九五頁（平井一雄）。
(9) 松井・前掲注(2)三四頁、三五頁。
(10) 最判平元・六・五民集四三巻六号三五五頁。
(11) 最判平三・三・二二民集四五巻三号二六八頁。
(12) もっとも、この二つの判例が価値権を解釈準則としていると解することには、若干の疑問がある。そのことは、後に述べる。
(13) 椿寿夫「判批」私法判例リマークス四号（一九九二）二二頁。
(14) 石田喜久夫「判批」平成三年度重要判例解説（ジュリ一〇〇二号）六六頁（一九九二）、近江幸治『担保物権法』一六一頁（弘文堂、一九八八）。
(15) 内田貴「抵当権と短期賃貸借」星野英一編『民法講座3物権（2）』一七九頁（有斐閣、一九八四）、同旨、平井一雄「判批」法時五八巻七号一一九頁以下、生熊長幸「判批」法時六三巻五号（一九九一）五〇頁。
(16) 川井・前掲書注(1)一二頁、一三頁。
(17) 我妻・前掲書注(1)二八一頁に代表される見解。
(18) 中島玉吉『民法釈義巻二ノ下』一〇六七頁（金刺芳流堂、一九二三）に代表される見解。
(19) 高島平蔵『物的担保法論Ⅰ』三九頁以下（成文堂、一九七七）。
(20) 松井・前掲注(1)四四頁。
(21) 鎌田薫「抵当権の効力――「価値権」論の意味と限界――」司法研修所論集九一号四三頁（一九九四）。
(22) 椿教授は、「非占有・非用益である価値権」として一体的に問題とされている（椿・前掲注(5)二二頁）が、一般的理解といえよう。
(23) 前掲、最判平成三・三・二二。
(24) 椿・前掲注(5)二一頁。
(25) 前掲、最判平成元・六・五。
(26) 鎌田薫「賃料債権に対する抵当権者の物上代位」石田喜久夫＝西原道雄＝高木多喜男先生還暦記念論文集・下巻『金融法の課題と展望』五四頁（日本評論社、一九九〇）。

(27)　椿寿夫・近江幸治「〈対談〉担保物権法の学習を始める前に」法学セミナー三九四号（一九八七）三一頁〔椿寿夫〕。
(28)　椿・前掲書注(2)二七頁以下、近江・前掲書注(1)一〇六頁以下。
(29)　鎌田・前掲注(26)六三頁以下、同・前掲注(21)三三頁以下。
(30)　椿寿夫「物上代位をめぐるある視点」手形研究四四六号（一九九〇）二〇頁。
(31)　東海林邦彦「判批」判タ四一一号（一九八〇）四〇頁。
(32)　鎌田・前掲注(26)六三頁。
(33)　しかし、立法も全く白紙の上に描くのではなく、全体としての法体系の中に位置づけなければならないことから考えると、なまのままでの採用ということにはならないのかも知れない。しかしその可能性は大きいことは確かであろう。
(34)　椿・前掲注(30)二〇頁
(35)　大阪高判平成三・六・一二判タ七六一号二二二頁。

三　抵当権の効力範囲

1　高価従物等と抵当権の効力

(1)　高価従物への抵当権の効力

抵当権の効力の及ぶ目的物の範囲は、抵当不動産の所有権の範囲と一致するのが原則である。そこで、抵当権の目的物となっている一個の独立した不動産の範囲に限ることになる。このため、抵当不動産の構成部分とはいえない独立した「従物」には抵当権の効力が及ばないということになる。しかし、わが民法は、その目的たる「不動産ニ付加シテ之ト一体ヲ成シタル物」に及ぶと規定し（民法三七〇条）、また「従物ハ主物ノ処分に随フ」とも規定（民法八七条二項）している。

そこで、抵当権設定当時の従物については、民法典の起草者である梅博士[1]が、当初から民法八七条二項に依拠して、これを積極に解し、学説の大勢を占めるにいたった(2)。判例は、当初は消極であったが、大審院大正八年連合部判決(3)で、これを積極に解するに至った。しかし、抵当権設定後の従物については、抵当権の効力は及ばないとするのが通説・判例であった。これに対して我妻博士は、従物が主物と法律的運命を共にするのは主物を処分する者の主観的意思によるものではなく、客観的経済的結合関係にあることに基づき法律的運命を共にするものであると理解するならば、抵当権の性質からみて、抵当権の効力は抵当権設定後の従物に及ぶことになり、民法三七〇条の「付加シテ之ト一体ヲ成シタル物」とは不動産の利用価値を維持し又はこれを高める結合関係を広く含むことを意味するもので、文理解釈として十分に成り立ちうると主張された(4)。戦後になって、於保博士は、有体的・法律的には従物は独立物であるとしても、経済的には一物として同一法律上の運命に服せしめるために認められたものであると理解せざるを得ず、このため、民法八七条二項と三七〇条は共に主物・従物の客観的・経済的結合に基づく経済的一体物の観念において同趣旨の規定であり、後者は従物の対抗要件の問題を解決したものであると主張され(5)、槇教授は従物の物としての独立性を強調するかぎり、主物と従物との法的運命包摂の根拠を所有者の意思に求めるほかはないとしても、抵当権における抵当権設定者の利用支配の自由と抵当権者の価値支配の保障との調和は、つまるところ財貨の客観的・経済的結合の論理を推進させることになるとして(6)、いずれも民法三七〇条を基底として肯定される。また一方では、主物・従物の経済的結合にもとづいて法律的運命を共通するというのであれば、民法八七条二項を根拠とすべきであるとの主張もみられる(7)、いずれにしても学説は、抵当権の効力は抵当権設定後の従物についても及ぶと解することについては今日異論はない。近時の判例のうち、下級審判例には明確に積極に解するものがみられるし(8)、最高裁昭和四四年判決(9)は民法三七〇条に依拠して肯定する傾向にあるものといわれていることから(10)、今後の上級審判例においても積極に解することが予測できるが、明確には確立していない。

ところで、このような抵当権設定の前・後に関係なく従物にも抵当権の効力が及ぶとする考え方は、抵当権の効力の及ぶ目的物の範囲について有体的・独立物ドグマを脱して、客観的・経済的・有機的結合関係を重視するものであることはいうまでもない。そして、この考えを支える基本的思考は、我妻博士が強調されたところの、現代における「企業施設全体の包括的担保」化の必要であることは明らかである[11]。そして、教授は、このことを「使用価値支配の権原をもつ設定者においては、諸財貨を組み合わせて統一的使用価値を形成する自由を与えられ、一方、価値支配の権原をもつ抵当権者においては、右の自由を媒介に形成された統一的交換価値につきこれを全部的に支配する権能を与えられるものとして現れる」結果であるとして理論的に裏打ちされている[12]。

そして、このような抵当権の効力の及ぶ目的物の範囲拡張の傾向を端的に示すのが最近の二つの判例である。

一つは、抵当権設定当時の従物に関する最高裁平成二年判決[13]である。ガソリンスタンドの地下タンク、計量機、洗車機などの諸施設は、建物内の諸設備と一部管によって連結し、建物を店舗とし、これに諸施設が附属してガソリンスタンドとして使用され、経済的に一体をなしていることから店舗たる建物の従物であり、当該建物抵当権の効力が及ぶとするものである。この判例は、抽象的理論的には、前述の大審院大正八年連合部判決を踏襲するものであり、学説にも異論はないといえる。しかし、それはガソリンスタンド営業施設全体の包括的担保化を承認したものとしての意義は大きい。そしてこのような判例の考え方については、学説も賛成するところである[14]。ただ、本件上告理由にもみられるように、機能・用途面における物理的な効用としては地下タンクなどの諸施設が主であり建物が従であるし、また物的な価値の側面でも主従が逆転しているとみることのできる場合でも、従物理論で、抵当権の効力の及ぶ目的物の範囲として捉えることに問題はないかどうかである。このことに関しては、槇教授は機能的・価値的地位の低さの点で問題が存在するとしながらも、ガソリンスタンドは全体が建物化し給油販売活動全体の場となりつつあるし、店舗建物に借地権価値を加えてみると経済的価値の点でも問題はないとされ[15]、清水教授は個別的価値としてはタンクの方が大きいといえようが、営業活動全般からみるときは物相互の価値の差は決定的基準とはならないと解されている[16]。両見解には若干の差異はあるが、基本的には営業施設全体としてみた場合には、主物と従物の物理的効用や価値逆転は問題にする必要はないとの考えによるものといえよう。ところで、担保目的物のこのような多数化、とくに多数複合的有機的結合状態に対応するのに、わが担保法制上は財団抵当や企業抵当あるいは集合財産担保の制度を用意しているわけであるが、[17]本判決やこれを支持する学説は民法の抵当権理論によっても対応できることを示唆するものと受けとめることができる。とくに工場財団抵当と基本的には同様の機能を担うものであるとみることができよう。そうだとすると、工場抵当法二条のような規定がなくても、民法の抵当権理論として、そこまで拡大解釈することが許されるかどうか議論の余地があろう。すなわち、財団抵当制度との棲み分けをどうするかである。

二つは、抵当権設定後の従物に関する東京高裁昭和五三年判決[18]である。劇場兼キャバレーの建物に抵当権を設定した後に、舞台照明機具、音響器具その他劇場施設用動産類など数億円の施設が備え付けられた事案で、抵当権の効力はこれら施設にも及ぶと判示したものである。抵当権設定後の従物への効力については、これを肯認することについては前述のように学説にほぼ異論のないこと、上級審の明確な確定した判決はないが判例理論として肯認する傾向にあることから、本判決は理論的にはそれらの傾向を踏まえたものである。そしてこのことは、前述の最高裁平成二年判決と同様に財団抵当的思考を基底とするものといえよう。この意味では、一般的傾向に基づくものとして肯認されそうである。しかしこのような解釈に対して、高額従物や付加物の場合には、抵当権の効力を遮断する理論も必要ではないかとの疑問の投げかけられていることは注目される。[19]このことは、抵当権設定当時の高額従物についてもいえることであるが、設定後の場合にはそれが顕著に問題となろう。その方法としては、民法三七〇条但書の特約で別段の定めをするか、[20]特別の表示がなくても当事者意思の合理的推定により別段の定めを予定していると解することはできるとの主張が見られる。[21]しかし、最近の学説においては、前述のように主物と従物ないし付加物が法的運命を共通にするのは意思の推測によるものではなく、客観的・経済的結合関係にある結果であると解するのが大勢であるが、このような見解を前提とするとき、特約することによって従物や付加物に抵当権の効力が及ばないとすることができるのかどうか問題である。すなわち、主物と従物ないし付加物の関係を客観的・経済的結合関係の視点から捉えておきながら、一方では設定者の意思を介在させることとの関係を調整する必要はないのかどうかである。特に、別段の定めにつき登記をしていない場合には、主物の登記をもって従物ないし付加物についても抵当権の効力を対抗できる状態にあることとの関係で問題はないのかどうかである。

（1）梅謙次郎『民法要義巻之二物権編』五一二頁（有斐閣、一九〇八）明治四一年。
（2）湯浅道男「抵当権の効力の及ぶ範囲」星野英一編『民法講座3物権（2）』六二頁（有斐閣、一九八四）。
（3）大判大八・三・一五民録二五輯四七三頁。
（4）我妻栄「抵当権と従物の関係について」法学協会五十周年記念論文集第二部（一九三三）『民法研究Ⅳ担保物権』五一頁以下（有斐閣、一九八五）。
（5）於保不二雄「付加物及び従物と抵当権」民商二九巻五号（一九五四）二二頁。
（6）槇悌次「従物と物概念の拡張――従物供給者の所有権留保と主物不動産上の抵当権を中心として」関法九巻五＝六号（一九六〇）七六頁、同・『担保物権法』一五一頁（有斐閣、一九八一）。
（7）柚木馨「抵当権と従物」『判例演習物権法』二三六頁以下（有斐閣、一九六三）、柚木馨＝高木多喜男『担保物権法』二六五頁（有斐閣、新版、一九七三）。
（8）東京高判昭五三・一二・二六判タ三八三号一〇九頁。
（9）最判昭四四・三・二八民集二三巻三号六九九頁。宅地上の石灯籠・庭石を従物とした上で、宅地の根抵当権設定登記をもって民法三七〇条を根拠に当該従物も対抗力を有するとした判例である。
（10）湯浅・前掲注（2）六八頁。
（11）我妻・前掲注（4）二九頁。
（12）槇・前掲注（6）『担保物権法』一四八頁。
（13）最判平二・四・一九判時一三五四号八〇頁、判タ七三四号一〇八頁、金法一二六五号二七頁、金商八八四号一六頁。
（14）槇悌次「判批」民商一〇三号（一九九〇）四九八頁、清水暁「判批」判時一三七三号（一九九一）一七九頁、判評三八六号一七六頁。
（15）槇・前掲注（14）四九八頁。同旨、斎木敏文「判批」判タ七六二号三七頁（一九九一）。
（16）清水・前掲注（14）一七九頁。

(17) 拙稿「現代金融担保法の課題(三)――担保目的物の多数性と担保理論の覚書――」高島平蔵教授還暦記念・現代金融担保法の展開二三頁以下(成文堂、一九八二)。
(18) 前掲、東京高判昭五三・一二・二六。
(19) 田中克志「土地の抵当権の効力の及ぶ範囲」『金融担保法講座Ⅰ』一七七頁(筑摩書房、一九八五)、瀬川信久「抵当権と従物」『新版判例演習2』二三四頁(有斐閣、一九八二)、林良平「抵当権の効力」『新版民法演習2』一八四頁(有斐閣、一九七九)、近江幸治『担保物権法』一三〇頁(成文堂、一九八八)。
(20) 林・前掲注(19)一八四頁。
(21) 近江・前掲注(19)一三〇頁、田中・前掲注(19)一七七頁、瀬川・前掲注(19)二三四頁。

(2) 土地賃借権への効力

① 土地賃借権の抵当化

土地利用権のうち、地上権、永小作権という用益物権については、抵当権の設定が認められ(民法三六九条二項)、その担保化が確立している。しかし、今日、土地利用権の中心は土地賃借権である。そこで、この土地賃借権の譲渡・転貸という処分の面では、民法六〇五条や借地借家法一〇条などで対抗力を具備することを認め、さらに借地借家法一九条や二〇条で設定者の承諾に代わる許可制度を設けることによって、これを容易にする方策がとられている。しかし、土地賃借権への担保権設定という処分の面では、これが認められず未だ旧態たる状況にある。もっとも、昭和三五年の借地借家法改正要綱では土地の工作物の所有を目的とする地上権と賃借権を併せて借地権とし、これを物権として、担保化の途を開くことを主要な眼目として提唱されていた。[22] そこでは特に建物に限ることなく建物以外のガソリンスタンドとかゴルフ場施設、レジャーランド施設などという形で、借地上に投下された資本をも担保化できることとしていた。[23] そして、その際、建物や工作物と借地権の両者を一括して処分することを法律上強制すべきであったかどうかが問題とされたが、借地権のみを担保とすることも可能としていたのである。[24] しかしこの改正要綱に基づく改正は行われず、土地賃借権の担保化も実現することはなかった。また次いで、昭和六四年の借地借家法改正要綱試案でも登記した賃借地権については抵当権の設定を認めるとの提案がなされていた。これに対しては、金融関係団体から積極的に支持する意見が出されていたが、自己借地権規定や詐害的短期賃借権排除規定という担保取引に直接関係する規定とともに制定することが見送られた。もっとも、この昭和六四年試案では登記のある賃借地権に限定されている一方で、この賃借地権の登記については賃借人の賃貸人に対しての登記請求権を認めていないことから、賃貸人が任意に登記に応じてくれないかぎり担保化できないという問題があった。このため、今日でも、金融実務では、借地上の建物に抵当権を設定する場合に、あわせて賃貸人の承諾を取ることによって抵当権の実行に際して支障のないようにしていることから、このかぎりでは、実際にはどれだけの有用性があるのか問題がなかったわけではない。[25]ただ、新借地借家法の制定に伴って普通借地権と定期借地権が設けられ、後者の定期借地権については、明示方法との関係で、それが地上権として設定される可能性が期待できないことではないから、地上権である定期借地権への抵当権の設定の余地が生じてきている。しかしいずれにしても、借地借家法の改正に伴っての二度にわたっての提案であるにもかかわらず今日においても実現していない原因はどこにあるのか。その必要性はそれほど切実なものではないのか再考する必要があろう。

②　従たる土地賃借権への効力

今日、前述のように土地賃借権自体を抵当権の目的物とすることはできない。そこで、法解釈論上において、土地賃借権の担保化に向けていろいろな努力が行われてきている。まず、借地上建物に抵当権を設定した場合「建物を所有するために必要な敷地の賃借権は、建物所有権に付随し、これと一体となって、一つの財産的価値を形成しているものであるから、その効力の及ぶ目的物に包含される」とするのが判例である。[26]学説もまた、敷地賃借権を建物所有権と価値的一体をなす従たる権利と捉えて、これを肯認するのが通説である。[27]そしてこのような解釈は、さらに建物抵当権の効力は抵当権の設定後に建物の敷地に成立した賃借権にも及ぶとする判例[28]を導き出すことになる。すなわち、建物を所有するためのその敷地の賃借権は、建物に付随してこれと経済的一体を成すものであるから「建物の従たる権利として民法三七〇条にいう付加物に含まれ、原則として、その敷地賃借権にも建物抵当権の効力が及ぶものと解すべきであるところ、同条は、物が目的不動産に付加して一体を成すに至った時期については、その抵当権設定の前であるか、後であるかの区別をしていないから、従たる権利についても同条を適用する場合においても、抵当権設定の際又はその後において別段の定めをしないかぎり、建物抵当権の効力は、抵当権設定後に成立した敷地の賃借権にも及ぶものと解するのが相当である」と判示している。このように抵当権の目的物に対する効力範囲を、客観的経済的価値一体性を基礎にしての従たる権利理論により拡張する傾向に対し、今日、若干の疑問が提示されてきている[29]。主従の関係は、社会通念の問題であり、一般常識としては経済的価値の高額なものが主で低額なものが従となる。もしそうだとすると都市部における地上建物と土地賃借権との関係を、これまでのような主従の関係として捉えてよいのかどうか問題である。そこで、このことからすると敷地賃借権に抵当権の効力が及ぶかどうかは、当事者が土地賃借権担保の意図を有していたか否かで判断する必要があるとの主張がみられる[30]。かかる見解は、高価従物や高価従たる権利については、単に客観的経済的価値一体性によって判断するのではなく、当事者の意思をも判断要素とする必要があるとの問題提起とみることができよう。このような判断基準によると、抵当権者が抵当建物につき敷地利用権の存在しないことを承知していたときは、抵当権設定時に将来取得することのある敷地賃借権にも抵当権の効力が及ぶものであることを明示しておかないかぎり、建物抵当権の効力は設定後の敷地賃借権には及ばないということになろう。

(22) 我妻栄ほか「借地借家法改正の動向〔座談会〕」法時二九巻三号（一九五七）三一頁〔我妻発言〕。
(23) 我妻ほか・前掲注(22)三四頁〔鈴木発言〕。
(24) 拙稿「土地問題とわが国の担保制度」手研二〇七号（一九七三）『私法研究著作集第4巻物的担保論』所収、二二頁参照（信山社、一九九四）。
(25) 拙稿「借地法改正要綱試案と借地権の担保化」銀行実務一九八九年五月号三五頁（一九八九）。
(26) 最判昭四〇・五・四民集一九巻四号八一一頁、判時四一五号一九頁。

(27)　我妻栄『新訂担保物権法』一五五頁、柚木馨＝高木多喜男『担保物権法』二三九頁、柚木馨編『注釈民法（9）』四〇頁（有斐閣、一九六五）。
(28)　東京高判昭六〇・一・二五金商七一三号一五頁。
(29)　渡辺洋三『土地建物の法律制度（上）』一八八頁参照（東京大学出版会、一九九〇）、平井一雄「判批」金商七一八号（一九八五）四三頁。
(30)　平井・前掲注(29)四三頁。

(3)　主物消滅後の高価従物への効力

抵当権の効力は、抵当権設定当時あるいは設定後の従物ないし従たる権利にも及ぶとするのが判例である。学説には設定後の高価従物ないし従たる権利については疑問視する有力な見解があるが、多くは判例同様に積極に解している。このことによって、とくに多数複合的営業施設を包括有機的に抵当権の目的とする途を開こうとしているものといえよう。そこでこのような傾向に対応して、主物が消滅した後の従物ないし従たる権利に対する抵当権の効力はどうなるかが問題となる。一度、抵当権の効力が及んだ従物ないし従たる権利に対して、抵当権の効力は残存するのかどうかである。主物の経済的価値が高く従物の価値が低い場合には、実際上はあまり問題にする必要はなかったわけであるが、前述のガソリンスタンド給油施設であるとか都市部の土地賃借権のような主物と従物の価値逆転が生じている高価従物ないし従たる権利である場合には、抵当権者としては、むしろ高価従物ないし従たる権利の担保価値に注目しているともいえることから、積極に解することが望まれる。このことから、このような高価従物ないし従たる権利も、主物の消滅と法律的運命を共にするのかどうか重要な問題となる。

これについては、工場抵当の事案では、東京高裁昭和四四年決定では「工場が火災にかかったからといって右抵当権の効力は当然に消滅するわけではなく、すくなくともその工場の供用物件が同一性を保って現存し担保価値を有する限りはその上に効力が及ぶ」として積極に解している。学説には、従物も独立の一個の物であるから独立の抵当権が成立すると考えるか、主物と従物を一個の財団として抵当権が成立していると考え、主物が消滅しても従物に対する抵当権の効力は消滅することがないと解する余地はあるとの見解がみられる(31)。たしかに、実体法上は、客観的経済的価値一体性に注目して全体として抵当権の効力が及ぶものとして捉えた立場からすると、その価値の一部が消滅しても、抵当権は消滅することなく残存価値に及んでいるものと考えることは可能である。またそれが実務の実態に対応するともいえよう。しかし、民法上の抵当権の場合は、主物に対する抵当権の効力の存在を前提として、その主物と客観的経済的価値一体関係にある従物にも及ぶものとして拡大されているという構造を無視することはできないのではなかろうか。このことから、主物である抵当不動産が滅失すると抵当権設定登記が空虚なものとなり、残存従物に対する抵当権の効力は及ばなくなるとの見解もみられる(32)。登記が空虚になることと、残存従物に対する抵当権の効力が及ばなくなることとが直ちに結び付くか否かは疑問であるが、少なくとも従物に対する抵当権の対抗力は失われることになると解することはできよう。この点で、供用物件が目録に記載されている工場抵当とは異なり、多数複合的営業施設を包括有機的抵当としては限界があるといえよう。

(31)　秦光昭「抵当権に関する実務上の問題点」椿寿夫編・担保法理の現状と課題一四七頁以下参照（商事法務研究会、一九九五）。
(32)　田中克志「目的物の分離と抵当権の効力」石田喜久夫＝西原道雄＝高木多喜男先生還暦記念論文集下巻『金融法の課題と展望』一〇一頁（日本評論社、一九八九）。

2　分離・搬出物に対する効力

抵当不動産の使用、収益の範囲を超えて抵当不動産の付加物や従物が分離され、あるいは搬出された場合、この分離・搬出物に抵当権の効力が及ぶかどうかについては、これまでも多くの議論がみられる。その原因は、このような場合の抵当権の効力についての規定が欠如しているところにある。しかし、その議論は帰一することなく、また新たな展開もみられないことから、ここで問題とするのが適当かどうか若干の疑問がある。しかし、前述のように抵当権の目的物の範囲を営業施設全体にまで拡大する傾向に対応して、今後はそれら施設の一部の分離・搬出の問題が生じないとはかぎらないし、それらが高価物である場合には抵当権者を害することも考えられ、実務では深刻になろう。また理論的には、目的物の範囲の拡大化は財団抵当的思考への接近とみることができるが、民法上の抵当権においてそれがどこまで許容されるのかが問題になる。とくに、最高裁昭和五七年判決では、工場抵当法二条の供用物件が搬出された場合に抵当権者は原状回復請求ができるとしたことにつき、民法上の抵当権においても同様に解することができるのかどうか問題である。

抵当権の効力が、抵当不動産からの分離・搬出物にも及ぶかどうかについては、抵当不動産上から搬出されていない分離物には効力がおよび搬出物には及ばないとする搬出基準説[33]、搬出物であっても第三者が即時取得するまでは効力が及ぶとする即時取得基準説[34]、抵当権の物上代位により分離・搬出物にも効力が及ぶとする物上代位説[35]などが主要な見解として主張される。このうち多数説である搬出基準説は公示包含性や場所的一体性に注目するものであり、客観的な物的支配を基準として目的物の範囲を決める考えと共通する。有力説である即時取得説は工場抵当に接近するものであり、担保目的物の範囲を意思的に人為的に決める考えと共通する。民法上の抵当権としては、いずれが妥当かである。そして、搬出物に対する原状回復請求との関係でみれば、有力説によるときは、民法上の抵当権の場合にも、さきの最高裁昭和五七年判決の見解によることは可能ということになる。ただ、多数説からは、工場抵当では目録を提出させ、そこに人為的に記載された物を組成物として目的物にしている点で、民法上の抵当権とは異なるとして、即時取得説は妥当でないと主張する[36]。この前提としては、民法上の抵当権の効力の及ぶ目的物の範囲を決するのは物的支配関係にある場合に限るとの論理が前提になっているものと推測される。意思的、人為的に目的物を組成するという思考は排除されている。このような見解に立つ場合には、搬出物に対する原状回復請求は、抵当権の追及効としては認めることはできない。それは抵当権に基づく物権的請求権の問題として、その可否が議論されることになる。

ところで、さきの最高裁昭和五七年判決が搬出物に対する原状回復請求権を認めたことについては、おおかたにおいて肯定的に受けとめられてはいるが、それが抵当権に基づく物権的返還請求権であるとの帰結を導くことに消極的であるか、その法的根拠づけを回避している(37)。このことからすると、多数説による場合は原状回復請求については消極に解されることになろう。そして、ここに抵当権の目的物に対する効力範囲を決めるにあたっての民法上の抵当権の場合と工場抵当権の場合とで違いがあるということになる。このような違いが妥当といえるかどうかである。

(33) 我妻栄『新訂担保物権法』二六八頁(岩波書店、一九七一)、鈴木禄弥『物権法講義』一五三頁(創文社、二訂版、一九七九)、川井健『担保物権法』五二頁(青林書院、一九七五)、槇悌次『担保物権法』一五六頁(有斐閣、一九八一)、近江幸治『担保物権法』一三三頁(弘文堂、一九八八)など。

(34) 星野英一『民法概論Ⅱ』二五二頁(良書普及会、一九七六)、高木多喜男『担保物権法』一二三頁(有斐閣、新版、一九八四)など。

(35) 柚木馨＝高木多喜男『担保物権法』二七七頁(有斐閣、新版、一九七三)。

(36) 我妻・前掲注(33)二六九頁、近江・前掲注(33)一三三頁。

(37) 拙稿「判批」判タ五〇五号(一九八三)『私法研究著作集第4巻物的担保論』所収二三一頁(信山社、一九九四)。

3　抵当建物の合体による物理的変更と抵当権の効力

主従の区別のない甲建物と乙建物を曳行移動によりあるいは増築工事を施すことにより接合させて隔壁を除去して一個の建物とする合棟により、あるいは甲区分建物と乙区分建物との間の隔壁を除去して一個の建物とする合体により、丙建物に物理的に変更した場合(以後、両者を併せて合体と呼ぶ)、甲建物ないし乙建物上に設定されていた抵当権は存続するのかどうか問題である。従来の登記実務は、甲・乙建物については「合棟」または「区分所有の物の消滅」を原因として滅失登記を、丙建物については「合棟」または「区分所有建物の合体」を原因として表示登記をしていた。この登記実務は、旧建物が消滅し、新建物が生じるという考え方に立脚しているものといえる。このため、旧建物上の抵当権は消滅し、新建物上に復活することはない[38]。そして、旧建物の滅失登記および新建物の表示登記をするについては、旧建物の抵当権者等の利害関係人の同意や通知はいらないとされていた[39]。この結果、合体により、旧建物上の抵当権は、抵当権者の不知の間に消滅させることができる。このため、合体を、意図的に悪用して「抵当権とばし」が行われる事例が現れてきた。そこでこのような由々しき状況に対応するためもあって、平成五年に不動産登記法の一部改正で建物の合体の場合の登記手続に関する規定が新設された。すなわち、合体による登記の申請義務を負う者は、同一の申請書をもって、合体による合体後の建物の表示の登記と合体前の建物の表示の登記の抹消を申請すべきであり（不動産登記法九三条ノ四ノ二第一項前段）、合体前の建物に抵当権等に関する登記があるときは共有者の持分を申請書に記載し、合体後の建物の持分上に存続する抵当権等利害関係人の承諾書等（不動産登記法九三条ノ四ノ二第四項第二号）を、合体前の建物を目的とする抵当権等に関する登記で申請書に記載されないものがあるときはその利害関係人の承諾書等（不動産登記法九三条ノ四ノ二第四項第三号）を添付するものとしている。このようにして、合体前の建物についての抵当権等の登記を合体後の建物についての登記用紙に移記するものとした[40]。このことによって、抵当建物の合体を利用しての「抵当権とばし」を手続法上、防止できることになった。

ただ実体法上は問題はないかである。すなわち、手続法上のこのような処置を実体法の観点からみても説明づけることができるかどうかである。合体前の建物上の抵当権が合体によって消滅することになるかどうかについては、学説は一般的には消滅するものと解していたといえる。このような見解を堅持するときは、不動産登記法の改正内容とは齟齬することになる。しかし、合体によって抵当建物に物理的変更が生じているといっても、物としての同一性は合体の前後で断絶しているとは常識的には考えられない[41]。このことから、山田教授は、甲建物と乙建物の合体は、甲建物からみると乙建物が付加されて一体となったことを、乙建物からみると甲建物が付加されて一体となったことを意味し、このため民法三七〇条で、甲建物上の抵当権は乙建物に、乙建物上の抵当権は甲建物に及ぶことになる結果、甲建物上の抵当権も乙建物上の抵当権も合体後の丙建物全体に及ぶことになり両抵当権は準共有となると解される(42)。この見解は、民法三七〇条を用いての卓越した解釈であったと言える。このことから道垣内教授は山田教授の立場を支持される(43)。これに対して、この見解では甲建物の価値がその上に存する抵当権の被担保債権額を下まわる場合には、乙建物上の抵当権者を害することになり、この難点を克服することは容易ではないとの反論がなされている(44)。また、甲建物上にのみしか抵当権が設定されていない場合にも丙建物全体に及ぶことになり、抵当権設定後の高価従物への抵当権の効力の問題と同様の問題を残すことになる。そして、不動産登記法の改正では、丙建物の共有持分についてのみ抵当権の効力が存続することを原則としていることと齟齬することになる。また、幾代教授は、甲建物と乙建物の合体は不動産と不動産との附合であり、民法はこの場合の規定を欠いているが、民法二四四条を類推適用して価格に応じて共有となり、この共有持分権が同一人に帰属した場合でも、甲建物ないし乙建物の一方または双方に抵当権が設定されている場合は民法一七九条一項但書に準じて混同により消滅することはなく、甲建物上の抵当権は甲建物の価格に応じた共有持分上に移行し存続すると主張される(45)。鈴木教授は甲に属するＡＢ建物が合体して成立したＣ建物は原則として甲の単独所有になるが、旧建物上の抵当権が存在するときは民法一七九条一項但書が類推適用されて例外的に横の混同により消滅しないし、その一方の持分権上の抵当権は移行し、存続すると解される(46)。また、最高裁平成六年判決は「主従の関係にない甲、乙二棟の建物が、その間の隔壁を除去する等の工事により一棟の丙建物となった場合においても、これをもって、甲建物あるいは乙建物を目的として設定されていた抵当権が消滅することはなく、右抵当権は、丙建物のうちの甲建物又は乙建物の価格の割合に応じた持分を目的とするものとして存続すると解するのが相当である。けだし、右のような場合、甲建物又は乙建物の価値は、丙建物の価値の一部として存続しているものとみるべきであるから、不動産の価値を把握することを内容とする抵当権は、当然に消滅するものではなく、丙建物の価値の一部として存続している甲建物又は乙建物の価値に相当する各建物の価格の割合に応じた持分の上に存続するものと考えるべきだからである」と判示するに(47)いたった。この判例の見解は、合体後の建物の持分権上に旧建物の抵当権は移行すると解する点では、幾代教授や鈴木教授の見解と基本的には共通する。このため、この判例は幾代見解と同旨と評されている。[48]しかし、幾代・鈴木両見解は物の結合（添付）の場合の物権法理を援用しているのに対して、この判決は抵当権の価値支配性から導き出している点で異なるところがある。さらに、前述の不動産登記法の改正にあたっての実体法上の理解としては、主従の個別のない建物の合体は不動産と不動産の附合であり民法二四四条が類推適用され、合体前の建物を目的とする抵当権等のあるときは、民法二四七条二項によりそれらの権利は合体後の建物の共有持分を目的とすることになると説明されている。[49]基本的には幾代見解に依拠したものといえる。物の添付に関する理論によるものである。このように不動産登記法の改正に伴う実体法上の理論としては、山田教授に代表される民法三七〇条の付加一体物理論による見解、判例理論にみられる抵当権の価値支配権としての本質から導き出す見解のあるなかで、幾代教授や鈴木教授により主張された物の結合・添付に関する物権法理論に依拠していることが注目される。抵当権理論を離れた理論に依拠するものである。

なお、前述の最高裁平成六年判決は、合体後の建物を賃借し引渡を受けた賃借権者は、合体前の建物を目的として設定され登記されている抵当権者に対して、合体後の建物につき、信義則上、その引渡が抵当権設定登記に先立つものであることを主張できないとしている。この判決は、合体前の建物の抵当権者は合体後の建物につき抵当権設定登記がなくても、合体後の建物の賃借人で対抗力のある者に対しても対抗できるとするものといえよう。このことに関しては、「抵当権とばし」であることを知っていた本件賃借権者につき、背信的悪意者の法理によっているのかどうか議論されている。[50]ところで、本判決は不動産登記法改正前の事案についてのものであるが、改正後においても判例理論として同様に堅持されるのかどうか問題である。「抵当権とばし」への対処を考えるあまり民法一七七条の第三者についてのこれまでの理論を逸脱した面がないとはいえないことから、手続法上の処理が整備された以上、その踏襲は慎重であるべきではないかと思われる。もっとも、合体後の建物についての登記手続が整備され「抵当権とばし」がおおむね防止できることになったとしても、合体前の建物に抵当権者等が複数絡んでいて承諾が任意になされない場合に、結局は裁判によることになるが、この間に、合体後の建物が賃貸され引き渡された場合、かかる賃借権者に対して抵当権者は登記なしに対抗できないと解すると、賃借権が優先し抵当権が妨害されることにならないかという問題が残る。しかし、合体前の建物の抵当権が合体後の建物の持分権上に移行すると考えるときは、合体後の建物につき登記が行われた後は、その時点を基準とするのではなく、合体前の建物についての抵当権設定登記時を基準として優劣が決まるものと解すれば、この問題も解消されよう。

(38) 石田喜久男「判批」判時一五〇九号(一九九五)二二七頁。もっとも、村田博史「二棟の建物の一棟化と登記手続」石田喜久夫＝西原道雄＝高木多喜男先生還暦記念論文集下巻『金融法の課題と展望』三三六頁(日本評論社、一九八九)は、実体法上の抵当権の消滅と直結するものではなく、一不動産一登記用紙の原則を貫くための登記法上技術的な問題であるにすぎないと解されている。

(39) 塚原朋一「判批」金法一三四一号(一九九三)二四頁。

(40) 不動産登記法の一部改正については、藤下健「不動産登記法の一部を改正する法律の解説」登記研究五四八号(一九九三)七頁以下参照。

(41) 藤下・前掲注(40)一三頁。

(42) 山田晟「建物の合棟、隔壁の除去とその登記手続」法学協会雑誌八四巻八号(一九六七)一〇一三頁以下。

(43) 道垣内弘人「判批」私法判例リマークス七号(一九九三)三二頁。

(44) 石田・前掲注(38)二二八頁。

(45) 幾代通「建物の分棟・合棟と登記(その6)」NBL一一一号四四頁以下(一九七六)。

(46) 鈴木禄弥「建物合体に関する法律案をめぐっての実体法的考察」ジュリ一〇二二号(一九九三)一〇九頁。

(47) 最判平六・一・二五判時一四九二号八九頁。

(48) 石田・前掲注(38)二二八頁。

(49) 藤下・前掲注(40)一七頁。

(50)　塚原・前掲注(39)二一頁、石田・前掲注(38)二二九頁。疑問ありとする見解として、道垣内・前掲注(43)三一頁、角紀代恵「判解」法学教室一七四号別冊付録二三頁（一九九四）。

四　抵当権による物上代位の客体の範囲

抵当権の物上代位に関しては、民法三七二条による同法三〇四条の準用によって、認められている。そこで、民法三〇四条を文言通りに読むと、抵当権による物上代位の客体は、①売却、②賃貸、③滅失又は毀損により債務者の受ける金銭その他の物ということになる。そのうち、③に関しては、第三者が抵当不動産を滅失または毀損した場合の所有者が取得する不法行為に基づく損害賠償請求権と、抵当建物が焼失したことにより所有者が受ける火災保険金請求権が具体的に問題とされ、物上代位の客体となるかどうかについては、学説では一部の保険法学者の反対はあるが通説が積極に解し、判例もこれを肯認している。③の場合は、抵当目的物の滅失または毀損により抵当権が消滅することになることから、その抵当目的物に代わる価値代表物に抵当権の効力の及ぶことを認めることから、それほどの異論はないようである。同趣旨の考えから、文言上は明確でないが、④土地収用法（一〇四条）や土地改良法（一二三条）などによる補償金や清算金も物上代位の目的となり得ると解するのが通説である。①に関しては、売却代金が問題になるが、抵当不動産が売却されても、抵当権は消滅することなく、目的物に対する追及効が認められていることから抵当権を実行して当該抵当不動産から優先弁済を受けることが可能であるため、物上代位の目的とすることにつき否定的に解する学説が多い。この間にあって、②に関しては、賃料債権が問題になるが、抵当不動産につき賃借権が設定されても、抵当権は消滅することなく、それを実行して優先弁済を受けることが可能であるという意味では①の場合と代わりはないが、賃借権設定により抵当不動産の価値が減少する点に注目すると③の場合に近似している。そこで、学説でも、判例でも、否定説と肯定説の両見解が揺れ動いていたのが現状である。そのような状況のもとで、これを無条件に肯定する最高裁平成元年判決は現れる。[51] そこで、これを契機として、これまでの肯定説や否定説との関係で、理論的にそれが克服されたのかどうか。無条件肯定説が今後もそのまま定着するものなのかどうか。またそれを前提としての問題点などについて整理する必要があるものと思われる。そして、このことは、未だ決着がついているとはいえない売却代金への物上代位にどのような影響を与えることになるのか。あるいは物上代位権行使の要件への影響などにも波及して考える必要があるものと思われる。

1　賃料債権に対する物上代位

賃料債権を物上代位の目的とすることができるかについての、これまでの学説や判例に言及し整理、分析した論文は多くみられる。このことから、ここでは屋上屋を重ねることにもなりかねないので、そのなかの近時のもので優れた論文である鎌田教授の論文[52]に依拠しながら、その見解を概要するとつぎのようである。

まず、民法典の起草者である梅博士は抵当権者による賃料債権への物上代位を肯定している。初期の学説も、民法典の文理を尊重し賃料に代位することについては問題はないと解していた。その後も、我妻博士に代表されるように、物上代位の本質についての議論との関係で、抵当権の効力が目的物の交換価値を代表する代位物に及ぶのは抵当権の価値権たる本質上当然であるとの考えを前提として、賃料債権は「価値の一部を代表するもの」あるいは「交換価値のなし崩し的な具体化」であるとみて、これを肯定してきた。しかしかかる価値権説を前提としての肯定説に対しては、賃料は目的物の交換価値の対価であって交換価値をなし崩し的に実現したものでないこと、抵当不動産が賃貸されても抵当権は消滅せず依然として目的物自体に抵当権を実行できること、賃料債権に物上代位することは設定者の使用収益活動の成果を収奪することになって民法三七一条の趣旨に反することなどの批判がなされた。そこで、価値権説を前提にしながら、物上代位は本来の目的物に対して担保権を行うことができなくなった場合に、その価値代表物に担保権の効力を及ぼさせるものであるから、追及効があり、使用収益権の伴わない非占有担保であること、天然果実との権衡などを理由とする否定説が有力に主張されるようになった（全面否定説）。そして、鈴木教授は、賃料請求権に対する物上代位は、担保本体の価値代表物に対するものではなく、担保物から生ずる産出物（天然果実）の代物に対するものであると区別した上で、天然果実についての民法三七一条一項但書との関係から、法定果実に民法三七一条（改正前）が適用されるということではないが、抵当権の実行に着手して差し押えた後において代位できると解され（差押え後物上代位説）、まもなく説を改め、非占有担保性を強調し賃料債権への物上代位を全面的に否定して民法三七一条（改正前）の適用により抵当権を行使できるとされる（改正前三七一条適用説）。もっとも、この場合でも、現行の民事執行法上、抵当権に基づく強制管理の制度が存在しないことから、物上代位の手続を借用せざるを得ないとされる（物上代位借用説）。このように否定説にもさまざまなものがあるが、近時の学説は否定説によるのが多数であり、そのうちでも物上代位借用説が有力であるといわれている。ただ、これまでの肯定説にしろ否定説にしろ、その論拠としてきたのは、文理解釈であり、抵当権の本質論や物上代位制度の趣旨論、あるいは賃料債権の性質論からの論理的演繹によるものであった。これらに対して、利害調整上の問題が意識され、一定の条件のもとで賃料債権への物上代位を認めるとの見解（折衷説）が登場することになる。槇教授は、債務者側に信用危機の生じた時で具体的には物上代位権の行使ないし保全の手段がとられた時から肯定される（信用危機後物上代位肯定説）。また、新田教授は、賃借権の存在によって抵当不動産の担保価値がどのように影響を受けるかについて具体的に検討し類型化して、抵当不動産の価値を減少させる場合にのみ肯定される（価値下落時物上代位肯定説）。伊藤眞教授は、抵当権設定時に賃借権が設定されている場合は否定されるが、抵当権設定後に賃借権が設定された場合には、賃料は交換価値のなし崩し的実現であるとして物上代位を肯定される（抵当権設定後物上代位肯定説）。ところでこれらの折衷説は、その利害調整の視点を、信用危機や交換価値の下落という点に求めるものであることは明らかである。これは、賃料債権への物上代位を認めることが、抵当権者に過大な利得を与え公平を欠くことにならないかどうかの判断基準を前提としているものといえる。それは、本来の目的物に対して担保権の実行ができなくなった場合に、その交換価値を形を変えて存続しているときには、その価値変形物について担保権の行使を認めることが公平であるとの発想に立って、利害調整を行っているものとみることができる。そうだとすると、価値権説に立ち肯定する見解と発想の根底においては同じである。[53]本質論のみに固守せず公平の有無という利害調整の観点が加味されたものとみることができよう。鎌田教授は、利害調整の観点から判断すべきであることを強調しながら、その視点を、抵当権者が賃料債権に物上代位していく目的との関係で類型化を行い、それぞれの場合の関係当事者の利害状況を判断して、結果的には、指摘された類型の場合のいずれの場合でも物上代位を肯定すべきであるとされる。[54](a)不動産競売期間の長期化による弁済の遅れや遅延損害金の増大を補う目的の場合、(b)抵当権設定後の賃借権の設定による抵当不動産の売却価額の下落の塡補が目的の場合、(c)抵当不動産の価値の不足分の補充が目的の場合、(d)配当見込みのない後順位抵当権者が賃料債権から優先弁済を受ける目的の場合、(e)抵当不動産の売却による全額回収は不可能ではないがあえて賃料債権から優先弁済を受けることを目的とする場合のいずれも物上代位を肯定しても他の利害関係人との関係で問題はないとされるのである。この場合の利害調整の観点は、抵当権者の賃料債権への物上代位の目的と他の関係者との利害の調整を主眼としたものであり、折衷説のそれと異なる。しかし、利害調整という観点に立っての、ほぼ全面的肯定説を主張されたのは始めてであり注目される。

前述の最高裁平成元年判決以前の裁判所の判断については、賃料債権について物上代位を認めるものと認めないもの、そして折衷的なものがあるとコメントされているが、[55]そこに挙げられている数をみると認めたものの方が多い。このようなことから、鎌田教授は、従来の下級審判例の傾向としては、大阪高裁の二件は制限的な肯定説（折衷説）をはるものの、全体としては全面肯定説をとるのが主流であったと評価するのが正当であると指摘されている。[56]なお、執行実務では、東京地裁は肯定で大阪地裁は否定で取扱いを異にしているようである。[57]

このように学説では、通説であった肯定説が批判され否定説が多数説ないし通説化するなかで、折衷説が有力説として登場するという状況にあり、下級審判例では肯定説が主流を占めながらも折衷説による裁判所もあり、また執行実務が分かれるという混沌とした状況にあるなかで、前述の最高裁平成元年判決が無条件肯定説に立つことを明らかにしたのである。このため、この最高裁平成元年判決は、従来の通説である肯定説に立ち、下級審判例の主流傾向を認知するものである。ただ、学説において否定説が多数説ないし通説化しつつあり、また折衷説も有力に主張され、判例でも高裁レベルで折衷説によるものがみられるなかで、あえて無条件肯定説によったことの根拠はどこにあるのか。肯定説に対するこれらの各説からの批判に答えた上でのことなのかは問題となろう。このことによって、今後の判例理論として堅持するだけの素質をもったものなのかどうかを占うことが必要になる。

そこで、最高裁平成元年判決についてみるとつぎのようである。[58] X（第三取得者）は、AとBに賃貸され、かつCが一番抵当権、Yが二番の根抵当権を設定している甲店舗を買い受けていたところ、Y（後順位抵当権者）は、Bが、Cの抵当権の実行の申立て後の賃料につき供託していた賃料金四〇五万円の還付請求権を、根抵当権に基づく物上代位権の行使として差し押さえ、転付命令を得た事案で、「抵当権の目的物が賃貸された場合においても、抵当権者は、民法三七二条、三〇四条の規定の趣旨に従い、目的不動産の賃借人が供託した賃料の還付請求権についても抵当権を行使することができると解するのが相当である。」と判示した。そして、賃料債権に物上代位を認める理由として、①民法三七二条によって同法四〇三条の規定が抵当権に準用している規定に反した解釈をする必要はなく文理解釈によるべきであること、②非占有担保であることと使用収益権能のないことは両者共同じであるのに先取特権では認め抵当権では否定するのはおかしいこと、③抵当権設定者が目的物を使用させる対価につき抵当権を行使しても設定者の目的物使用を妨害したことにはならないことなどを挙げている。この判決に対する評価はさまざまである。[59] しかし本判決は、否定説が最も重要な根拠としていた非占有担保性と使用収益権のないことを理由とすることについて、それでは先取特権の場合も同じであり、先取特権の場合に認めて抵当権の場合にこれを理由に否定するのはおかしいとして痛烈な反撃をしたことは注目される。[60] これに対し、伊藤眞教授のように折衷説に立って先取特権の場合も先取特権の登記後の賃貸にかぎり認められるとして足並みを揃えるのかどうか。否定説からの反論の待たれるところである。鎌田教授は不動産先取特権につき賃料債権への物上代位を否定することは公平を失するとして肯定説が妥当とされる。また、抵当権設定者の使用収益権の侵害との関係では、設定者が使用収益できるということと、その対価の取得とは異なるものであるとの前提に立って前述②のように主張されている点も注目される。たしかに、このように分けて考えることは可能であり、一つの根拠づけである。ただ、使用収益権のない抵当権者に使用収益の対価への抵当権の行使がなぜ許されるのかについては十分に説明されていない。抵当権の価値権性に依拠するものなのかどうか。本判決は、抵当権の本質をどのようにみた捉えた上で、物上代位を肯定したのかが明瞭でないことから、価値権説を前提としたものであると推定してよいのかどうかである。さらに、これまでの肯定説は、賃料は「交換価値のなし崩し的な具体化」であることを理由としてきたのに対して、本判決は、賃料は「使用の対価」であることを認めた上で、物上代位を肯定したものと解し得る余地もある。もしそうだとすると、使用の対価への抵当権の行使により抵当権設定者の使用収益権を侵害することにならないとしても、なぜ物上代位が可能なのかを明らかにする必要がある。従来の肯定説のように、抵当権は目的物の交換価値を支配しているのであるからこの交換価値のなし崩し的に具体化された賃料にも抵当権の効力が及ぶとする説明は通用しなくなるからである。さらには、抵当権の目的物を物的支配として捉えるのか、価値支配として捉えるのか[61]の基本的観点も明確には示されていない。これらの問題点を考慮しながら、本判決の論理を前提にさらに検討し展開しなければならないという課題が残されたといえる。なおさらには、本判決の根拠づけは、基本的には、従来の肯定説や否定説のように抵当権の本質、物上代位制度の趣旨から演繹的に結論づけるという方法レベルに基点が置かれている。このため、学説において、また一部の下級審判例において、最近、もっとも関心の持たれている利害調整的思考は見られない。この結果、第三取得者の賃料債権への物上代位を認め、あるいは後順位抵当権者による物上代位権行使を認めることになるわけであるが、それが妥当かどうか今後議論されよう。もっとも、鎌田教授は、利害調整的思考に立って、抵当権者が賃料収入から優先弁済を受けようとすることには合理性があるのに抵当権に基づく強制管理の制度がなく不動産質などは有効な手法でない現状からすると無条件肯定説をとらざるをえない[62]として本判決を支持されている。本判決は、抵当権者による賃料からの優先弁済への途を開く結果になることは確かであることから、そのことの当否も検討する必要がある。

2　債務者以外の者の賃料債権への物上代位

最高裁平成元年判決は、賃料債権への物上代位を肯定しているが、この見解は債務者以外の者の賃料債権への物上代位についても同様に妥当するものかどうかである。

物上保証人の賃料債権については、民法三〇四条の「債務者」は、抵当権への準用に際しては「抵当不動産の権利者」と読み替えるものとするのが一般的であることから、肯定説に立つかぎり、抵当権設定者が債務者である場合と同様に肯定される。しかし、物上保証人の場合には、被担保債権全部についての弁済の義務のない有限責任であるにもかかわらず、これを認めると目的物の交換価値以上の価値を剝奪されることになるのではないかとの疑問が出されている。(63)

第三取得者の賃料債権についても、物上保証人と同様に解されてきた。最高裁平成元年判決もこの見解によるものである。これに対して、道垣内教授は、これでは第三取得者はみずから取得すべき賃料債権を抵当権者に取得されたうえ、目的不動産に対する抵当権も実行されることになると、抵当不動産の剰余担保価値を算定することが不可能になり、抵当不動産の処分が制限され、抵当権制度の趣旨に反することになるとして反対される。(64)今後の論点となろう。

抵当権設定者ないし第三取得者からの賃借人の転貸賃料債権についても、東京高裁昭和六三年決定は、大審院明治四〇年判決(65)を援用して、民法三〇四条の「債務者」とあるのは抵当権の物上代位の場合は「抵当権ノ目的タル不動産上ノ権利者」と読み変えるべきであり、抵当権設定者及び第三取得者が含まれることには異論はなく、抵当不動産を後に借り受けた賃借人も含まれるとして、肯定している。(66)もっともこの決定は、その理由として転貸人が抵当権者に劣後している場合であり、原賃料より転貸料が高額である場合であるから、所有者又は第三取得者による賃貸の場合より保護を厚くする必要はないからであるとしている。他方、東京地裁平成四年決定は、転貸借が抵当権設定後になされた場合でも、原賃貸借が抵当権設定前になされている場合は、転貸賃料債権に対して物上代位することはできない(67)として、否定している。もっとも本判決は、抵当権設定前に原賃貸借があった場合は原賃借人の転貸による利益を侵害することはできないとしている。両決定は、結論だけをみれば対立しているようにみえるが、前者は抵当権設定前に原賃貸借が行われた場合であり、後者は抵当権設定後に原賃貸借が行われていた場合であることから理論的には対立はない。それよりも、両決定は、賃料債権への物上代位についての諸見解のうち、賃借権設定が抵当権設定の前か後かで判断する折衷説の考えによっていることが注目される。とくに東京地裁平成四年決定は、最高裁平成元年判決で無条件肯定説をとった後であるにもかかわらず、転貸賃料債権につき折衷説的考えを展開したことは注目され、先の最高裁判決の今後の命運が危ぶまれかねない。学説でも、物上代位は賃貸人の転貸人に対する直接請求権である賃料債権にとどめるべきであるとか[68]、抵当権設定後の賃借人の有する転貸料債権には認めるべきであるが、設定前からの賃貸人の転貸料債権には認めるべきではないとか[69]、転貸料債権への物上代位には疑問があるなど消極に解する見解が多い[70]。先の最高裁平成元年判決と大審院明治四〇年判決をつなぐことによって、転貸料債権への物上代位を肯定することに帰結するはずであるにもかかわらず、かかる帰結には従わない状況にあるのは何故か。問題である。

3 抵当権に基づく強制管理との関係

なお、鈴木禄弥教授は賃料債権への物上代位を肯定するのは抵当権に基づく強制管理の制度が存在しないことによる手続の借用であるとか[71]、鎌田教授も強制管理制度の現存しないことによるやむを得ない手法であると主張される[72]。賃料債権への物上代位の問題は、抵当権に基づく強制管理の制度とどのように関連するのかも今後の検討課題といえる。

（51） 最判平元・一〇・二七民集四三巻九号一〇七〇頁、判時一三三六号九六頁、判タ七一七号一〇六頁、金法一二四七号二四頁、金商八三八号三頁。

（52） 鎌田薫「賃料債権に対する抵当権者の物上代位」石田喜久夫＝西原道雄＝高木多喜男先生還暦記念論文集・下巻『金融法の課題

と展望』二五頁（日本評論社、一九九〇）。なお、各説、判例の引用についても鎌田論文に依拠し、本稿ではいちいち注記しない。
(53)　鎌田教授は、「価値権説の発想の根底には、本来の目的物に対して担保権の実行ができなくなった場合に、その交換価値が形を変えて存続しているときには、その価値変形部について担保権の行使を認めることが公平・妥当であるという考え方が存するはずである」と指摘されている（鎌田・前掲注(52)三四頁）。
(54)　鎌田・前掲注(52)六四頁以下。
(55)　たとえば、金判七六五号八以下や判時一二七七号一二五頁以下のコメント参照。
(56)　鎌田・前掲注(2)四八頁。
(57)　法曹会「債権・不動産執行の実務」一五三頁。
(58)　前掲最判平成元・一〇・二七。
(59)　たとえば、無条件肯定説を支持する見解（鎌田薫「判批」私法判例リマークス二号（一九九一）三五頁）、抵当権設定後の賃貸借の場合に限定すべしとする見解（宮川「判研」手研三四巻一四号（一九九〇、四四六号）一二頁、第三取得者の取得する賃料債権への物上代位という特殊性を考慮しない判例であり反対とする見解（道垣内弘人「判批」民商一〇五巻五号（一九九〇）五九五頁）。
(60)　鎌田・前掲注(59)三五頁。
(61)　高橋眞「判研」龍谷法学二三巻二号（一九九〇）九六頁。
(62)　鎌田・前掲注(59)三五頁。
(63)　高橋眞「判研」私法判例リマークス八号（一九九三）三〇頁。
(64)　道垣内・前掲注(59)五九七頁。
(65)　大判明四〇・三・一二民録一三輯二六五頁。
(66)　東京高決昭六三・四・二二判時一二七七号一二五頁。
(67)　東京地決平四・一〇・一六金法一三四六号四七頁。
(68)　高木多喜男「判批」私法判例リマークス一号（一九九〇）三八頁。
(69)　鎌田・前掲注(52)八〇頁。
(70)　高橋・前掲注(63)三一頁。
(71)　鈴木禄弥『物権法講義』一七六頁（創文社、三訂版、一九八五）。
(72)　鎌田・前掲注(52)六九頁。

五　抵当権侵害と物権的請求権の関係

1　抵当不動産への干渉態様と物権的請求権

抵当権は抵当不動産を抵当権設定者の占有に委ね、利用収益を認めながら、当該抵当不動産から被担保債権について優先弁済を受けることのできる物権であることについては、異論はない。ところで、このように抵当権設定者に占有と使用収益の委ねられている抵当不動産に対して何らかの干渉が加えられた場合に、抵当権者は、この干渉に対して、物権的請求権によって対応しうるのかどうか問題になる。

このことに関して、まず従来の代表的学説であった、我妻教授、柚木＝高木教授、鈴木教授の諸見解に焦点を当ててみると、つぎのようである(73)。わが民法には、ドイツ民法と異なり、抵当権に基づく物権的請求権に関して何ら規定されていない。しかし、抵当権が侵害されたときは、物権的請求権を行使できると解することには異論はない。抵当権も物権であって目的物を支配する権能を有する以上、侵害に対して物権的請求権があるとか、抵当権は交換価値から優先弁済を受けることを内容とする物権であるからだといわれている。ただ、その侵害の態様および物権的請求権の内容は、他の物権と本質的に異なる旨、指摘されている。

抵当権の侵害については、我妻博士は、目的物の交換価値が減少しそのために被担保債権を担保する力に不足を生ずることとされる。ただ、物権的請求権との関係では、抵当権の侵害があるかぎり、抵当不動産の交換価値が被担保債権額に充分である場合にも生ずると解される。この両見解に矛盾はないか。後の見解によると、物権的請求権は抵当権の侵害を前提として行使することになるわけであるが、そのためには前の見解によれば被担保債権額に不足する状態でなければならないわけで、被担保債権額に充分である場合でも行使できるというわけにはいかないのではないのか。鎌田教授は、物権的請求権が問題となる場面では、担保物権の不可分性との関係で、不足の部分は強調する必要はなく、目的物の価格が下落すれば抵当権侵害になると説明されている[74]。すなわち、抵当権の侵害とは、抵当不動産に減価が生じた場合だけでよいことになる。

抵当権の侵害になる抵当不動産の減価とは、抵当不動産の物理的減価の生ずる場合がそれに当たると解されている。抵当山林の不当伐採、抵当家屋の取壊し、付加物や従物の不当分離・搬出の場合がそれである。正当な用法に従った伐採、分離、搬出は価値減少が生じても抵当権侵害にならない。このような解釈には異論はない。このことにつき、鎌田教授は、抵当不動産の使用収益権限は抵当権設定者にあるのであるから、正当な用法での価値減価が生じたとしても、最初から抵当権者の把握している担保価値の範囲外の価値が減価したにすぎないからであると説明されている[75]。ところで、このように抵当不動産の物理的減価が抵当権侵害になるのは、抵当不動産の物理的毀損・消滅によるのではなく、そのことによる抵当不動産の物理的価値の減価、すなわち抵当権によって支配している交換価値の減価の結果であることは確認しておくべきである。この場合は、抵当不動産を物質的に支配していなくても、抵当権侵害が生ずるということであり、抵当権侵害は物質的支配と関係のないことだということである。

抵当不動産の第三者による占有の場合はどうか。従来は、正当な用益占有、用益の法律関係が不適法占有、無権限占拠の場合でも、抵当権の侵害にはならないと解していた。それは、抵当権者には占有権限がないのであるから、誰が占有していても、それが権限に基づくか否かにかかわらず、もともと抵当権者が把握していない部分に関することであるからだと説明される。ただ、この場合でも、目的物の価値減少が招来しないかぎりとの条件が付されている。この条件は何を意味するかである。物理的価値の減価にとどまるのか、交換価値の減価も包含するのか。代表的学説のいうように、抵当権の侵害は交換価値の減価であるとするならば、ここでの目的物の価値減価の招来のなかには、不法占有による交換価値の減価をも包含するものと解する余地もある[76]。この意味では、従来の代表的学説でも、不法占有につき抵当権侵害になると解する余地がなかったわけではない。ただ、大審院昭和九年判例[77]は、「抵当権ハ其ノ設定者カ占有ヲ移サスシテ債権ノ担保ニ供シタル不動産ニ付他ノ債権者ニ先チテ自己ノ債権ノ弁済ヲ受クル一ノ価格権タルニ止マリ抵当不動産ノ使用収益ハ無論其ノ占有ヲ為ス権利ヲモ包含セサルカ故ニ仮令何人カカ無権原ニ当該不動産ヲ占有シ其ノ使用収益ヲ為シタリトテ之カ為メニ例ヘハ抵当物ソノモノヲ損壊シ其ノ価格ヲ低減スル虞アルカ如キ場合ヲ外ニシテ抵当権ハ何等増損セラルルコト無キハ多言ヲ俟タス」と判示し、不法占有は抵当権侵害にならないことを明言している。そして、代表的学説も、この判例を引用していることからすると、不法占有では抵当権侵害にならないものと解していたといえる。このように限定することは、抵当権侵害につき、抵当不動産の物理的毀損・滅失による場合と一貫する。では、物理的価値の減価に限定するのは何故なのか。鎌田教授は、物理的毀損の場合はそれで価値が下落したままの状態になり、毀損行為をやめさせないかぎり抵当権侵害を回避できないが、不法な占有の場合は不法占有者が出ていけば元の状態に戻るからであると説明されている。[78] しかし、抵当権によって支配している交換価値の減価という観点からすると、不法な占有のあることによる減価は、元に戻すことができない場合がある。この意味では、不法占有による交換価値の減価として、抵当権侵害は観念できよう。この点をどのように考えるのか、新たな課題となろう。なお、代表的学説においては、長期賃貸占有については、抵当権侵害になるかどうかは明確にはしていないが、短期賃借権は抵当権者には対抗できない、競落人から賃借権を否認して明渡と登記の抹消を求めることになると解されていることから、抵当権侵害にならないことを前提としているものと思われる。短賃解除後占有については、我妻博士は、別訴を提起して登記抹消請求ができるとするだけで、抵当権侵害になるか否かについては全くふれられていない。不法占有の場合と全く同じなのかどうか、検討の余地が残る。特に、賃借権設定による抵当権の実行妨害という状況のみられることとの関係で、抵当権に基づく物権的請求権で対応することができないのかどうか残された重要問題ということになる。

抵当権に基づく物権的請求権の内容については、代表的学説は、物理的減価に関連して、競落開始による差押の前後を問わず、抵当山林の不当伐採・搬出、従物の不当分離の禁止すなわち妨害除去請求を認める。大審院昭和六年判決も同様である。[79] もっとも、このような妨害除去請求については、我妻博士は、非占有の抵当権についてはいささか問題かもしれないが、抵当権の効力が及んでいて、その効力が減殺されるのを阻止する効力として認められるとされる。また鈴木教授は競落開始決定以後は正当な範囲での分離、搬出の場合でも、妨害除去請求が認められるとされる。我妻博士や鈴木教授は、分離・搬出された付加物や従物については、抵当不動産の所在場所への返還請求権があるとする。そして、我妻博士は、このような返還請求権は抵当権の本来の価値を回復するための手段であるとして根拠づけられる。最高裁昭和五七年判決(80)も、工場抵当権に関してではあるが同旨の見解を示している。「工場抵当権法二条の規定により工場に属する土地又は建物とともに抵当権の目的とされた動産が、抵当権者の同意を得ないで、備え付けられた工場から搬出された場合には、……抵当権の効力が及んでおり、第三者の占有する当該動産に対し抵当権を行使することができるのであり（同法五条参照）、右抵当権の担保価値を保全するために、目的動産の処分等を禁止するだけでは足りず、搬出された目的動産をもとの備付場所に戻して原状を回復すべき必要がある」としている。このように、従来の代表的学説や判例では、抵当権に基づく物権的請求権の内容は、物理的減価による抵当権侵害の場合にも、妨害除去請求が抵当不動産の所在場所への返還請求という極く限られたものとしてしか認めていない。抵当権設定者への返還請求や抵当権者への返還請求などは考えられてはいないのである。さらに、不法占有に関連しては、代表的学説は、抵当権者には目的不動産の不法占有者に対する妨害排除請求権は認められないと解されている。判例も、抵当権の目的たる家屋が無権原に占有し使用収益されても仮処分命令を申請することができないとしている(81)。ただ、不法占有の場合に妨害排除請求を否定するのは、不法占有が抵当権侵害にならないことを前提としてのことである。このため、この場合の妨害排除請求の否定は、抵当権侵害になるかならないかの問題に還元され、前述のような問題を残すことになる。そこでもしかりに、不法占有が抵当権侵害になるとした場合でも、同様に否定されるのかどうかの問題も残る。また、長期賃貸占有との関係では、我妻博士は、競落人による明渡請求によるべきであるとして、間接的に抵当権者による明渡請求を否定されている。これも、長期賃貸占有は抵当権侵害にならないことを前提とするものである。このため、この場合の明渡請求否定の問題は、不法占有の場合と同様の問題に還元される。さらに短賃解除後占有については、我妻博士は、抵当権の存在ないし行使に事実上障害となるものに対する排除の請求として、登記抹消請求が認められるとする。これは一種の妨害排除請求権を認めたものといえよう。この延長線上に、抵当権者による短賃解除後占有者に対する明渡請求があるのかどうかであるが言及されていない。それは問題として残されている。

以上みてきたように、従来の代表的学説や判例によるときは、抵当権に基づく物権的請求権を行使して対応できるのは、抵当不動産の物理的滅価の場合に限られ、妨害除去請求か抵当不動産への返還請求の方法のみということになる。しかしこれでは、今日では、特に詐害的短期賃借権の設定による占有にみられるように第三者が抵当不動産を占有することにより、抵当権実行を妨害するという悪弊が横行してきているのに対して、抵当権者は法的に有効な対応ができないということにならないのかどうか。抵当権の効力としては、そのことを甘受しなければならないものなのかどうか再考する必要があろう。

(73) 我妻栄『新訂担保物権法』三八二頁以下（岩波書店、一九六八）、柚木馨＝高木多喜男『担保物権法』二九三頁以下（有斐閣、一九七四）、鈴木祿弥『物権法講義』一五七頁以下（創文社、二訂版、一九七九）。なお鈴木教授については、『物権法講義』（創文社、四訂版、一九九四）が出版されているが、従来の議論という意味で、我妻教授や柚木＝高木教授のものに近い版によることにした。また、これら代表的学説については、注記引用は省略する。
(74) 鎌田薫「抵当権の効力――「価値権」論の意味と限界――」司法研修所論集九一号（一九九四）一〇頁。
(75) 鎌田・前掲注(74)一〇頁。
(76) 鎌田・前掲注(74)一一頁。
(77) 大判昭九・六・一五民集一三巻一一六四頁。
(78) 鎌田・前掲注(2)一六頁。
(79) 大判昭六・一〇・二一民集一〇巻九一三頁。
(80) 最判昭五七・三・一二民集三六巻三号三四九頁。
(81) 前掲、大判昭和九・六・一五。

2　第三者の占有による抵当権妨害への対応

⑴　買受人による物権的請求権による対応

従来の代表的学説や判例の立場からすると、第三者が抵当不動産を占有し、それによって抵当権実行を妨げるなどの場合には、抵当権に基づく物権的請求権によって対応できないことになる。すなわち、抵当権者は第三者占有に対しては、手も足も出せず、無力であるということである。その理由は、抵当権の本質は、価値権であり、抵当不動産を占有する権限のないこと、使用収益権のないことによるとされている。いわゆる価値権ドグマの帰結ということになる。

そこでもし、抵当権の効力について、このようなものであるとするならば、第三者占有にあっては、抵当権実行により抵当不動産を買い受けた買受人が、その取得した抵当不動産の所有権に対する侵害として、その占有が不法占有であったり、長期賃貸占有であったり、短賃解除後占有である場合に、物権的請求権に基づき、自己への明渡請求をすることができるだけということになる。これでは、抵当権者は、抵当不動産が第三者占有されて、抵当不動産の交換価値減価が生じているという状態で抵当権実行を行わなければならないことになる。また買受人は、競落の時点では、第三者占有を将来において排除して、交換価値減価を回復することができるという期待を持ちながらも、交換価値減価のまま買い受けることになる。このような状態での抵当権実行は、買い受け価格が減額されたり、場合によっては買受人が現れないという事態に立ち至ることは明らかである。これで抵当権は物権であるといえるのかどうか疑問が残る。

⑵　併用賃借権による便宜的対応

前述のように代表的学説や判例によれば、第三者占有に対して物権的請求権を行使できないことから、その便宜的方法として考えられたのが、併用賃借権により排除する方法である。とくに、短期賃借権者占有による抵当権妨害に対応するために考案された自衛手段である。すなわち、抵当権者は、抵当権設定者に、抵当権設定と同時に、賃借権（または地上権）を設定させ、登記あるいは仮登記をする。そうすると、抵当権によっては、その後の短賃占有者を排除することができない場合でも、併用された賃借権が有効であるとすると、この併用賃借権によりその後の短賃占有者を排除することがでる。短賃占有による妨害排除という目的を達しうるのである。

ただ、この併用賃借権の有効性については、抵当権者には、賃借人として目的物を用益する意思はまったくなく、合理的な短期賃借権をはばむことになり、民法三九五条の趣旨に反することになるとして、消極に解する見解[82]がある。これに対し、抵当権者が妨害的短期賃貸借に悩み、解除請求権には実効性がうすい現状からして、自衛手段として認めるべきであるとの積極説が有力であった[83]。

ところが、最高裁平成元年判決は[84]、有力説に反し、併用賃借権の有効性を否定した。併用賃借権は、「抵当不動産の用益を目的とする真正な賃借権ということはできず、単に賃借権の仮登記という外形を具備することにより第三者の短期賃貸借の出現を事実上防止しようとの意図のもとになされたものというにすぎないというべきである（最高裁昭和五一(オ)第一〇二八号同五二年二月一七日第一小法廷判決・民集三一巻一号六七頁参照）から、その予約完結権を行使して賃借権の本登記を経由しても、賃借権としての実体を有するものではない以上、対抗要件を具備した後順位の短期賃借権を排除する効力を認める余地はない」とする。これによって、併用賃借権による便宜的対応の途も閉ざされたのである。

この判例に対する学説の評価は、判例と同様に併用賃借権の効力を認めるべきではなく抵当権に基づく物権的請求権によるべきであるし、その可能性を予測させるものであるとか、現時点では抵当権に基づく妨害排除請求が未確定ゆえ、便法として併用賃借権を許容すべきであるとかなど、さまざまである[85]。ただ、効力否定説、肯定説を問わず、全体としては、つぎのような椿見解[86]に集約されよう。併用賃借権は、濫用的短賃排除の手段としては承認されてよい。しかし便宜的な制度転用だから、抵当権自体による本来的救済手段が出てくるのであれば、転用的手段は撤退するのが制度論の筋である。最高裁が抵当権自体における解決を示さないで併用賃借権の効力を否定した仕方は、関係者を惑わせるが、近時の流れに反しないで判断するならば、やがて肯定説がでるであろうことは、かなりの確度でもって予想できるのではないだろうか。最高裁が肯定するうえでとりたてて躊躇しなければならない理由は現在はないし、抵当権は占有・用益に干渉しない価値権という否定説を大きく支えた理論的基礎もゆすぶられていることに注意したい。抵当権に基づく物権的請求権は、我妻博士がおそらく想定しなかった新しい場面を加えようとしている。大きな流れが変わりつつある気配さえ強く感じられると表現することもできようか、との見方に代表されるように、抵当権に基づく物権的請求権肯定に対する確信ある希望的見通しを前提とするものであった。

⑶　債権者代位権の転用による対応

ところで、抵当権に基づく物権的請求権については、従来の代表的学説や判例からみるとガードの固いことから、その前に考えられるのが抵当権設定者の抵当不動産の不法占有者に対して持つ物権的請求権の代位行使である。塚原判事は、併用賃借権の効力を否定した最高裁平成元年判決を前提として、今後は、詐害的短期賃貸借による占有を排除する目的へ向かって、債権者代位権の利用をも含めて論じられなければならない[87]と示唆されている。もっとも、抵当権に基づく物権的請求権が肯定されることを前提として、債権者代位権の転用という構成を借りる必要はないとの見解もあるし[88]、抵当権に基づく物権的請求権が認められる場合でも、これを否定する必要はない[89]との見解もある。

ところで、この債権者代位権の転用には、二つの場面がみられる。一つは、不法な第三者占有であっても、抵当権侵害にはならないとの従来の代表的学説や判例の見解を前提として、このような場合には、抵当権設定者の所有権を侵害することになり、そのことによる物権的請求権の代位行使を認めるものである。この場面では、第三者占有が不法占有であることが前提となる。このため、無権限占有の場合には当然に認容される。短賃占有の場合は、正当な短賃占有には認容されないが、詐害的短賃占有の場合に認容されるのかどうかである。民法三九五条ただし書による解除後については、不法占有と同様になると解すると認容される。また、解除が行われなくとも、その詐害的な場合は民法九〇条または九四条により短期賃貸借契約は無効になると解する見解があるが[90]、この場合にも認容されよう。長期賃貸占有の場合は若干問題である。長期賃借権は抵当権者には対抗できないとしても、抵当権設定者との関係では有効であるとの見解に立つと、抵当権設定者の所有権侵害していることにはならないから、抵当権設定者の所有権に基づく物権的請求権の代位行使は考えられないことになる。そこで、短期賃借権については防げても、長期賃借権設定による抵当権妨害を防ぐことはできないことになる。このため、長期賃借権の場合も、それが抵当権実行妨害目的であれば、民法九〇条ないし九四条により無効と解する見解[91]に立つか、長期賃借権占有は抵当権設定者との関係でも無権限占有になると解することにより認容されよう。二つは、かりに不法な第三者占有が抵当権侵害になり、抵当権に基づく物権的請求権が認められるとしても、それは妨害の排除に限られ、抵当権者への明渡請求までは認められないとする立場から、抵当権者への明渡請求のために、債権者代位権を転用する場面が考えられる[92]。問題は、このような場面での転用が、抵当権の非占有性との関係と矛盾しないかどうかである。抵当権の非占有性のゆえに抵当権者への明渡請求を否定したのに、債権者代位権の転用を認めることによって、実質的には明渡請求を認めたことになるからである。しかし、債権者代位権の転用により明渡を受けた抵当権者は、抵当権に基づいて占有するのではなく、抵当権設定者に代って占有することになるのであるから、抵当権の非占有性には反しないともいえる。それは寄託の関係にすぎないとみることもできよう。以上のようにみてくると、債権者代位権の転用による方法でも、一応は有用に対応できそうである。このためか、下級審判例では、債権者代位権による請求を認める肯定判例の方が幾分優勢であったといわれている[93]。

しかし、最高裁平成三年三月判決[94]は、短賃解除後占有につき、これをも否定する。すなわち「賃借人等の占有それ自体が抵当不動産の担保価値を減少させるものでない以上、抵当権者が、これによって担保価値が減少するものとしてその被担保債権を保全するため、債務者たる所有者の所有権に基づく返還請求権を代位行使して、その明渡しを求めることも、その前提を欠くのであって、これを是認することができない」と判示する。これによると、短賃解除後占有は不法占有になるとしても、それは抵当権侵害にならないのであるから、代位請求を認める根拠としての「保全の必要性」はないからだということである。しかし、抵当権侵害の有無と代位請求のための「保全の必要性」の有無の判断とがイコールで結び付くものなのかどうかである。この判例は、抵当権侵害とは抵当不動産の物理的減価であるとの考えを前提としていることから、不法占有により物理的減価は生じない。それゆえに、担保価値減価もないし抵当権侵害もないとする論理を一応承認するとしても、第三者が不法占有しているという現状においては交換価値の減価の生じていることは明らかである。第三者の不法占有の状態で抵当権を実行したとすれば、買受人が現れないことによって抵当権実行により抵当不動産の交換価値から優先弁済を受けることは困難になるか、交換価値の減価が生じて被担保債権の満足が得られないことになる状況にある。このような状況は、被担保債権の「保全の必要性」の条件を充たす状態ということになるのではなかろうか。被担保債権の「保全の必要性」の判断は、抵当不動産の物理的減価の場合に限らず、交換価値の減価が生じているときも含まれるものと解すべきではなかろうか。その意味では、両者は判断においては観点が異なるといえないものなのか疑念が残る。しかしいずれにしても、最高裁平成三年三月判決は、これまでの下級審の肯定判例や肯定学説による努力にもかかわらず、債権者代位権の転用による対応を真っ向から否定したわけである。

(4)　抵当権に基づく物権的請求権による本来的対応

抵当不動産に対する第三者不法占有に対応する方法として、抵当権自体による本来的救済によるのが正道であり、また期待されていた。このためには、従来の代表的学説や判例の展開した議論をいろいろな点で克服することが求められた。そこで学説は、とくに短賃占有との関係で、抵当権に基づく物権的請求権を肯定するための努力を積み重ね、「いまやきわめて大きい堆積の中で肯定説が」「圧倒的」多数であるとみられる理論状況にまで達するに至った。[95]また下級審判例にも否定判例の方が多いとはいえ肯定判例もいくつか見られるようになった。[96]このような学説や判例による肯定説の理論的根拠の分析の詳細は、生態論文に譲ることにする。[97]ただ、従来の代表的学説や判例の理論のどの部分が、どのように、どの程度に克服されているのかについてみるとつぎのようである。

第一に、抵当権は価値権であるとして消極に解してきたことに関連して、まず、立法者意思を検討して、ボアソナードや梅博士は、抵当権は物権であってその性質上抵当権設定者を用益面で制限するものであり、例外的に管理行為についてのみ認めているにすぎない。抵当権を価値権とみるのは、その後におけるドイツ法学の影響を受けて、固有の発展をしたドイツ抵当権法から抽出されたもので、抵当権の性質としては普遍的なものではないとする。[98]すなわち、価値権ドグマに必ずしもこだわる理由はないと説く。このことを基本的背景として、具体的には、価値権を解釈基準とするのは妥当でない[99]、抵当権は価値維持のために物的支配を行っているなどを理由に肯定根拠としている[100]。

第二に、抵当権は非占有・非用益であるから第三者の無権限占有は抵当権侵害にはならないとの見解に関連しては、まず、前述の第一の考えを根拠に、用益支配が及ばないとするのはドグマであり抵当権侵害が観念できる[101]、無権限占有は抵当権設定者の「利用」方法に当たらない[102]、無権限占有は「抵当権の侵害のおそれ」となる[103]、などを根拠に抵当権侵害を肯定する。

もっとも、この肯定説の内容においてはバラエティがある。物権的請求権を行使しうる時期については、競売手続開始決定後に限る見解と、前後を問わずとくに短賃占有についてはは解除判決の確定を条件としてでも認める見解があるが、後者の見解に立つものが多い。第三者占有態様に関しては、短賃解除後占有を念頭に置く論議が多く、その他の不法占有や長期賃貸占有を別に扱うのかどうか明確でないものがあるが、これらの場合を含めて同一に考えるのが有力である。物権的請求権の内容については、従来の代表的学説や判例も抹消登記請求を認めているが、このことについては異論はないが、単なる排除請求権に留めるべきであるとする見解や、これではその実行性を保てないとして抵当権設定者への明渡請求までを認める見解や、抵当権設定者が受け取らない場合のあることを考慮して抵当権者への明渡請求まで認めるべきであるとする見解などに分かれている。とくに、抵当権者への明渡請求まで認めるかどうかについては、抵当権の非占有性との関係で理論的にクリアーできるかどうか問題となる。しかし、物権的請求権の実効性の見地から抵当権者への明渡請求まで認める見解が多い。この結果、抵当権に基づく物権的請求権の行使は、第三者による不法占有、長期賃貸占有、短賃解除後占有を区別することなく、かつ競売手続開始決定の前後を問わず、抵当権者への明渡請求権の行使と認めるべきであるとするのが、多数であった。

(5)　最高裁平成三年三月判決の見解と問題点

このように圧倒的多数であった肯定学説に反し、最高裁平成三年三月判決は、短賃解除後占有に関する事案で、抵当権に基づく抵当権者への明渡請求は認められないとして否定した[104]。その理由とするところは、第一は「抵当権は、設定者が占有を移さないで債権の担保に供した不動産につき、他の債権者に優先して自己の債権の弁済を受ける担保権であって、抵当不動産を占有する権原を包含するものではなく、抵当不動産の占有はその所有者に委ねられているのである。そして、その所有者が自ら占有し又は第三者に賃貸するなどして抵当不動産を占有している場合のみならず、第三者が何ら権原なくして抵当不動産を占有している場合においても、抵当権者は、抵当不動産の占有関係について干渉し得る余地はないのであって、第三者が抵当不動産を権原により占有し又は不法に占有しているというだけでは、抵当権が侵害されるわけではない。」こと、第二に、「民法三九五条ただし書の規定は、本来抵当権者に対抗し得る短期賃貸借で抵当権者に損害を及ぼすものを解除することによって抵当権者に対抗し得ない賃貸借ないし不法占有と同様の占有権原のないものとすることに尽きるのであって、それ以上に、抵当権者に賃借人等の占有を排除する権原を付与するものではな」いこと、第三に、「(もし、抵当権者に短期賃貸借の解除により占有排除の権原が認められるのであれば、均衡上抵当権者に本来対抗し得ない賃貸借又は不法占有の場合にも同様の権原が認められてしかるべきである)」こと、第四に、「抵当権の実行の場合の抵当不動産の買受人が、民事執行法八三条（一八八条により準用される場合を含む。）による引渡命令又は訴えによる判決に基づき、その占有を排除することができること」などを挙げている。この判決によって、学説の極めて強い判例に対する肯定希望が真っ向から打ち破られたわけである。

この判例に対する評価については、椿論文に譲る。[105]それを、若干概観すると、抵当権の性質や現行法の解釈としてやむを得ないとするもの、本判決を受け入れながら保護の必要のある場合、悪質な占有を伴う場合、通常の占有減価を超え物理的侵害に比肩する減価が予想できる場合、または抵当権者の実態に応じ、あるいは具体的事案の検討に応じて、例外的に認められる余地があるとするもの、抵当権は物支配を通じた価値支配権であるから無権限占有は減価を招くとして反対するもの、[106]不法占有による交換価値減価が生じ抵当権侵害は観念できるとして反対するもの、民法典立法当初は抵当権は抵当権設定者の権限を制限するものと考えていたことから抵当権は非占有担保であり価値権にすぎないから抵当不動産の占有関係に一切介入できないという考えは自明の理ではないとするもの、[107]すこぶる確信的かつ教条的に展開された判旨であるが非占有・非用益の価値権という法理を変容させる努力も解釈論の枠内での改革と考えるとして反対するもの[108]、などがみられる。ところで、本判決後においても、概してみるときは、例外的肯定か全面的肯定かはともかくとして、学説はやはり肯定説にみれんを残しているといえよう。これに対し、調査官解説[109]では、本判決に賛成した上で、肯定見解に対して、抵当権設定者が回復された抵当不動産をさらに第三者へ賃貸することの防止策、競売手続の完結まで抵当権者が占有できる根拠、競売が取り下げられたような場合の取扱い、など立法による解決しかできない難問が多々あると指摘されている。

このような理論状況のもとにおいて、第三者不法占有の場合における抵当権に基づく物権的請求権での対応は、諦めざるを得ないのか、それとも解釈理論的に克服することが可能なのか、また克服への努力をするとして何が問題となるのかである。判決理由との関係でみると、第二は民法三九五条但書によって抵当権への明渡請求権は認められないとするもので、同法の効果として、このように解するのが妥当かどうか問題となるが、ここでの直接の問題ではない。第三は短賃解除後占有に認めるのは不法占拠、長期賃貸占有と不均衡とするが、肯定見解はこれらの場合も認めるとしているのであるから、区別する理由を検討する必要はない。第四は民事執行法で対応できるから十分であるとするが、ここでの問題はそのこととは別の問題である。そうだとすると行き着くところは、理由の第一に尽きる。そこで問題を整理すると、基本的には二つの論点に分けられる。一つは、第三者不法占有は抵当権侵害にならない、このため物権的請求権の成立要件が充たされないこと、二つは、抵当権に基づく物権的請求権の内容として抵当権への明渡請求は問題であること、である[110]。

第一の抵当権侵害になるかどうかに関しては、最高裁平成三年三月判決は抵当権の非占有性からこれを否定している。従来の代表的学説や判例の踏襲である。しかし、前述の(3)でみたように、このような否定見解に対し、肯定学説は反論を加えているわけであるが、これには何ら触れられないまま踏襲されている。その原因は、否定見解の基本的論拠は価値権ドグマの帰結と見ていたことにあるのではなかろうか。その結果、この価値権ドグマに再考を迫る理論は提供された。しかし、最高裁平成三年三月判決のよって立つ基本的な視点としての抵当権の非占有性の性質との関係では、説得力ある理論が提供されていなかったということではなかろうか。そして、物支配が観念できるとか、抵当権設定者の用益を制限するといっても、それだけで第三者不法占有をもって抵当権侵害とみる理由づけにはなっていない。占有権能を有しない者につき占有を侵害されて不利益を受けるということは観念できないとの思考には対応できるものではないからである。そこで、抵当権の非占有性は否定できないわけであるから、このことを前提として抵当権者の占有侵害の生ずる場合があることを論証するか、それとも視点を変えて第三者不法占有に伴う減価は、占有権限の有無にかかわらず、抵当権によって支配している価値を侵害することを論証するかによって対応することが考えられる。

第二の抵当権者への明渡請求に関しては、最高裁平成三年三月判決は、何ら見解を示していないといえよう。ただ、調査官解説はまさにこの点を指摘している。占有権限のない抵当権者に明渡請求を認めることになると、抵当権者が占有をすることになる。占有権限がないのに占有のための明渡を求めたり、占有できるとする論拠は何処に求めるのかである。この点は、肯定見解では、短賃解除後占有に関連して、抵当権者への明渡請求を認めないかぎり、抵当権実行妨害を排除する実効性が保障されないからであると説くだけで、法理論的に非占有であっても可能であることについては述べられていない。肯定説を展開するには、この点の検討が重要になろう。たとえば、抵当権の非占有性は正常状態を前提とするものであり、抵当権実行妨害など異常状態の場合には、抵当権によって支配している価値保持のために抵当不動産への占有権能が認められるとも考えることができようか。改正前民法三七一条ただし書が競売手続開始後において収益権能をもつことを認めているのと同趣旨である。また、肯定見解は、抵当権者の占有後の法律関係についても明確には示されていない。この法律関係についても検討を要する。しかし、この法律関係について、立法をしなければ処理できないものなのかどうか、解釈論では困難なのかどうかについては疑問である。また、この法律関係の処理の可否が否定見解に必ずしも直結するものではないであろう。

(6) 抵当権実行手続内での引渡命令

民事執行法八三条一項は、執行裁判所は、代金を納付した買受人の申立てにより、無権限占有者に対して、不動産を買受人に引き渡すべき旨を命ずることができると規定し、同法一八八条で担保権の実行としての不動産競売にも、これを準用している。このため、民事執行法制定後は、抵当権実行手続内で、抵当不動産の不法占有、長期短賃占有、短賃解除後占有の場合に、買受人への引渡命令により処理することが可能になった。最高裁平成三年三月判決も、前述のように、抵当権実行手続内での買受人への排除請求が可能であるから「結局抵当不動産の担保価値の保存、したがって抵当権者の保護が図られているものと観念」できるとして、抵当権への明渡請求の否定の理由としている。さらに、この基本的考えに立って、最高裁平成三年九月判決[111]は、短賃契約が執行妨害の意図を含み、期間満了に当たって、賃借人が種々の妨害工作をしないとの保障もないなどの事実関係の下では、買受人は、賃借人に対し、将来の期間満了時における明渡しを求める訴えを提起することができるとして、ここまで有効に機能するものであることを明らかにした[112]。すなわち、引渡命令の制度により、不法占有者は競売手続の中で消えていくはずで、消えていくものを理由にし価値が下がるというようなことは認められないとの考えによるともいわれている[113]。

これに対し、今後は民訴二二六条を利用して将来の明渡を請求する買受人が、かなり出ることは予想され、この種の訴えを認める要件を緩和されると、その先例としての価値は高いものとなる。しかし、たとえ買受後の将来の訴えで、明渡しについてあらかじめ執行力のある債務名義を作ることが理論的には可能としても、買受人は悪質な占有者のいる物件を買い受けることには変わりはない。このために、買受人はそうした物件に手を出すことを躊躇するか、その物件が高価に売れる可能性があるとも思われないことから、抵当権者の保護として有効に機能するかどうか疑問であるとの見解が見られる[114]。もっともな議論といえよう。さらに、このような手続法上の処理によるだけではなく、競売手続開始前に不法占有を排除し、きれいにして抵当権実行を行うために、実体法上、その理論構成は不可能なのかどうか疑問が残る。

(7)　抵当不動産の占有移転等禁止特約による対応

なお、以上のように、近時の最高裁判例によるかぎり、抵当権による対応は全く否定される。このことから、抵当権者としては、抵当権設定者との間で、抵当権者の承諾のないかぎり、抵当不動産の原状の変更、譲渡、占有の移転等をしない旨の特約（抵当不動産に対する占有移転禁止等特約）により対応することが考えられよう。これについては、大阪高裁平成三年判決[115]は、さきの最高裁平成三年三月判決を引き合いに出して、「抵当権者が抵当不動産の占有関係について、干渉し得る立場にはないことに徴すると、右占有移転禁止の特約は、たかだか、抵当権設定者の抵当権者に対する債権契約上の不作為義務を約定したにすぎないもの」として、この特約に基づく占有移転禁止の仮処分の訴えを退けている。担保物権法の領域において、契約自由の原則をどこまで認めるかの問題と関係することになるが、最高裁平成三年三月判決を前提とするかぎりでは、一つの帰結ということになろう。

(82)　篠塚昭次「判批」判時五九六号・判評一三八号（一九七〇）二九頁。
(83)　柚木＝高木・前掲注(73)四二六頁。同旨、鈴木「判批」判タ二四九号（一九七〇）七〇頁、山内「抵当権を侵害する短期賃借権とその対策」金法五一五号（一九六八）四頁以下、小川「判批」金法五九三号（一九七〇）一九頁など。
(84)　最判平成元・六・五民集四三巻六号三五五頁。
(85)　最高裁平成元年判決に対する学説の評価についての検討は、椿寿夫「抵当権に基づく妨害排除請求権への道」ジュリ九六三号（一九九〇）九四頁参照。
(86)　椿・前掲注(85)九九頁以下。
(87)　塚原朋一「判研」金法一二四五号（一九九〇）一二頁。
(88)　中野貞一郎「抵当権者の併用賃借権に基づく明渡請求」金法一二五二号（一九九〇）九頁。
(89)　生熊長幸「短期賃貸借の解除と抵当権者の明渡請求」法時六三巻五号（一九九一）五二頁。
(90)　生熊・前掲注(89)五二頁、栗田隆「判批」関大法学論集三一巻一号（一九八一）一二五五頁以下。
(91)　生熊・前掲注(8)五一頁。

(92)　鎌田教授は、「抵当権者への明渡請求は、私は、債権者代位権の転用によって認めるほかないだろうと思っています。」といわれている。(鎌田・前掲注(　)二二頁)。
(93)　生熊・前掲注(89)四六頁および四七頁の判例別表参照。肯定判例の例としては、大阪高判平元・三・二九判タ七〇三号一六四頁、大阪高判昭六一・一一・二六判時一二〇〇号七五頁などがある。
(94)　最判平三・三・二二民集四五巻三号二六八頁。
(95)　椿寿夫「判批」私法判例リマークス四号(一九九二)二二頁参照。
(96)　生熊・前掲注(89)四六頁および四七頁の判例別表参照。肯定判例の例としては、名古屋高金沢支判昭五三・一・三〇判時八九五号八四頁、大阪地判昭六三・八・九判タ六九三号一三五頁など。
(97)　生熊・前掲注(89)四八頁以下参照。
(98)　このことについては、内田教授の研究が貴重とされている。内田貴「抵当権と短期賃貸借」星野英一編『民法講座3物権(2)』一七九頁(有斐閣、一九八四)。同旨、平井一雄「判批」一一九頁以下(一九八六)。
(99)　中野・前掲注(7)九頁以下。
(100)　近江幸治『担保物権法』一六一頁(一九八八)。
(101)　平井・前掲注(98)一一九頁以下。
(102)　栗田・前掲注(90)二五五頁以下。
(103)　小杉茂雄「抵当権に基づく物権的請求権の再構成(二・完)」西南学院大法学論集一四巻二号(一九八一)一六六頁以下。
(104)　前掲、最判平三・三・二二。
(105)　椿・前掲注(95)二二頁、二二頁。以下の概観についての注記は椿論文に譲るが、そこで触れられていないものについては注記を付した。
(106)　石田喜久夫「判批」平成三年度重要判例解説(ジュリ一〇〇二号)六六頁(一九九二)。
(107)　生熊・前掲注(89)五〇頁。
(108)　椿・前掲注(95)二二頁、二三頁。
(109)　滝沢孝臣「判解」ジュリ九九二号一二九頁以下。
(110)　従来の代表的学説も、この二つが問題になることについては認識していたことは前述したところである。鎌田教授も二つは別の理論と指摘されている(鎌田・前掲注(83)一二頁)。

(111) 最判平三・九・一三判時一四〇五号五一頁、判タ七七三号九三頁、金法一三二二号二四頁、金商八八七号一一頁。
(112) 岩城謙二「判批」私法判例リマークス六号（一九九三）一七頁。
(113) 鎌田・前掲注(83)一八頁。
(114) 岩城・前掲注(112)一七頁。
(115) 大阪高判平三・六・一二判タ七六一号二二二頁。

3　おわりに

抵当権侵害と物権的請求権の関係については、まず抵当権侵害になる場合が問題となる。抵当不動産の物理的減価はこれにあたることについては、今日、異論はない。第三者不法占有が、これに当たるかについては、従来の代表的学説や判例、これを踏襲する最近の最高裁判例は否定する。これに対し、近時の学説の圧倒的多数は肯定する。ここに、判例理論は、近時の学説と真っ向から対峙することになる。その理論的問題状況は、これまで述べたところである。まだ肯定見解は説得力ある理論を提供しているとはいえないし、不明瞭なところも多々残されている。しかし、近時の最高裁判例のように一蹴されると、従来の代表的学説や判例を克服しようとしてきた、これまでの学説の努力はどこか虚しいものが残る。このことから、判例というのは、学界の成果をくみとってくれないものかという不満が片一方にあるが、無力感、挫折感を味わわないで、いかにして望ましい方向にもっていくかという手法を考えるべきであるとも指摘されている。(116)

また他方、抵当権に基づく物権的請求権による抵当権者への明渡請求を認めるには、立法によるほかないのかどうかである。現行民法上の抵当権法理を前提としての解釈では、理論的に困難なのかどうか。この点は、調査官見解は「立法による解決しかできない難問」とされ、椿見解は「非占有・非用益の価値権」という法理の変容は解釈論の枠内で可能とされ対峙している。そして、岩城教授は、立法論とするならば民法上の抵当制度全般の見直しを要求するとされる。

また最高裁が民事執行法に期待するというのであれば、それ自体の見直しを急ぐべきであり、国会修正前の当初の原案に復活させる改正を期待するともいわれている。

この問題をめぐっては、判例理論と学説の対立とその在り方、解釈論か立法論かという根本的問題が横たわっているというのが現状である。

(116) 椿寿夫ほか「最近の担保判例とその評価――その3――」法時六三巻九号(一九九一)七五頁以下〔賀集唱発言〕。

2　抵当権制度見直しと抵当権法理

はじめに

平成一三年二月、法制審議会が法務大臣からの「社会経済情勢の変化への対応等の観点から、抵当権その他の担保権及びその実行としての執行手続等に関する法制の見直しを行う必要があると思われるので、その要綱を示されたい」との諮問を受けて、現在、「担保・執行法制部会」で審議検討中のようである。このような諮問の発端は、平成一一年二月の経済戦略会議における「日本経済再生への戦略」答申に示されたバブル崩壊に伴う不良債権の処理や経済の再生等をスムーズに行うために、抵当権の実行に対する妨害を排除し、不動産執行の円滑化と迅速化を進めるための法的環境整備の必要性によるものである。そこでの抵当権制度の見直しは、極めて社会経済政策的な色彩の強いものになることが予想される。

ところで、抵当権制度を見直すに当たっては、抵当権の本質を見据えての理論的整合性や理論的変革の許容性という抵当権法理からの検討も重要視されなければならない。かかる観点から、本稿は、現在、行われつつある見直し論が、抵当権法理との関係においてどのような意味を持つものなのかを中心に検討するものである。なお、本稿は、資料等に基づくものが多いことから、個々の見解についての注記を省略する。関係者において、了承いただければ幸甚である。

一　抵当権制度見直しと抵当権の本質

抵当権制度の立法的見直しに当たって、まず、現行の抵当権立法に立ち返ってみると、起草者である梅博士は、「抵当権ハ不動産ノ担保中最モ頻繁且重要ナルモノニシテ其制宜シキヲ得サレハ為メニ信用ノ発達ヲ助ケ其制宜シキヲ得サレハ為メニ信用ノ弊塞ヲ来スカ如ク経済上ニ大関係ヲ有スルモノナリ」とし、抵当不動産について、「皆容易ニ之ヲ譲渡シ又ハ其上ニ権利ヲ設定スルコトヲ得サルモノトセハ不動産ハ著シク其用ヲ減シ抵当ノ制ノ便ハ不動産ノ取引ノ不便ヲ醸シ物ヲシテ最モ多クノ効用ヲ為サシメント欲スル経済上ノ進歩ニ副ハサルモノト謂フヘシ」と指摘されている。

ところで、後述のように、立法的見直しでのさまざまな見解を概してみれば、抵当権に基づく抵当不動産管理制度の創設や不法占有者に対する妨害排除請求の明確化などにみられるように抵当権の抵当不動産に対する占有力の明確化あるいは強化、滌除制度の廃止による抵当不動産の譲渡性の軽視化、短期賃貸借制度の廃止や抵当不動産の賃料債権による優先弁済制度の創設にみられる抵当権設定後の用益性の減退化が強調されているように思われる。このことは、関係者によって、抵当権設定時における目的不動産の占有関係の明確化が必要であるとして明確に指摘されていることからも明らかである。このような立法的見直しは、梅博士が強調されている現行の抵当権立法での指摘とは明らかに逆行するものであり、抵当権法理との整合性がとれるのかどうかという問題が提示されることになる。

それは、また、現行の抵当権立法後の展開において、抵当権の価値権性が強調された結果として、抵当権の抵当不動産に対する物的支配力が無視されて価値支配による優先弁済力に純化されたことにより抵当権の効力障害を生じさせることになる。すなわち、抵当権の本質については、我妻博士に代表されるように、「抵当権は目的物の物質的存在から全く離れた価値のみを客体とする権利、すなわち物質権に対する意味での価値権の純粋な形態だということができる」として「価値権ドグマ」は形成され、抵当権は目的物と物質的な交渉のない権利であるとして形成された。その結果として、最高裁平成三年三月二二日判決（民集四五巻三号二六八頁）（以下「平成三年判決」という）にみられるように、不法な占有者が現れても抵当権侵害にはならず、抵当権に基づいて妨害排除請求ができないという帰結を導き出すことになる。このことのために、抵当不動産を占有することによって、事実上、抵当権の実行が妨げられ、あるいは被担保債権の満足が得られないような状態に陥っていても、抵当権自体でも、そのような障害を除去できないという状態が生じてきているのが現状である。前述のような立法的見直しは、このような現状に対する揺り戻し現象ともいえる。そこで、このような揺り戻し現象が、抵当権法理との関係でどのように接合するかである。価値権ドグマを徹底する限りにおいては、相容れないものであることは明らかであることから、現行の抵当権法理によってもその余地が潜んでいるのかどうか問題になる。

このような揺り戻し現象は、最高裁平成一一年一一月二四日大法廷判決（民集五三巻八号一八九九頁）（以下「平成一一年大法廷判決」という）では先の最高裁平成三年判決を変更し、抵当権に基づく妨害排除請求の可能性を示し、最高裁平成元年一〇月二七日判決（民集四三巻九号一〇七〇頁）（以下「平成元年判決」という）では抵当不動産の賃料債権への物上代位を認め、最高裁平成一二年四月一四日判決（民集五四巻四号一五五二頁）（以下「平成一二年判決」という）では、その物上代位の範囲をさらに拡張するなどの近時の最高裁判例に影響されたものであることは明らかである。この意味において、現行の抵当権法理によってもある程度は基礎づけられる余地がないではない。しかし、その基礎づけの論拠は、明白には示されているとは思われない。それを求めるとすれば、抵当権は抵当不動産の交換価値を支配するものであるとしても、それは物的支配を通じての価値支配である点にあるのではないかと考えられる。抵当権も「物」を直接排他的に支配する物権の一種として位置づけられていることからすると、「物」に対する支配を無視することはできないわけであるから、価値支配を維持するための物的支配力の存在を再認識することによって、整合性を維持することが可能になるものと思われる。このことから、原則的には、抵当権の抵当不動産に対する占有関係の明確化の提唱や、「占有に対しても抵当権の効力が及ぶことを実体法として正面から認める」べきとの主張も妥当なものといえる。

もっとも、抵当権は、我妻博士の指摘のように、目的物の物質的利用に干渉しないとしても、価値実現のための競売の段階では、抵当権設定後に築き上げられた物質的な用益関係は、悉く覆滅するものであることを原則としているわけで、その時点での物的支配力を発揮できることが予定されている。このため、これを貫徹するだけでよいとも考えられる。しかし、抵当権の物的支配力は抵当権設定時から存在するわけで、このような価値実現のための競売段階に限定することなく、この物的支配力を、どのような場面と時点において抵当権法理に如何に組み込むのが適切かという見地から見直すことが必要である。

二　抵当権に基づく妨害排除請求

抵当不動産の不法占有に対して、抵当権に基づく妨害排除請求を認めることにつき、明文化することについては、積極的な見解が多い。平成一一年大法廷判決も、傍論ではあるが、それを肯認していることから妥当な見解といえる。ただ、中山見解は、抵当権の優先弁済請求権および換価力(権)との理論的整合性を強調されているが、前述したように抵当権の本質とされる物的支配力から導き出すのが妥当ではないかと思われる。また、第三者の占有による抵当権実行妨害を法的には容易に排除できる根拠が明確になる。

問題は、以上のようなことを考慮して、いつからどのような要件があれば行使できるかである。その時期としては、抵当権設定時からとする見解がみられる。この他に、弁済期到来時や競売申立て時からも考えられるが、抵当権は設定時から抵当不動産に対して物的支配力が及ぶものと考えれば、抵当権設定時からが妥当な見解といえる。要件としては、①不法占有の場合で、②抵当権者の優先弁済請求権が困難になる状態にある場合とする見解がみられる。これは、平成一一年大法廷判決に依拠するものと思われる。しかし、この二つの要件を必要とするかどうか疑問である。①の要件だけで、抵当権の物的支配は妨げられ、抵当権侵害が生じていると考えると、②の要件は不要とも考えられる。そして、実際には、①の要件を充たす場合には、②の状態にあるのが多いのではないだろうか。この場合、①の要件に該当する第三者占有としては、無権原占有・短賃解除後占有・濫用的短賃占有・不法占拠はこれに該当するとしても、短賃占有や長期賃貸占有がこれに該当するとするかどうかは、抵当不動産の賃貸をどこまで認めるかとの関係が問題となる。効果としては、抵当権の物的支配の回復であることからすると、抵当権者への明渡しとすべきである。そして、抵当権者は物的支配力に基づいて管理占有するものと観念することになるが、それは現実的支配を伴う、いわゆる占有とは異なるものと解すべきである。このため、抵当権者は管理占有することにはなるが、抵当不動産を現実的に所持ないし占有するものではない。ここに非占有担保としての特質がある。このことから抵当権者の管理占有のための制度を別途検討する必要があろう。

三　抵当不動産管理制度

抵当不動産管理制度の創設は、ほぼ共通した見解である。しかし、そのニュアンスは、かなり異なるようである。①抵当権に基づく妨害排除請求の結果として、抵当権者に明け渡された抵当不動産を管理占有するための管理制度、②弁済期到来以降における賃料債権による優先弁済のための管理制度、③競売手続の進行をスムーズにし、あるいは抵当不動産の価値維持のための管理制度などの創設が主張されている。このため、各管理制度の趣旨が異なるわけであるが、基本的に共通しているのは、抵当権者自身による占有管理ではなく、第三者（機関）による管理を想定していることである。抵当権に物的支配力のあること、あるいは抵当権者が管理占有することを認める立場からすると、抵当権者自身による占有管理も認められてしかるべきであるとの考えも成り立ち得よう。しかし、抵当権者自身に占有管理を認めることは、抵当権の本質に反する。抵当権には物的支配力のあることを認めるとしても、抵当権者が現実的に抵当不動産を所持ないし、いわゆる占有すること、すなわち現実的所持（占有）まで認めるべきではない。このような現実的所持

（占有）を伴わない担保権である点で質権と異なる特質があると解すべきだからである。抵当権は非占有担保であるとされてきたのは、物的支配がないということではなく現実的所持（占有）力のない担保権であると解することによって、整合性をとることができるのである。

なお、三つの管理制度については、以下のように構想すべきであろう。①の管理制度は、抵当権者の物的支配力を根拠とする管理占有に基づく抵当不動産管理である。抵当不動産の価値維持及び実行をスムーズにするための管理である。このため③の管理制度と類似する。しかし③の管理制度は実行手続段階の管理であることから基本的には異なるものである。

②の管理制度は、抵当権の賃料債権からの優先弁済力をどのように根拠づけるかとも関係する。後述のように、抵当権者の賃料把握を物上代位に求める見解によりながら、第三者（機関）管理制度を創設する見解では、管理制度と物上代位を併存させるのかどうかが問題になるが、このような併存は意味がないし、煩わしい。そこで、管理制度一本に絞るとなると、その管理占有の根拠は抵当権の物上代位効にあるということになろう。その根拠を物上代位効に求めないときは、抵当権は被担保債権の弁済期到来により物的支配が現実化し、物的利用の対価としての賃料債権をも把握できる状態になると共に、換価権及び優先弁済力に基づいて賃料債権を受領し優先弁済を受けることができる効力が現出する。しかし、現実的所持（占有）まで認められていない抵当権者自身は、自らにおいて、直接に、この効力を行使することができず、管理者である第三者（機関）に、それを委ねるものと構成することによって根拠づけることが可能となろう。そして、いずれに根拠を求めるにしても、抵当権設定者の抵当不動産に対する所有権及び占有権は制限を受けるものではなく、管理者である第三者（機関）は抵当権設定者によっても占有管理を委ねられているものであることを前提とした制度設計が必要になる。具体的には、抵当不動産の管理費用などは抵当権者への弁済に優先するものとし、管理不動産に関する賃貸借契約等は抵当権設定者の同意ないしこれに代わる裁判所の許諾のない限りできないものとするなどである。

③の管理制度は、抵当権実行のための差押え後における、専ら競売手続の進行及び抵当不動産の価値維持のための管理占有である。このため、実体法上に規定するのがよいのか、手続法上の強制管理として規定するのがよいのかの選択の余地があり得る。このようなことから、民事執行法四六条二項を見直し、同条で制度設計をするとの見解が注目される。

四　物上代位制度の存廃――賃料債権による優先弁済の論拠

最高裁は平成元年判決で、賃料債権への物上代位を肯認して以来、賃料債権の譲受人との関係では抵当権設定登記時を基準として（最判平成一〇・一・三〇民集五二巻一号一頁）、賃借人による相殺との関係では抵当権設定登記後で物上代位による差押え時を基準として（最判平成一三・三・一三判時一七四五号六九頁）、拡大適用化の傾向を示している。このことを前提として、第一に、抵当権の効力が抵当不動産の賃料債権にも及ぶことは、もはや否定できないとしても、その根拠をどこに求めるべきか、第二に、抵当権の賃料債権に対する効力の及ぶ範囲を利害関係人との関係で明確にする必要があるのではないか、などの見直しが要請されてきている。

第一については、これまで物上代位に依拠してきたことはやむを得ないとしても、立法的見直しにあたっても、維持すべきであるかどうか疑問である。賃料債権への物上代位の肯認には「賃料債権は抵当不動産の価値のなし崩し的価値」とみる価値権発想が強くみられる。この価値権ドグマに対する揺り戻しから出てきている今回の見直しとの関係で齟齬はないかどうか。また、一方では、物上代位に基づいての賃料債権からの優先弁済を事実上、阻害するような賃料債権の譲渡、転貸、相殺などを有効に回避し、他方では賃料債権に対する正当な利害関係人の利害調整を行うための規定の明文化ができるかどうかの問題が残るからである。このことから、賃料債権への物上代位を廃止し、差押え以降に法定果実（賃料債権）にも抵当権の効力が及ぶことを、民法三七一条で明記する選択肢もあり得るとの見解は一考に値する。もっとも、この場合に、この差押えが抵当権実行のための差押えであるとするならば、競売手続の問題での処理ということになる。しかし、この場合の差押えは、被担保債権弁済期到来後、天然果実と法定果実をも含めた果実に対して抵当権の効力を及ぼすためのものと観念すべきである。このことによって、抵当権の効力は、前述のような効力が現出し、賃料債権にも優先弁済を及ぼしていくことができると解されよう。第二の、利害関係人との利害調整については、以上のような基本的視点に立って調整することになるが、紙数の関係上、留保する。

五　短期賃借権保護制度の存廃

短賃保護制度は、抵当不動産を占有する形態の執行妨害の手段として悪用され、他方で賃借人保護の制度としても不十分であることが指摘されることによって、今回の見直しの端緒となったものである。このため、民法三九五条の短賃保護制度の廃止論が、当初は有力であった。このことから総合規制改革会議（一三年一二月一一日第一次答申）では、抵当権に後れる賃借権で事前に抵当権者が合意しないものは競売実施後の存続を一切認めないとする見解が提示された。この見解は、前述のように、抵当権が実行されたときは、抵当権の設定後に築き上げられた物質的な用益権は、悉く覆滅するとの原則に立ち返るものである。

ところで、短賃保護制度を悪用しての執行妨害に対して、正常な賃借権に基づく占有以外は不法占有になることを明確にするだけで、前述したような不法占有に対する妨害排除請求権の明記や執行のための強制管理制度の創設により対応することが容易になろう。このようなことから、短賃保護制度を見直すにあたっては、執行妨害対応は別に考えるとして、抵当権設定後の抵当不動産賃貸による利用保護の必要性という観点から検討する見解が多くなってきている。これらの見解は、前述の抵当権の効力の原則に対して、どのような場面で、どの程度の例外を設けるか、いわゆる純粋の利用権との調整についての提案といえる。

これらの見解によると、土地抵当権については、賃借権保護の必要がないとするのが大方の見解である。建物抵当権と土地抵当権を区別して取り扱うのが妥当かどうかであるが、利用権との調整による例外的取扱いであることからすると、何ら問題はないであろう。そして、土地の場合は滌除の制度により、保護してはとの見解もある。ついで、賃貸用建物である収益型物件については、賃借権を存続させるとする意見が強い。この意見は、抵当権者も賃貸用建物であるとして融資を行い、その賃料債権からも回収できるというメリットをも視野に入れたものといえる。そうだとすると、抵当権設定後の賃借権者保護というよりも、抵当権者による賃料債権からの優先弁済を狙いとしたものであって、利用権との調整の域内での問題ではないことになろう。実質は、短賃保護制度の廃止を意味するものである。このように限定するのであれば、短期賃借権に限らず、長期賃借権についても存続させることも考えられる。なお、このように限定するときは、賃貸用建物と居住目的建物を如何にして区別するかという技術的な問題をクリアーすることが必要になる。これに対しては、居住用建物をも含めて短期賃借権につき保護することが考えられる。この場合は、現行の短賃保護制度と基本的には異なるものではない。このため、抵当権による賃料債権からの優先弁済は視野に入れるべきではない。短賃保護制度の曖昧さを避けるために、専ら短期賃借権者保護に徹すべきである。しかし、問題は、今日、居住用建物賃借人の居住を、どこまで保護しなければならないかである。今日では、居住住宅不足時代のように居住確保の必要はなく、転居までの猶予期間を保障すること、敷金などの返還や移転料などの確保を考えることと、賃貸建物に抵当権が設定されていることを明示するようにする方法を考えてはどうであろうか。なお、賃借権の存続を認める場合は、競売代金による敷金の返還義務を明確にするとともに、賃料前払いや敷金返還の額を規制することが必要である。

六　法定地上権制度

法定地上権制度の見直しの前提としては、土地と建物を独立したものであることを前提とする民法の考え方でよいか。

一体化させる必要はないかが問題になる。しかし、この点は、民法の根幹にかかわる問題であり、留保する。そこで、土地と建物は別個の不動産であることを前提とすると、建物存置のための土地利用権の確保が問題になる。その方法として、法定地上権制度を廃止して、民法上も自己借地権制度を創設し、自己借地権の設定されていない場合には土地抵当権設定前後を問わず、抵当権実行の時点で存在する建物については一括競売を義務化する、とする見解がみられる。その後は、土地抵当権は建物に及ぶものではないから、建物競売代金部分をどのように評価して、建物所有者に配分するかの問題を残すのみでスッキリした制度になる。なお、この場合、土地抵当権は建物に及ばないのに、なぜ競売できるのかという理論的問題が残るが、本来ならば土地利用権のない限り、建物は抵当権実行時に取り壊されなければならない損失をカバーするものであると考えると十分に説明がつくであろう。もし、建物所有者が不同意であれば、取壊しを選択することも否定する必要はない。

ただ、法定地上権制度について、そこまでの改正をする必要があるかどうかである。法定地上権制度は、わが国特有の制度であり、欧米諸国には例のない制度であるとしても、定着し解釈運用されてきている。問題は、法定地上権の成立範囲が解釈によって拡大されてきた傾向への疑念と、その成立が事前にわかるようにリステイトすることである。これらのことのために、現行の三八八条を文言通り厳格に解釈することとし、所有者の同一は第一順位抵当権設定を基準とすること、更地抵当権設定後の新築には適用しないこと、土地建物共同抵当後の再築には適用しないことを明記することが考えられる。もっとも、土地建物共同抵当後の再築については、最高裁平成九年二月一四日判決（民集五一巻二号三七五頁）と同様に全体価値考慮説に立って規定することも考えられるが、担保実務では、そのような評価を行っていないことからすると、立法化に際しては担保実務に対応させるのが妥当ではないかと思われる。

なお、法定地上権の成立しない建物については、抵当権者に建物所有者の承諾を得ることを条件に一括競売を義務づけ、承諾の得られないときは取壊しを請求できるものとし、取壊しに応じない場合は不法占有として妨害排除請求で対応するものとするのが妥当ではないかと思われる。もっとも、一括競売された場合の建物部分については、建物所有者に配分されることになる。

七　滌除制度の存否

滌除制度も抵当権の消滅を強要する制度として、短賃保護制度同様に、見直しの発端となったものであり、当初は廃止論が強かった。しかし、今日では、さまざまな制度改革が提案されている。

一つは、滌除制度を存続させることを前提に、現行制度の問題部分を修正する提案がある。滌除の申立てに際しての抵当不動産の価格が適正なものとするために、裁判所の決定する相当価格で抵当権の消滅を申し立てるものとし、抵当権者がこれを拒否する場合でも増加競売によるのではなく通常競売の申立てとし、その申立期間を短縮する一方で、滌除の申立てが受諾されると滌除権者は供託をすることによって抵当権設定登記を嘱託抹消し、滌除権者が抵当不動産を確実に取得できるよう保障するものとする提案である。この場合には、現行の滌除制度と同様に、抵当権の不可分性、順位昇進の原則及び換価時期選択の自由の例外的制度として存置されることになる。

二つは、抵当債権超過型不動産の任意売却制度とする提案である。抵当不動産の所有者または抵当権者が申立権者となり、裁判所に売却予定価額を申し立て、裁判所が鑑定売却決定を行ったときに、所有者と買主間で認定価額を売買代金額として売買契約が成立し、それを供託すると抵当権設定登記が嘱託抹消するという制度の提案である。この提案は、基本的には、抵当権法理それ自体に修正を加えるものではない。立法政策としての一つの選択肢であろう。

三つは、第三取得者が適正代価を供託して抵当権を消滅させる制度の導入提案である。民事再生法における抵当権消滅請求制度の発想に基づくものといえる。バブル崩壊により所有不動産が値下がりし住宅ローン債務額が超過することになった住宅ローン債務者の救済を狙いとするものであるともいわれている。もし、それが主たる狙いであるとすると、このような政策的立法を抵当権規定のなかに導入することには疑問がある。また理論的に抵当権消滅請求制度の創設の時にも指摘された前述の抵当権法理の大幅な修正を担保実体法において行うことの当否についても十分検討しなければ、抵当権法理自体を解体させてしまう危険もあるのではないかと思われる。

四つは、抵当不動産の任意売却促進のための制度とする提案である。所有者と購入希望者が申立権者となり、不動産鑑定評価書を提示して代金を提示し、配当を受けることが可能な抵当権者の同意を得て抵当権の実行を擬制する。異議がなければ、売却許可決定が出され、購入希望者が代金を納付して抵当権設定登記の抹消登記が嘱託で行われるという制度の提案である。この提案は、二つ目の場合と共通する。

この他にも、さまざまなバリエイションの提案がみられるが、適正代価により抵当権者に強制することなく抵当不動産を流通させるための制度は存置させるという点では共通している。そこで、このような目的のための最小限度の改正としては、一つ目の提案を基調として制度設計をするのが当面、妥当ではないかと思われる。

3　抵当権に基づく物上代位に関する判例上の問題点

一　序　論

抵当権者は、民法三七二条による同法三〇四条の準用によって、目的物の①売却、②賃貸、③滅失または毀損により債務者の受ける金銭その他の物（以下、総称して価値代替物と呼ぶ）に物上代位することが認められている。ではなぜ、抵当権の効力が価値代替物にまで及ぶのかである。

物上代位の本質

この理由づけについては、抵当権は目的物の価値を支配する権利であるから、この目的物の価値を代表する代替物ないし、なし崩し的に具体化された代替物に及ぶとするのは当然とする見解や、（1）抵当権者の把握する価値の滅失ないし減少を契機として所有者に帰属することになった価値に抵当権の効力を及ぼさせるものとする見解、（2）あるいは公平を基本にすえた政策的な抵当権強化のためと説明することもできるとし、（3）さらには抵当権による物的支配が失われることによって抵当権の効力は及ばなくなるが、そのことによって生ずる抵当権者の損失をカバーし、抵当権者を保護するためであると考えることもできよう。本稿は、このような理由づけの当否の検討が目的ではない。このようなさまざまな理由づけのあることを根底に置きながら、抵当権に基づく物上代位に関して近時、問題とされている判例を紹介、解説し、物上代位制度運用の実態を学ぶのが目的である。

二　賃料債権への物上代位

抵当権に基づく物上代位で、まず問題になるのは、どのような代替物に抵当権の効力を及ぼすことができるかである。たとえば、Aは、一階部分をBに、二階部分をCに賃貸するとともに、D（一番抵当権者）のための抵当権が設定されている二階建店舗に、Y（後順位抵当権者）を権利者とする根抵当権を設定し登記を経由した後、Aは、この二階建店舗をXに売り渡し、賃貸人の地位も承継させた。その後、Dが抵当権実行の申立てを行い競売手続が進められたので、Yは配当加入するとともに、Yは物上代位権の行使として、BおよびCが供託していた賃料に対するXの償還請求権を差し押さえ転付命令を得たという事案で、Yは物上代位により供託金の取得が認められるかである。すなわち、この供託金はXのBおよびCに対する賃料債権に対する支払としてなされたものであることからすると、法律的には、賃料債権に対して物上代位が認められるかの問題ということになる。

1　物上代位の目的物

前述のように民法三七二条により準用される三〇四条の文言によれば、抵当権者は、目的物の賃貸（②）による価値代替物である賃料債権に代位できることになる。ただ、前述の③に関しては、抵当不動産の滅失・毀損により生ずる損害賠償請求権や火災保険金請求権のように抵当不動産に代わる価値代替物といえることから一部の保険法学者の反対はあるが、通説・判例が積極に解し抵当権の効力の及ぶことを認めることについては、それほど異論はない。これに対して、前述①の売却による価値代替物としての売却代金に関しては、抵当不動産が売却されても抵当権は消滅しないし、目的物に対する追及効が認められているため当該抵当不動産から優先弁済を受けることが可能であることから物上代位の目的とすることにつき否定的に解する学説が多い。このような理論状況からすると、すんなりと文言だけで根拠づけることができないことは明らかである。その原因は、物上代位の直接規定である三〇四条は先取特権を念頭においたものであるのに、これを先取特権とは特質の異なる抵当権に単純に準用してよいのかどうかの疑問から発しているのである。

2　賃料の特徴

そこで、賃料債権への物上代位に関してみると、抵当不動産に賃借権が設定されても抵当権は消滅することなく優先弁済を受けることが可能であるという点では①に近似し消極に解される余地がある反面、賃借権設定により抵当不動産の価値が減少する可能性のある点に注目すると③に近似し積極に解しうることにもなることから、論議が展開されるわけである。

3　最高裁平成元年判決

そのなかで、賃料債権への物上代位に関し、最高裁平成元年判決(4)は、前述の事案の下で、(ア)抵当権は目的物の占有を設定者にとどめることと、設定者が自ら使用し又は第三者に使用させることを許すものであることと、先取特権とは異ならないこと、(イ)設定者が第三者に目的物を使用させる対価に抵当権を行使できるとしても設定者の目的物の使用を妨げることにはならないことから、(ウ)規定(文言)に反してまで賃料債権に行使できないと解する理由はないとして無条件で肯定した。この結果、最高裁判例は、通説であった肯定説に与することになるが、その根拠づけには若干の差異がみられる。

4　肯定説と否定説の論拠

通説は[5]、我妻博士に代表されるように、物上代位の本質についての議論との関係で、賃料債権は抵当不動産の「価値の一部を代表するもの」、「交換価値のなし崩し的具現化」であるから抵当不動産の価値を支配している抵当権の効力は当然に及ぶと解していた。これに対して、賃料は抵当不動産の交換価値の対価であって交換価値をなし崩し的に実現したものでないこと、設定者の使用収益活動の成果を収奪することになって民法三七一条（改正前）の趣旨に反すること、追及効のあることなどを理由とする有力な全面否定説[6]が対峙していたわけであるが、最高裁判決は、この否定説の論拠に対して、賃料債権に物上代位を認めても使用収益権の伴わない非占有担保であることとは抵触しないとしているだけである。

5　最高裁平成元年判決の論拠

すなわち、通説のように抵当権は目的物を価値支配しているものであることを前提とするのかどうか、またこのことを前提として価値のなし崩し的代表物としての賃料に代位できるとしたのかどうか、追及効との関係はどうなるのかについては明瞭にしないまま無条件肯定をしていることに留意しなければならない。さらには、賃料を「使用の対価」[7]であることを認めた上で物上代位を肯定したものと解し得るとすると通説とは全く接合するものでないことになる。この結果、賃料債権への物上代位を認めるにあたって最高裁平成元年判決の論拠は、唯一、民法三〇四条の文理解釈につきることになり、最高裁判決が従来からこの文理解釈をどのような論拠で肯認してきているのかにたどり着くことになる。かかる観点からみると、初期の大審院判決によれば「目的物ノ全部又ハ一部ニ代リタルモノノ上ニ其効力ヲ及ホシタル法意ナルコト明白[8]」と解していることから通説と同様の立場に立つことになるわけであるが、先に指摘したような非接合状況をどのように接合させるのかという課題が残ることになろう。

6　追及効と物上代位

なお、直接的ではないが追及効の存在は否定根拠にはならないと解するものと推測される。抵当権の追及効を否定するものではないとすると否定根拠にならないとする理由をどこに求めるかである。否定論者の論拠は追及効を認め、物上代位を認めるのは効力として強力にすぎるということであろうが、それも肯認してよいとするのであろうか。それとも、追及効の本体は、商法八一三条が、第三取得者に「引渡シタル後」先取特権を行なうことができないと規定しているように目的物の所持が移転した後でも追及できるか否かという効力の問題にすぎないと解し、追及効の存在は物上代位と直接関係するものではないからだとの考えによるものなのかどうかである。このことから、今後、追及効なるものについて検討しなければならないことになるが、もし後者の効力にとどまると解するならば、前述①の売却代金に関しての有力な否定見解の論拠づけが失われることにもなろう。

賃料債権への物上代位に関しては、以上のような文理解釈、抵当権の本質論、物上代位本質論、賃料債権の性質論からの論理演繹による議論の他に、利害調整上の問題として捉える諸見解が見られるが、最高裁判例の基本的立場とは異なることから本稿では検討を留保する。

三　包括賃料債権譲渡後の物上代位

つぎに、賃料債権への物上代位が認められるとして、その賃料債権が第三者に譲渡された後も可能かである。Xは、Aに三〇億円を貸し付けB所有の建物に抵当権を設定し登記を行った。Bはこの建物の全部を賃料月額二〇〇万円、敷金一億円、譲渡転貸自由と定めてYに賃貸し登記を経由した。CはBに七、〇〇〇万円を貸付け、建物についての三年分の賃料を貸金債権の代物弁済として譲渡する旨の契約を締結し、Yは確定日付ある証書によりこれを承諾した。その後、Xは、BのYに対する賃料債権に抵当権に基づく物上代位権を行使した。賃料債権に物上代位できるとしても、そのためには民法三〇四条但書により「払渡又ハ引渡前」に差押えをしなければならない。しかし、物上代位権者による差押えの前に、将来の賃料債権が包括譲渡され、確定日付ある承諾により第三者対抗要件を備えている。そこで、このような将来の賃料債権の包括譲渡が無効であるとすると、それだけで物上代位が認められることになる。しかし、将来債権の包括譲渡については特定されていれば有効であるとするのが最高裁判決(9)である。このため、賃料債権の包括譲渡を有効なものとして考えると、債権譲渡による第三者対抗要件具備の後でも、物上代位権を行使できるか問題になる。

1　最高裁平成一〇年判決

上記類似の事案を前提として最高裁は平成一〇年に二つの判決(10)を出した。そして、その理由づけは共通する。(ア)三〇四条一項但書の差押えの意義については、抵当権の効力が物上代位の目的となる債権にも及ぶことから、右債権の「第三債務者」は抵当権設定者に弁済しても目的債権の消滅の効果を抵当権者に対抗できないという不安定な地位に置かれる可能性があるため、差押えを物上代位権行使の要件とし、第三債務者は、差押命令の送達を受ける前には抵当権設定者に弁済をすれば足り、右弁済による目的債権消滅の効果を抵当権者にも対抗することができることにして、二重弁済を強いられる危険から第三債務者を保護するという点にあること、すなわち第三債務者保護にあるにすぎないこと、(イ)債権譲渡が「払渡又ハ引渡」に含まれるかについては、文言上、含むものと解されないし、物上代位の目的債権が譲渡されたことから必然的に抵当権の効力が目的債権に及ばなくなると解すべき理由がないこと、(ウ)利益衡量として、第三債務者は物上代位権に基づく差押前に債権譲受人に弁済したときはその債権の消滅を抵当権者に対抗できるし、弁済をしていない債権については供託して免責されることから第三債務者の利益は害されないし、抵当権の効力が物上代位の目的債権についても及ぶことは抵当権設定登記により公示されているし、対抗要件を備えた債権譲渡が物上代位に優先するものと解すると、抵当権設定者は、抵当権者からの差押えの前に債権譲渡をすることによって容易に物上代位権の行使を免れることができ、抵当権者の利益を不当に害することになることなどを理由に、差押前までに未払いの賃料債権につき物上代位することを肯定した。

2　差押えの意義

民法三〇四条一項但書の差押えの意義については、従来から議論があり、主な見解としては[11]、抵当権は価値権であるから目的不動産の価値変形物の上に効力を及ぼすのは当然であるが、差押えを要するとした趣旨は価値変形物が債務者の一般財産に混入するのを防ぎ、代位物の特定性を維持するところにあるとする特定性維持説や、物上代位は抵当権の性質から当然に生ずるものではなく、法が抵当権者を保護するために認めた特別の権利であるから、抵当権者自らが差し押さえてその優先弁済権を保全しなければならないとする優先保全説や、あるいは抵当権者が債務者の一般財産に優先弁済権を有するとすれば他の一般債権者の利益が害されるから、差し押さえて分離特定してある目的債権にのみ物上代位することができるようにして第三者を保護する趣旨であるとする第三者保護説などがみられたが、最高裁平成一〇年の二つの判決は、これらのいずれの説にも与しないで第三債務者保護説に立つことを明らかにしている。

3　差押えと債権譲渡の優劣

なおさらに、従来の学説や判例の多くは、抵当権に基づく物上代位権と包括賃料債権譲渡の優先ないし対抗の問題として捉えてきたことから差押時基準説は差押時より先行する債権譲渡が優先すると主張し、具体的債権発生時基準説は差押えの時の既発生の賃料債権譲渡は優先するが未発生の賃料債権譲渡は劣後すると主張し、登記時基準説は抵当権設定登記の対抗力を重視して物上代位権が優先すると主張していた[12]。しかし、最高裁の二つの平成一〇年判決はこのような優先ないし対抗の問題として捉える思考とは異なる論理に立つ。抵当権に基づく物上代位権は抵当権の効力の一部であるから抵当権設定登記のある以上は、抵当権設定後の賃料債権の譲受人に対して物上代位権を対抗できるのは当然（民一七七条）であるとの論理によっている。素直な理論である[13]。

4　対抗と追及効

ただ、この最高裁平成一〇年判決の論理を説明するのに、追及効は抵当権の本質から生ずる効力であるから、登記によりこの追及効を主張できるとするものであろうと述べたことがある。(14) しかし、前述のように追及効は、担保目的物が移転した場合の取戻しにかかわるにすぎない効力であるとすると物上代位を認める根拠には結びつくものではないことになるし、上述の説明も成り立たないことになる。そこで、追及効の本体を検討するまでは、かつての説明を、ここでは留保する。

四　転貸料債権への物上代位

Xは、Aらの共有する建物に極度額を一億九、八〇〇万円とする根抵当権を設定し登記を経由した。BはAらから建物を買い受け、Yに賃貸し、Yは、Cらに対し、建物の部屋のうち七室を転貸している。Xは、根抵当権に基づく物上代位権の行使として、YのCらに対する転貸賃料債権について差押命令を申し立て裁判所は債権差押命令を発した。この命令は有効か。Bが賃貸人であり、Yが転貸人である。このような転貸人の転貸料債権に物上代位権の行使が認められるかにより有効、無効が決せられる。その際、民法三〇四条一項で物上代位の対象になるのは「債務者カ受クヘキ」価値代替物に限っている。転貸人は、抵当権者との関係では債務者でも抵当権設定者でもない。賃借した抵当不動産を転貸しているにすぎない者の転貸料債権についても「債務者カ受クヘキ」価値代替物といえるかが問題になる。

1　最高裁平成一二年判決

そこで、原審が、転貸料債権への物上代位を肯認したのに対し、最高裁平成一二年判決(15)は、前述と類似の事案で、(ア)所有者は被担保債権の履行について抵当不動産をもって物的責任を負担するものであるのに対し、抵当不動産の賃借人は、このような責任を負担するものではなく、自己に属する債権を被担保債権の弁済に供されるべき立場にはないこと、（イ）文言に照らしても「債務者」に含めることはできないこと、（ウ）転貸賃料債権を物上代位の目的とすることができるとすると、正常な取引により成立した抵当不動産の転貸借関係における賃借人（転貸人）の利益を不当に害すること、（エ）所有者の取得すべき賃料を減少させ、又は抵当権の行使を妨げるために、法人格を濫用し、又は賃貸借を仮装した上で、転貸借関係を作出したものであるなどの場合は、賃借人を所有者と同視して物上代位権を行使することを許すべきものであること、を理由として消極に解することを明らかにした。このことによって、最高裁判例による抵当不動産の賃料債権に対する抵当権の効力の拡張現象に歯止めがかかることになった。

2　「債務者」の意味

民法三〇四条一項の債務者については、通説・判例は、抵当権の設定されている不動産の所有者を意味するものと解している。このため債務者ではないが物上保証人や、【設問1】のような第三取得者も、これに該当するとみている。さらには、最高裁平成一〇年判決は賃料債権を譲り受けた者との関係でも抵触しないことを前提にしている。これに対して、最高裁平成一二年判決で、転貸人につき否定したこととの関係はどうなるかである。とくに賃料債権譲受人との関係が問題になる。賃料債権譲受人は譲り受けた賃料債権によって被担保債権の弁済に供する立場にないことは明らかである。このことに注目すると両判決は明らかに矛盾することになる。[16] しかし、最高裁平成一〇年判決は、賃料債権を譲り受けたと称する者は、抵当権者との関係では、当該賃料債権の譲り受けを主張できないとみるわけであるから賃料債権譲受人が債務者に当たらないとしても、一向に支障はないわけで、矛盾はないことになろう。

3　賃貸人の転借人に対する賃料債権

もっとも、最高裁平成一二年判決によっても、有効な転貸を前提とする賃貸人の転借人に対する直接の賃料債権（民法六一三条）への物上代位は否定されるものでないであろう。これは最高裁平成元年判決の範疇に入ると解されるからである。このことの結果、抵当不動産の所有者である賃貸人の賃借人に対する賃料額の範囲において、転借人に支払を求めることができることになる。転貸料債権額がこれを大幅に上回るときはどうするかである。賃貸人が廉価で賃貸し、賃借人が相当額で転貸した場合、抵当権者が害される恐れがある。最高裁平成一二年判決によれば、このような場合には上記（エ）で指摘するように賃借人を所有者と同視して対応することになろう。

五　賃料債権への物上代位と相殺

Xは、AがYに対して有する賃料債権を根抵当権に基づく物上代位として差し押さえたのに対して、YはAとの賃貸借の際にAに預託した保証金返還請求権と賃料債権は相殺する旨の合意があるので、これに基づいて相殺し賃料債権は消滅したと主張した。いずれの主張が認められるか。このような事案に対する最高裁判決はみられない。大阪高裁判決[17]は、根抵当権設定登記により抵当権に基づく物上代位も公示されており、その後に賃貸借契約が締結され、賃貸人と賃借人が将来の賃料と保証金返還請求権とを相殺する旨の合意をしても、この相殺合意は根抵当権に劣後するので賃借人の賃料消滅の主張は認められないとした。これに対し、東京高裁判決[18]は、転貸料債権への物上代位に際しての、転借人が転貸借の際に賃借人（転貸人）に預託した敷金の返還請求権と転貸料債権との相殺予約に基づく相殺の主張についての事案であるが、抵当権者が物上代位権を行使して賃料債権（転貸料債権）を差し押さえたとしても、抵当権者が賃料を取り立てる前に賃貸借が終了して退去したときは、賃料は敷金から控除され差押えにかかわる賃料債権は消滅し、賃料（転貸料）の取立は理由がないとした。この東京高裁判決の事案処理としては、最高裁平成一二年判決からすると転貸料債権への物上代位は認められないとするだけで十分ではあったが、理論的には大阪高裁判決と同一の問題につき判示し、積極と消極に分かれている点が注目される。このような高裁レベルでの対立を前提に、これまでの最高裁判決の見解を加味して、いずれ出るであろう最高裁の見解を予測するとどうなるであろうか。

1 差押えと相殺の優劣

最高裁昭和四五年大法廷判決[19]は、差押えと相殺の優劣につき、受働債権が差し押さえられても自働債権が差押後に取得されたものでない限り、弁済期の前後を問わず、両者が相殺適状に達しさえすれば、被差押債権と相殺することができるとする無条件肯定説に立っている。この最高裁昭和四五年大法廷判決を論拠にするときは、抵当権の登記が先行する場合でも、その後の相殺は優先することになる。これでは、抵当不動産について高額の保証金なり敷金を取ることによって、最高裁平成元年判決が認めた賃料債権への物上代位を実質的に無意味なものとすることができよう。また、最高裁平成一〇年判決の前提とした差押えは優劣判断の要素ではないとする考え方とも矛盾することになろう。

2 賃借人の保証金・敷金返還の期待

もし仮に、最高裁平成元年判決や平成一〇年判決のラインで考えると、相殺の主張は認められず、賃借人の保証金や敷金返還の期待は損なわれることになる可能性が大きい。このことによって、最高裁昭和四五年大法廷判決により無条件で肯認された相殺の担保的機能は無視されるし、大審院判決[20]が、敷金の授受がある場合には賃料債権は、将来敷金によって差引計算されて消滅するに至ることを前提としていることと齟齬することになる。そこで、このような特別の関係を考慮するとなると最高裁平成元年判決や平成一〇年判決をどのように修正するかという困難な問題に直面することになろう。なお、相殺の期待だけを重視するとなると、抵当不動産の賃借人が賃貸人に金銭を貸し付けることによって、賃料債権への物上代位を空振りに終わらせることができよう。このことを考えると慎重にならざるを得ないということになろう。

3　登記と第三債務者（自働債権者）に対する対抗

最高裁平成一〇年判決がいうように抵当権設定登記により第三債務者（自働債権者）に対抗し優先するとなると、抵当権設定前の賃貸借に基づく保証金や敷金についても賃借人は返還を受けることができないことになる。このような場合でも、保証金や敷金返還の期待を奪ってよいかどうかである。そこで、この場合には、最高裁平成元年判決の射程距離としては、抵当権設定前の賃料債権への物上代位は含まれていないとして、問題を回避するか、登記による対抗によって登記前の相殺の期待を覆すことはできないと解することもできよう。そして、最高裁平成一二年判決のように賃料債権への抵当権の効力の拡張については、正常な取引の場合には制限すべきであるとの価値判断からするとこのような限定は許されよう。

おわりに

賃料債権への物上代位に関する判例を中心として抵当権に基づく物上代位の問題をみてきたが、いまだに物上代位できる理由が明確にされているとはいえないようである。また、物上代位の本質論からの演繹よりも利害調整優先の方向での処理に傾きつつあるようでもある。さらには、抵当権は物に対する支配権であることからすると抵当不動産に対しての効力を視点に置くべきところ、最高裁平成一二年判決のように、転貸人は被担保債権につき支払うべき立場にないとして、人的効力範囲の問題であるかのごとき理由づけがみられる。このことは抵当権に基づく妨害排除請求を肯認した最高裁平成一一年判決[21]と軌を一にするところがみられ、抵当権の効力を考える上での、今後の大きな課題となりつつあるのではないかと思われる。

（1）　我妻栄『新訂担保物権法』二七六頁（昭和四六年）など。

(2) 鈴木禄弥『抵当権の研究』一一七頁（昭和四三年）、高木多喜男『担保物権法』一二九頁（平成五年）。
(3) 内田貴『民法Ⅲ』三六六頁（平成八年）、柚木馨＝高木多喜男編『新版 注釈民法⑼』一五三頁（平成一〇年）〔小杉茂雄執筆〕（平成一〇年）。
(4) 最判平成元・一〇・二七民集四三巻九号一〇七〇頁。
(5) 我妻・前掲注(1)二八一頁など。
(6) 鈴木禄弥『物権法講義〔三訂版〕』一七六頁（昭和六〇年）など。
(7) 拙稿「抵当権（その1）」椿寿夫編『担保法理の現状と課題』一八頁（平成七年）参照。
(8) 大判大正二・七・五民録一九輯六〇九頁。
(9) 最判平成一二・四・二一民集五四巻四号一五六二頁。
(10) 最判平成一〇・一・三〇民集五二巻一号一頁、最判平成一〇・二・一〇金判一〇三七号三頁。
(11) 学説の分布については、新田宗吉「物上代位」星野英一編『民法講座3 物権⑵』一二三頁（昭和五九年）参照。
(12) 詳細は、松岡久和「物上代位権の成否と限界⑶——包括的債権譲渡と抵当権の物上代位の優劣」金法一五〇六号一三頁以下参照。
(13) 拙稿「包括賃料債権譲渡後の抵当権に基づく物上代位権の行使——最高裁の二つの判例を契機として」ＮＢＬ六三七号一四頁。
(14) 拙稿・前掲注(13)一五頁参照。
(15) 最判平成一二・四・一四（平成一一年(許)第二三号）民集五四巻四号一五五二号。
(16) このことから、最高裁平成一〇年判決を批判する見解もみられる。同旨、道垣内弘人「賃料債権に対する物上代位と賃料債権の譲渡」銀行法務21五二二号一四頁、松岡・前掲注(12)一九頁など。
(17) 大阪高判平成一一・七・二三金判一〇九一号三頁。
(18) 東京高判平成一二・三・二八金判一〇九一号三頁。
(19) 最大判昭和四五・六・二四民集二四巻六号五八七頁。
(20) 大判昭和一〇・二・一二民集一四巻二〇四頁。
(21) 最大判平成一一・一一・二四民集五三巻八号一八九九頁。拙稿「判批」判評四九六号（判時一七〇六号）七頁以下参照。

4 包括賃料債権譲渡後の抵当権に基づく物上代位権の行使
――最高裁の二つの判決を契機として――

はじめに

いわゆるバブル経済崩壊後の不動産市況の低迷に伴い抵当不動産による債権回収が困難になった。そこで、債権回収を急ぐ金融機関等債権者側では、抵当不動産の賃料債権に物上代位権を行使して、抵当不動産の賃料により回収を図ろうとする傾向が増加してきた。このため、民法三七二条に基づく三〇四条の準用による抵当権に基づく賃料債権への物上代位が可能かどうかにつき議論が活発に行なわれるようになった。学説では、賃料債権は抵当権に基づく物上代位権の対象とはなりえないとして否定するのが多数であった(1)。これに対して、最高裁平成元年判決(2)は、根抵当権設定前になされた賃貸借に基づく賃料債権への物上代位を無条件で肯定した。その論拠として、①文理解釈から、民法三七二条が三〇四条を抵当権にも準用していること、②非占有担保権である抵当権の性質は賃料債権への物上代位を認める先取特権と異ならないこと、③賃料債権への物上代位を認めても抵当権設定者の抵当不動産の使用の妨げとならないことをあげている。これに対しては、学説には異論がないではないが(3)、担保実務としては確立したものとなった。この結果、抵当不動産の賃料債権によって債権回収を図ろうとした金融機関等債権者側の意図は達成されることになった。

しかし、抵当権設定後も抵当不動産の使用収益は抵当権設定者の権限に属することから、抵当権設定者が賃料を取得することができるだけではなく、既発生ないし未発生の賃料債権を包括譲渡することも、賃借人による転貸を承認することもできる。そこで、このような包括賃料債権譲渡や転貸が行なわれた場合に、賃料債権への物上代位はどうなるかが問題になる。もし、包括賃料債権譲渡後においては賃料債権への物上代位が認められないものとすると、前述の最高裁平成元年判決が無条件で肯定した賃料債権への物上代位権行使を空振りに終わらせることが可能になるし、もし転貸料債権には物上代位ができないものと解すると、原賃料を低額に抑え転貸料を高額にすることによって抵当権者の債権回収を妨害することが可能になるからである。この結果、抵当権設定者が包括賃料債権譲渡や転貸を意図的に利用することによって、金融機関等債権者側の債権回収を妨害することが可能になる。この意味では、包括賃料債権譲渡後も物上代位を認め、転貸料債権への物上代位も認めるべきであるということになるわけであるが、一方、正常な包括賃料債権譲渡や転貸もありうることから一律に肯定してよいのかどうか、また抵当権の本質や民法三〇四条に定める物上代位のための要件との関係において法解釈上、承認できるかどうかの問題が残ることになる。

このような担保実務上、および法理論上の状況を前提に、包括賃料債権譲渡後の物上代位についても、転貸料債権への物上代位についてもともに、下級審判例および執行裁判所では見解が分かれていた。また学説でも見解が分かれていたが否定的に解する見解がやや多かった。ところが、近時、最高裁第二小法廷判決（平成一〇・一・三〇民集五二巻一号）と最高裁第三小法廷判決（平成一〇・二・一〇判時一六二八号九頁、金判一〇三七号一〇頁）は、相次いで、包括賃料債権譲渡後の物上代位権の行使を肯定するに至った。これによって担保実務は、確定することになったといえる。このことは、当然のこととして、住宅金融に伴う不良債権の回収に苦慮する金融機関側にとって、包括賃料債権譲渡による「債権回収逃れ」に歯止めをかけるものとして歓迎され、新聞報道でも大きくとりあげられている。[4] 本稿は、この二つの最高裁判決につき法的観点から若干の検討を加えるものである。

（1）　拙稿「抵当権（その1）」椿寿夫編・担保法理論の現状と課題・別冊NBL三一号一六頁以下参照。

(2) 最判平成元・一〇・二七民集四三巻九号一〇七〇頁。
(3) 拙稿・前掲注(1)一六頁以下参照。
(4) 朝日新聞一九九八年一月三一日朝刊。

一 二つの最高裁判決の概要

最高裁第二小法廷判決の事案は次のようである。Xは、訴外Aハウジング会社に三〇億円を貸し付け、この貸金債権を担保するために、訴外B建設会社所有の甲建物（共同住宅店舗倉庫）に抵当権を設定し登記を行なった。その後、訴外Aは倒産した。訴外Bは、甲建物を複数の賃借人に賃貸し、一ヵ月当たり賃料合計額が七〇七万円あまりであったのが、この甲建物の全部を、賃料月額二〇〇万円、敷金一億円、譲渡転貸自由と定めてYに賃貸し登記を経由した。一方、訴外Cは訴外Bに七、〇〇〇万円を貸し付け、訴外Cと訴外B間では甲建物についての平成五年五月分から同八年四月分までの賃料債権を貸金債権の代物弁済として譲渡する旨の契約を締結し、Yは確定日付ある証書によりこれを承諾した。その後、Xは、訴外BのYに対する甲建物についての賃料債権に抵当権に基づく物上代位権を行使して、Yに賃料の支払を求めた。これに対して、Yは、この賃料債権は訴外Cに譲渡されており、訴外Cへの譲渡がXの物上代位に優先するとして争った。一審判決は、Yの主張は権利濫用であるとしてXの請求を認容したが、原審は、物上代位による差押えの前に対抗要件を備えた債権譲渡人に対しては物上代位権の優先権は主張できないとしてXの請求を否定した。

最高裁第三小法廷判決の事案は次のようである。Xは、訴外A会社に六、五〇〇万円を貸し付け、訴外B・Cは、この貸付債権につき連帯保証をした。訴外B・Cは、その共有する甲建物を訴外Dフードサービスに賃貸しており、この賃料債権をXに譲渡し、その旨を内容証明郵便で訴外Dに通知した。一方、それより以前に、訴外E銀行は訴外Bに一億一、〇〇〇万円を貸し付け、Yがこの貸付債権につき連帯保証をしたが、そのさい、Yは、訴外B・Cの共有する甲建物に、Yの訴外Bに対する保証委託契約に基づく事前求償権を被担保債権とする抵当権を設定し登記をしている。そこで、Yは、この事前求償権を行使することとし、訴外B・Cの訴外Dに対する賃料債権につき抵当権に基づく物上代位権を行使し、大阪地裁は、その決定正本を第三債務者である訴外Dに送達したので、訴外Dは賃料を適時に供託した。Yは、大阪地裁から供託金の交付を受けたので、Xは第三者異議の訴えにより抵当権行使の排除を求めた。一審および原審は共に、抵当権に基づく物上代位を肯認した。

このように、前者は抵当権者と賃借人（第三債務者）間の事案であり、後者は抵当権者と債権譲受人間の事案であるが、最高裁判決は、いずれの事案についても包括賃料債権譲渡後における抵当権に基づく物上代位権の行使を肯認した。その理由は、ほとんど同じであることから、一括してみることにする。

まず、民法三〇四条一項ただし書では「払渡又ハ引渡前ニ差押ヲ為スコトを要ス」と規定していることから、債権譲渡が「払渡又ハ引渡」に該当するかどうかにつき検討し、これには含まれないと解することによって、「抵当権者は、物上代位の目的債権が譲渡され第三者に対する対抗要件が備えられた後においても、自ら目的債権を差し押さえて物上代位権を行使することができると解するのが相当である」と結論づけている。なお、債権譲渡が「払渡又ハ引渡」に含まれないと解する根拠としては、「民法三七二条において準用する三〇四条一項ただし書が抵当権者が物上代位権を行使するには払渡し又は引渡しの前に差押えをすることを要するとした趣旨目的は、主として、抵当権の効力が物上代位の目的となる債権にも及ぶことから、右債権の債務者（以下『第三債務者』という。）は、右債権の債権者である抵当不動産の所有者（以下『抵当権設定者』という。）に弁済しても弁済による目的債権の消滅の効果を抵当権者に対抗できないという不安定な地位に置かれる可能性があるため、差押えを物上代位権行使の要件とし、第三債務者は、差押命令の送達を受ける前には抵当権設定者に弁済をすれば足り、右弁済による目的債権消滅の効果を抵当権者にも対抗することができることにして、二重弁済を強いられる危険から第三債務者を保護するという点にある」こと、すなわち第三債務者保護にあるにすぎないからであるとしている。そして、このことに関しては、最高裁第二小法廷判決は、原審が、その趣旨を、差押えによって物上代位の目的債権の特定性を保持し、これによって物上代位権の効力を保全するとともに、第三者が不測の損害をこうむることを防止することにあり、この第三者保護の趣旨に照らせば、払渡または引渡の意味は債務者の責任財産からの逸失と解すべきであるとして、いわゆる第三者保護説の立場から、債権譲渡もこれに該当すると判断したことは是認できないとしている。なお、さらに、両判決は、①民法三〇四条一項の「払渡又ハ引渡」の文言上、債権譲渡を含むものと解されないこと、②物上代位の目的債権が譲渡されたことから必然的に抵当権の効力が目的債権に及ばなくなると解すべき理由のないこと、③第三債務者は物上代位権に基づく差押前に債権譲受人に弁済したときはその債権の消滅を抵当権者に対抗できるし、弁済をしていない債権については供託して免責されることから第三債務者の利益は害されないこと、④抵当権の効力が物上代位の目的債権についても及ぶことは抵当権設定登記により公示されていること、⑤対抗要件を備えた債権譲渡が物上代位に優先するものと解すると、抵当権設定者は、抵当権者からの差押えの前に債権譲渡をすることによって容易に物上代位権の行使を免れることができ、抵当権者の利益を不当に害することになること等の理由を付加している。なお、このような見解は、物上代位による差押えの時点において債権譲渡にかかわる目的債権の弁済期が到来しているかどうかにかかわりなく、あてはまるとしている。

このような最高裁判決の見解についてみると、法理論的には、抵当権の効力は、抵当不動産の価値のなし崩し的価値である賃料債権に当然に及ぶとする最高裁平成元年判決を前提にして、その結果、当然に、賃料債権に物上代位により抵当権の効力を及ぼすことができ、当該賃料債権が譲渡されても抵当権の追及効により影響は受けないし、抵当権設定登記により対抗することも可能であるのが原則である。ただ、賃借人が賃料を支払ってしまった場合の保護のために、物上代位権の行使にあたって差押えを要件としているだけであるから、賃料が支払われていない以上、賃料債権譲渡後も物上代位権の行使は許されるとするものである。この結果、抵当権と包括賃料債権譲渡との対抗の問題としてとらえていないことも明らかである。また、価値判断としては、賃料債権が譲渡された後も、抵当権者の利益を守るために物上代位を認めても、賃借人に不利益が生じないし、抵当権設定登記により抵当不動産の賃料債権は物上代位されるものであることが公示されていることから賃料債権譲受人を害することにもならないし、抵当権設定者も賃料を取得し、あるいは譲渡して利益を保持することは認められていないことから不利益にはならないとの考えにたつものと思われる。

二　下級審判例の整理

包括賃料債権譲渡後の抵当権に基づく物上代位権行使の可否については、下級審判例の見解が分かれていた。

1　原則否定判例

東京地裁平成六年決定(5)は、賃料債権が譲渡されたときは、抵当不動産の果実たる性格を失い、物上代位権行使の対象にならないとして否定し、その執行抗告審の東京高裁平成六年決定(6)も、先取特権者等が差押えする前に債権が第三者に譲渡されて対抗要件を具備されたときは物上代位権の行使はできないとして否定している。また、最高裁第二小法廷判決の原審である東京高裁平成八年判決(7)は、抵当権者は民法三〇四条ただし書による差押前に債権譲渡を受けて対抗要件を備えた者に対して、物上代位権の優先権を主張できないのが原則であるとしている。その根拠として、民法三〇四条一項ただし書の趣旨は第三者保護にあることに照らすと、債権譲渡も「払渡又ハ引渡」に該当するからだとしている。さらに、①このように解すると、将来の賃料債権の譲渡によって担保権者の物上代位権の行使が制約されることになるが、本来抵当権については担保物の用益権能は設定者に留保されることから生ずるものとして甘受するほかないこと、②抵当権設定者は、抵当権を設定しても目的物の使用収益権を保持しているものであり、抵当権の目的物が賃貸用建物の場合にはその賃料収益を支配していること、③抵当権設定者は、差押えがあるまでは目的不動産の賃料債権についての処分権限は喪失しないこと、④抵当権設定者が使用収益権を利用して融資を受けることも不当とはいえないこと等を挙げている。ただ、将来の債権譲渡は抵当権の空洞化をもたらす危険があることから、無制限には許されないとして三ヵ年に渡る賃料債権の譲渡のうち一年間の範囲内でのみ有効であるとして制限をするとともに、他方では高額の敷金の交付や長期の将来の賃料債権の譲渡については、担保権の空洞化を意図した権利濫用として担保権者の保護を図る余地のあることも示唆している。そして、一審判決は、債権回収を妨害する目的をもったものであると推認して、賃料債権譲渡後の物上代位に基づく賃料債権の差押えは対抗できないと主張することは権利の濫用になるとして物上代位権の行使を認めている。

学説も、否定的に解する見解が多かった[8]。そのなかで、賃料債権の譲渡の場合には、民法三九五条但書の類推適用を認めて、賃料債権の譲渡が抵当権者に損害を及ぼすときは、抵当権者は、譲渡の無効を主張して物上代位による差押えをなしえ、譲受人および譲渡人は差押えに対抗できることを主張しえないとして抵当権の空洞化に対応するための解釈工夫をする見解もみられる[9]。

2 肯定判例

最高裁第三小法廷判決の原審である大阪高裁平成七年判決[10]は、既発生の賃料債権で弁済等で消滅した場合や第三者に譲渡されて責任財産から逸失した場合は物上代位権を行使することはできないが、将来の賃料債権については、これを譲渡し包括的に対抗要件具備の手段をとることかできるが、その後、抵当権に基づく物上代位権の行使として差押えをした場合は、期間経過により支分債権として発生した時点で、抵当権に基づく物上代位による差押えの効力の具現と第三者に対する対抗要件を具備した債権譲渡が競合する事態が起こり、そのいずれが優先するかについては、実体法上の権利に優劣があればその順序、実体法上の権利に優劣がなければ、先に包括的な差押えあるいは対抗要件を講じた方が優先すると解され、抵当権は実体法上優先権が認められていることから、抵当権に基づく物上代位による差押えが優先し、発生した支分債権である賃料債権を取り立てることができるとして、一審判決[11]の結論を支持した。その後、東京地裁平成八年判決[12]も、未発生の賃料債権の譲渡の対抗要件の効力発生時期は債権譲渡の効力発生時、すなわち債権の発生時であるのに対して、物上代位権は抵当権の内容である優先弁済権に由来することから抵当権設定登記により公示されており、抵当権に基づく物上代位が優先する。また、「払渡又ハ引渡」前に差押えすることが必要であるが、債権譲渡の第三者に対する対抗要件の効力と差押えの効力は、いずれも賃料債権の発生時に同時に生じ、このような場合には、払渡し又は引渡前に差押えをした場合と同様に、民法三〇四条一項ただし書の要件を満たすと解することができるとして物上代位を肯定している。また、東京高裁平成九年判決[13]は、未発生の賃料債権譲渡の対抗要件の効力は賃貸人の確定日付のある証書をもってする通知が賃借人に到達したとき、または確定日付ある証書をもってした賃借人の承諾のときに発生し、抵当権の物上代位権は抵当権の一内容であるから抵当権設定登記により公示され対抗要件を具備することから、物上代位の権利が優先する。一方、民法三〇四条一項ただし書が差押えを要求する趣旨は、目的債権の特定性の維持と第三債務者の二重弁済等第三者の不測の損害の防止にあるから、払渡しまたは引渡は厳格に解釈することが必要であり、それは弁済またはそれと同視できる処分等の場合にかぎられ、他の債権者が差押をして転付命令を受けて確定したとき、あるいは目的債権の譲渡も、その債権が転付命令の対象となりうる債権であって確定日付ある証書によって対抗要件を備えたときは弁済と同視できる処分等にあたるが、将来発生する債権等転付命令の対象とならない債権については、譲渡がなされ対抗要件を備えても、弁済と同視できる処分等があったと解することができないことから、差押えにより物上代位の権利の効力は保全され、抵当権の物上代位権を行使することができるとしている。

学説にも、債権譲渡があっても払渡はなく差押えは可能であり、抵当権[14]には追及効があるため、対象債権の帰属主体が変わっても、その変更された相手に物上代位権を行使できるとする見解がみられる。

(5)　東京地決平六・六・二七（平成六年(ナ)第七五四号、未公刊）。
(6)　東京高決平六・九・五（平成六年(ヲ)第七四六号、未公刊）。
(7)　東京高判平八・一一・六金判一〇一一号三頁。

（8）道垣内弘人「賃料債権に対する物上代位と賃料債権の譲渡」銀行法務21五二二号九頁、北秀昭「抵当権者の賃料債権に対する物上代位」ジュリ一〇九九号一二二頁、角紀代恵「民法判例レビュー54」判タ九一八号四八頁、田原睦夫「将来の賃料債権の譲渡と抵当権の物上代位」金法一四八四号一七頁等。
（9）佐久間弘道「賃料債権の包括的譲渡と物上代位による差押えとの優劣」銀行法務21五三〇号一一頁。
（10）大阪高判平成七・一二・六金法一四五一号四一頁。
（11）大阪地判平七・六・一三（平成七年（ワ）第一二〇号、未公刊）は、抵当権設定者により自由に賃料債権を譲渡することができ、これを抵当権者に対抗できることになると、抵当権者に物上代位を認めた趣旨が没却されるとしている。
（12）東京地判平八・九・二〇判時一五八三号七三頁。
（13）東京高判平九・二・二〇金判一〇一五号三九頁。
（14）小林明彦「将来の賃料債権の包括譲渡と物上代位に基づく差押えの優劣」金法一四五六号一〇頁。なお、肯定説として古賀政治＝今井和夫「賃料の物上代位と賃料債権の譲渡」金法一三四九号七五頁、秦光昭「抵当権に基づく物上代位権を巡る最近の判例と今後の課題」白鳳法学六号一〇一頁以下。

三　最高裁二判決についての若干の検討

1　目的債権譲渡後の物上代位の可否

大審院連合部大正一二年判決[15]は、保険金債権の転付命令後の抵当権に基づく物上代位を否定することに関連して、傍論として「債務者カ其ノ債権ヲ他人に譲渡シタル場合ト異ナルコトナシ」と判示し、大審院昭和五年判決[16]は、大審院連合部大正一二年判決を引用して、補償金債権譲渡後は抵当不動産に代位する債権を差押えによって保全することができないことから、譲渡前に差押えをする必要があると解し、大審院昭和一七年判決[17]は、賃料債権の譲渡後は賃料債権がすでに履行期にあるか将来の債権であるかを問わず「抵当土地ノ代位物タラシムルコトヲ得サルモノ」と解している。さらに、最高裁昭和五九年判決[18]と昭和六〇年判決[19]は、いずれも代金債権の転付命令後の先取特権に基づく物上代位を否定することに関連して、傍論で、目的債権譲渡後の先取特権に基づく物上代位権の行使を否定している。このことから最高裁は債権譲渡後の抵当権に基づく物上代位権の行使を否定するものと推測されていた。

最高裁二判決は、このような大審院の傍論部分および傍論に依拠した判例を否定し、最高裁判例の傍論部分を修正ないし変更するものである。

2　民法三〇四条一項ただし書の趣旨

最高裁二判決は、民法三〇四条一項ただし書の趣旨については、第三債務者の二重払の危険の防止にあると解していることは前述した。民法三〇四条一項ただし書の趣旨については、従来から議論があり、主な見解としては[20]、抵当権は価値権であるから目的不動産の価値変形物の上に効力を及ぼすのは当然であるが、差押えを要するとした趣旨は価値変形物が債務者の一般財産に混入するのを防ぎ、代位物の特定性を維持するところにあるとする特定性維持説や、物上代位は抵当権の性質から当然に生ずるものではなく、法が抵当権者を保護するために認めた特別の権利であるから、抵当権者みずからが差し押さえてその優先弁済権を保全しなければならないとする優先保全説や、あるいは抵当権者が債務者の一般財産に優先弁済権を有するとすれば他の一般債権者の利益が害されるから、差し押さえて分離特定してある目的債権にのみ物上代位することができるようにして第三者を保護する趣旨であるとする第三者保護説等がみられたが、最高裁二判決は、これらのいずれの説にも与しないものである。また、最高裁昭和五九年判決は特定性の維持、物上代位権の効力保全、第三者の不測の損害の防止に求め、最高裁昭和六〇年判決は、これらに加えて第三債務者の損害の防止に求めていることとは異なる解釈をしたことになる。そして、最高裁二判決のように第三債務者保護にのみ求める見解は、これまであまりみられなかったが、民法三〇四条はボアソナード草案一一三八条（旧民法債権担保編一三三条）に淵源をもつもので、その趣旨は第三債務者を保護するためのものであったとする沿革的検討に基づく見解[21]に依拠するものと推測される。たしかに、抵当権の価値権性に注目するとき、抵当不動産の価値変形物に対して当然に抵当権の効力が及ぶものであり、この価値変形物の帰属者が変わっても、抵当権の追及効によって抵当権の効力を及ぼしていくことができるのに、差押えを要件とするのは何故なのかが問題になる。そこで、抵当権の前記のような性質および効力を前提とするときは、差押えよって価値変形物への抵当権の効力を保全する必要はなく、第三者との関係においても抵当権設定登記により公示されていることから当然に主張することができるし、物上代位のために特定の必要もないと思われることから、それを第三債務者の保護に求めるのが妥当ではないかと思われる。ただ、このように解するのは、民法三七二条により三〇四条が準用される場合にかぎられるべきであり、追及効のない先取特権との関係においては別に考察する必要がある。

3　賃料債権譲渡と「払渡又ハ引渡」

ところで、民法三〇四条一項ただし書の趣旨をどのように解しても、「払渡又ハ引渡」前に差し押さえるのでなければ物上代位権を行使できないことは文言上明らかである。そこで、賃料債権の譲渡がこれに含まれるとすると、賃料債権譲渡後の物上代位権の行使は認められない。最高裁二判決は、民法三〇四条一項ただし書の趣旨は第三債務者の保護にあることに照らすと賃料債権譲渡は「払渡又ハ引渡」に含まれないと解している。また特定性維持説によるときも同様に解される。さらに東京高裁平成九年判決は特定性維持、第三債務者保護、第三者の損害防止にあることから厳格に解して、将来の賃料債権譲渡は「払渡又ハ引渡」に含まれないと解している。[22] これに対し、東京高裁平成八年判決は第三者保護にあることに照らすと、債権譲渡も「払渡又ハ引渡」に該当するとする。[23] ところで、第三債務者保護説にたつときは、賃料債権譲渡がなされている場合でも、第三債務者が弁済などにより債権を消滅させていない限り、差押えで物上代位権を行使することは認められることになる。また東京高裁平成九年判決は第三者の損害防止にも注目していることから、既発生賃料債権譲渡と未発生賃料債権譲渡を区別するものであるがこの両者を区別する理由は見出すことはできない。また、東京高裁平成八年判決のように第三者保護説にたつことは妥当でないことから、債権譲渡を「払渡又ハ引渡」に含めることは妥当でない。

4　対抗問題と抵当権の追及効

最高裁二判決は、抵当権設定登記によって物上代位権も公示され対抗要件を備え、かつ「払渡又ハ引渡」まで物上代位権による追及効が認められることを前提とするものである。ところで従来の学説や判例の多くは、抵当権に基づく物上代位権と包括賃料債権譲渡の優先ないし対抗の問題としてとらえてきた。このことを前提として、差押時基準説は物上代位権による差押時を基準にそれより先行する債権譲渡が優先すると主張し、具体的債権発生時基準説は物上代位に基づく差押えのときに既発生の賃料債権譲渡は優先するが、未発生の賃料債権譲渡については物上代位権が優先すると主張し、登記時基準説は抵当権設定登記の対抗力を重視して物上代位権が優先すると主張して見解が分かれていた。(24) しかし、最高裁二判決はこのような優先ないし対抗の問題として捉える思考とは異なる論理に立つものである。このため、従来の多くの学説や判例のいずれの見解にも与するものではない。抵当権に基づく物上代位権は抵当権の効力の一部であり、抵当不動産の賃料債権に物上代位権が認められるとするならば、抵当権設定登記のある以上は、抵当権設定後の賃料債権の譲受人に対して物上代位権を対抗できるのは当然（民法一七七条）であることからすると最高裁二判決の論理は素直な論理であるといえる。

さらに、抵当権に追及効のあることには異論はないことから、本来的には物上代位権の目的とされる賃料債権が譲渡されても、物上代位権を行使することは許される。ただ、民法三〇四条は「払渡又ハ引渡」前に差押えすることを要件としていることから、「払渡又ハ引渡」後は追及効は制限をうけ、物上代位権の行使ができないことになるだけである。そして、前述のように包括賃料債権譲渡が「払渡又ハ引渡」にあたらないと解するのが妥当とするならば、賃料債権譲渡後もこのような制限を受けることなく物上代位権の行使が可能ということになる。これに対して、物上代位権に追及効を認めることには賛成できないとの見解がある。(25) 差押えの意義を第三債務者の保護に求めても必然的に追及効を肯定することには結び付かないからであるとするのが理論的理由である。しかし、追及効は抵当権の本質から生ずる効力であり、民法三〇四条一項ただし書は、この追及効も第三債務者の保護との関係においては制限を受けるとしているわけで、この制限に抵触しないかぎりにおいては追及効は認められてよいものと思われる。

また、学説には、賃料債権が譲渡されると抵当不動産との結び付きが切断され民法三〇四条一項の「債務者カ受クヘキ金銭其他の物」ではなくなるから物上代位権は及ばないとする見解が見られる(26)。さらにこのことを前提として、既発生の賃料債権は譲渡により確定的に抵当権の価値支配から脱し物上代位権は行使できなくなるが、未発生の賃料債権については債権譲受人は抵当権の価値支配から脱していることを主張できないとして、既発生と未発生で異なるものとしてみる見解もある(27)。たしかに、賃料債権が譲渡されると譲受人が債権者になり債務者（抵当権設定者）は弁済を受けることができなくなる。この意味では、一見、文言上はそのように解しうる余地はある。しかし、この賃料債権はもともとは抵当権によって支配されている抵当不動産から派生し、抵当権設定者が受けるべき債権であったのであるから、その時点で物上代位権の対象になっており、それが譲渡されて帰属主体が変わったからといって物上代位の対象でなくなると解するのは、抵当不動産が第三者に譲渡されたときは、抵当権の効力が及ばなくなると解するのと同様であり、このような解釈の妥当でないことは明らかである。

5　最高裁二判決の利益衡量

包括賃料債権譲渡後の物上代位を原則として否定する見解は、抵当権設定者の抵当不動産に対する使用収益権を確保することと、譲受人の保護を優先させるところにあることは明らかである。しかし、抵当権設定者の使用収益権の確保については最高裁平成元年判決が無条件での賃料債権への物上代位権の行使を認めた時点で決着がついていたと思われる。そこで、このことを前提とするときは、抵当権設定者の許に存在するときは物上代位を認め、譲渡してしまうと物上代位ができなくなるとして制限するという利益衡量に一貫性があるかどうか疑問である。また、この結果生ずる抵当権の空洞化あるいは抵当権に基づく債権回収の妨害現象に対応するため、否定的な学説や判例は権利濫用や民法三九五条〔改正前〕類推適用等を持ち出すわけであるが、それよりも最高裁平成元年判決が認めた抵当権の効力を素直に展開する方がよいのではないかと思われる。最高裁二判決は、おそらく、このような利益衡量を前提としたものと推測され、最高裁の抵当権の効力についての一貫した考えの帰結であったものと推測される。

(15) 大連判大一二・四・七民集二巻二〇九頁。
(16) 大決昭五・九・二三民集九巻九一八頁。
(17) 大判昭一七・三・二三法学一一巻一二号一〇〇頁。
(18) 最判昭五九・二・二民集三八巻三号四三一頁。
(19) 最判昭六〇・七・一九民集三九巻五号一三二六頁。
(20) 学説の分布については、新田宗吉「物上代位」星野英一編・民法講座3　物権(2)一三三頁参照。
(21) 谷口安平「物上代位と差押」奥田昌道編・民法学(3)一〇四頁。
(22) 同旨、鈴木禄弥・抵当制度の研究一六〇頁。
(23) 同旨、道垣内・前掲注(8)一五頁。
(24) 詳細は、松岡久和「物上代位権の成否と限界(3)」金法一五〇六号一三頁以下参照。
(25) 松岡・前掲注(24)一八頁。
(26) 佐久間・前掲注(9)一〇頁。同旨、道垣内・前掲注(8)一四頁、松岡・前掲注(24)一九頁。
(27) 松岡・前掲二一頁。

おわりに

包括賃料債権譲渡後の物上代位権の行使を認めた最高裁二判決は、その担保実務上に及ぼす影響が大きいだけではなく、法理論的にみても、最高裁平成元年判決の理論をさらに展開するものと評することができる。そして、抵当権の効力を素直に展開するものでもあると思われる。このことを前提としての射程距離の問題が残るが、その検討は後日に留保する。

5　土地建物共同抵当における建物再築と法定地上権

はじめに

同一所有者に属する土地・建物に共同抵当権が設定された後に建物が再築された場合、当該建物につき法定地上権が成立するかの問題につき、近時、論争されている。その発端は、従来、再築建物について法定地上権の成立を認めるのが通説・判例であったのに対し、東京地裁執行部が執務取扱指針を公表し、土地・建物共同抵当における再築建物につき、原則として法定地上権の成立を否定するとしたことにある(1)。しかし、大阪地裁執行部は、このような取扱指針に同調することなく、原則として従来の通説・判例の立場に立ち法定地上権の成立を肯定することを明らかにするとともに、その修正論を展開し(2)、東京地裁通常部でもこの立場が有力化しているようであると言われている(3)。そして、その後の判例にも様々な立場のものが見られるが、概して見れば従来のような法定地上権肯定一辺倒ではない。このことから、実務としては、執行取扱いにおける統一的立場の確立の待たれるところである。また、学説も、後述のように、肯定・否定が入り乱れ、様々な考え方が提起されているのが現状である。また、その論点や視点もさまざまである。それが学説の常ではあるが、このように見解が入り乱れるというのは、他面では法定地上権制度自体に理論的に未解決な所が残されていたことを物語るものとも言えよう(4)。本稿は、その理論的に未解決な一部分にメスを入れようとするものである。その基本的視点は土地・建物という経済的一体関係にある共同抵当と法定地上権制度の関係を検討することによってそれに応えようとするものである。後述の諸学説や裁判所の立場についてみても、このことに関しての認識はないわけではないが、それが十分ではないのではないかと思われる。そこで、この点に焦点を絞って考えるとどうなるのかを理論的に検討するものである。もっとも、このような視点を入れて考えるべきであるかどうかも問題である。このことについても視野に入れながら若干の検討を加えることにする。

一　諸見解と共同抵当の視点

共同抵当建物の再築と法定地上権の成否に関する諸見解については、すでに紹介されている。[5]そこで、本報告では、これら諸見解を共同抵当の視点との関係からみて、若干の整理をし、その問題点を指摘するにとどめる。

第一類型として、共同抵当建物の再築の場合にも、土地抵当権が実行され、土地と建物が別人の所有となった場合、その再築建物につき法定地上権が成立するとする積極説があり、これまでの判例の主流であった。[6]この主流判例は、土地のみに抵当権が設定された場合に、再築建物に法定地上権の成立を認めても、その法定地上権の内容を再築前の旧建物を基準として定める限り、抵当権者は何ら不利益を被ることはないとの通説・判例の見解を根拠とするものである。[7][8]そして、このような見解を理論的に補うものとして、いわゆる個別価値考慮説が展開されることになる。すなわち、更地価値をA、法定地上権価値をB、建物価値（法定地上権を差し引いたもの）をCとした場合に、土地・建物共同抵当の場合は、土地から法定地上権を控除した価値（A－B）を把握する土地抵当権と、建物価値と法定地上権価値（C＋B）を把握する建物抵当権から成り立っているのであるから、再築建物に法定地上権を認めても抵当権者には不利益は生じないとして積極に解するものである。[9]すなわち、土地・建物共同抵当の場合の担保価値把握を土地抵当権による（A－B）と、建物抵当権による（C＋B）に分けて捉えるとともに、この土地抵当権と建物抵当権を別個に分けて取り扱うものである。この結果、建物の滅失により建物抵当権が消滅した後は、土地抵当権が残り、それは（A－B）を把握しているにすぎないのであるから、その後、建物が再築され、法定地上権（B）を認めたとしても、土地抵当権により把握している（A－B）の状態には変わりはないと解する。このことによって、土地抵当権だけの場合の再築建物に法定地上権を認める理論と接合させている。しかし、このような思考は、土地と建物を共同抵当にすることの意味を一考もしていないといえよう。高木教授も、土地抵当権と建物抵当権の価値を分離して観念しなければならないが、この場合には土地の利用権は建物抵当権の担保価値に吸収されると考えるのが現実であるとして、この見解を基本的に支持されている。[10]しかし、土地・建物共同抵当の場合に土地の利用権が建物抵当権の担保価値に吸収されると観念することは疑問が残る。ところで、近時は、基本的にはこのような積極説に立ちながらも若干の修正を加えようとする見解がみられる。長谷川教授は、土地抵当権は（A－B）を把握するにすぎないから、原則として再築建物につき法定地上権を認めても土地抵当権を侵害することはないが、抵当債務者が抵当権の実行を妨害するために地上建物を取り壊し再築する執行妨害型の場合には、正義・公平の理念から後述の全体価値考慮説に従い法定地上権の成立を否定すべきであるとする。[11]これは修正的全体価値考慮説と称されている。しかし、むしろ修正的個別価値考慮説であり、また原則は個別価値考慮説に立ちながら執行妨害型の場合に限り全体価値考慮説によるものであるが、土地・建物共同抵当に対する両説の基本的思考上の差異を無視するものといえよう。大阪地裁執行部の見解を前提として富川判事は、個別価値考慮説を妥当としながら、抵当権者の承諾なく取り壊した場合は抵当権の侵害であり、法定地上権の放棄であるから、法定地上権を主張することは権利濫用として認められないとして処理し、法定地上権を利用しての執行妨害に対処できるとされる。[12]個別価値考慮説による限りにおいては、執行妨害型に対処するのに権利濫用や信義則違反を用いることは考え方としては妥当といえよう。最近の判例にも、再築建物につき成立する法定地上権の主張は信義則に反し、権利の濫用に当たるとするものがみられる。[13]ただ、土地・建物共同抵当の特質を一考もしていない点で基本的に従うわけにはいかない。

第二類型として、東京地裁執行部は、土地・建物共同抵当の場合に「旧建物に法定地上権が成立する要件があったときでも、その法定地上権は新建物には成立せず、新建物の所有者が土地の所有者と同一であり、かつ、新建物が建築された時点での土地の抵当権者が新建物について土地の抵当権と同順位の共同抵当権の設定登記を受けたとき、または土地の抵当権者がそのような抵当権の設定を受ける権利を放棄したときには、新建物についての法定地上権が成立するものと解釈するのが相当である」とする。(14) このような考え方の立脚するところは、土地・建物共同抵当では、土地抵当権は（A－B）を、建物抵当権は（C＋B）を把握しているが、土地の交換価値のうち法定地上権に相当する部分については、建物抵当権を実行して法定地上権付建物の売却代金から回収し、いずれにしても抵当権者は、土地の交換価値の全体（A）を把握していることを重視すべきであるとの全体価値考慮説によるものである。この説は、土地・建物共同抵当における土地抵当権および建物抵当権の把握している価値は個別価値考慮説と同様の状態にあることを前提としながら、この土地抵当権と建物抵当権とは全体として把握すべきであり、このため、建物が滅失し建物抵当権が消滅した時点においては、土地抵当権は更地価値（A）を把握するものとの考慮のもとで設定されていると解するものである。この説は、土地・建物共同抵当であることを重視し、土地抵当権につき実質的には更地価値（A）を把握しているものと思考する点では妥当といえる。ただ、このような考え方に対しては、高木教授は、甲抵当権（A－B）と乙抵当権（C＋B）の共同抵当で、乙抵当権（C＋B）が消滅すると、乙抵当権が把握していた担保価値（B）が、甲抵当権の側に移転（A－B＋B）するという論理につながるもので、一般的には承認することはできないと批判される。(15) この批判は正当であり、これを受け入れたうえで消極理論を展開することが必要である。また、秦教授は、共同担保とすれば土地の全体の価値が把握できるというのは事実上の期待であって、法律上保護された期待ではないと批判される。(16) 土地・建物共同担保理論から法律的に導き出すことが、本当にできないのかどうかである。なお、東京地裁執行部の見解によれば、再築建物に同順位抵当権が設定された場合か共同抵当権者が法定地上権を放棄した場合には再築建物に法定地上権の成立を例外的に認めている。そこで、このような考え方を前提として、全体価値考慮説に立っても、再築建物に同順位の新抵当権が設定された場合には、旧抵当権の設定後、新抵当権設定前に法定納期限が到来した国税債権は新抵当権の被担保債権に優先し、再築建物の法定地上権価格を把握できるとする判例が登場した。(17) しかし、全体価値考慮説によるときは、仮に土地抵当権者が再築建物に新抵当権を設定しなかったとすれば、再築建物につき法定地上権は認められず、国税債権は敷地利用権の存在しない建物価値（取壊しによる木材価値）だけにしか優先できないのに対し、土地抵当権者が再築建物に新抵当権を設定して、その債権をより確実に保全するための措置をとったがために、再築建物＋法定地上権価値が国税債権に優先される一方、土地抵当権の対象は法定地上権付土地となって法定地上権価値分が減少するという奇妙な論理になり、妥当とはいえない。(18) その原因は、全体価値考慮説において、土地抵当権は（A－B）を建物抵当権は（C＋B）を把握しているとの考えを前提としていること、また例外的に再築建物につき法定地上権を認める場合の時間的関係が明らかにされていなかったがために、これを無視したこと、土地・建物共同抵当では建物が滅失した時点で法定地上権価値は土地抵当権に収斂されるとの全体価値考慮説の考え方を正しく理解していないか、これに従うのは妥当ではないとの判断によるものと推測される。このため、新抵当権設定の場合をも含めて、それを考えなければならない。

第三類型として、土地・建物共同抵当の場合に限り、法定地上権を原則として否定する見解がみられる。堀氏は、土地・建物共同抵当の設定にあたり、担保実務では、土地・建物を担保評価するときも、法定地上権のことは念頭にはなく、法定地上権をふまえて土地と建物を別に評価するのではなく、土地・建物一体評価、むしろ多くは土地を中心に担保評価を考え、抵当権設定者も旧建物が存続していると仮定した限度での法定地上権があると認識していることはないと主張される。(19) 担保実務では、これが一般的のようであり、須磨氏は、地上に建物がある場合は必ず双方を担保に入れ、その時の担保評価は、土地につき、建物のため法定地上権を留保して評価するなどの評価はしない。自己借地権や自己地上権制度のないわが国では、設定者は自分の土地は土地自体の価値（建物地についての鑑定評価も、地上権を留保する評価をするものではない）、建物は建物自体の価値を評価し、その合計額をもって、目一杯、担保価値を金融調達手段に利用し、抵当権者もそのような評価方法を受入れ、担保掛目を計算して資金を提供するものであると指摘され、(20) 吉田氏も、底地だけを担保にする場合と、土地・建物を共同抵当にとる場合とは状況が全く異なり、後者の場合は建物の抵当権と底地の抵当権との合算ではなく、土地建物を一塊のものとして一括して抵当権の対象とし、建物が滅失すれば、担保物の一部が消滅したものと捉え、結局、更地上の抵当権と同じものとなると考えて担保評価を行っていると主張され(21)る。これら三者には微妙な差異がある。しかし、基本的に共通するのは、土地・建物共同抵当の場合は（A＋C）として担保評価が行われ、（B）は観念されていないということである。このことは、個別価値考慮説や全体価値考慮説の前提、すなわち土地抵当権は（A－B）、建物抵当権は（C＋B）を把握するとの考え方と基本的に異なる。そのことは、土地・建物共同抵当における担保評価としては、適切な捉え方といえる。ただ、法律構成としては、土地・建物共同抵当権として一括把握するとの構成ができないことから、土地抵当権により把握される担保価値と建物抵当権により把握される担保価値に分けながら、一体としての価値を把握するものと構成する必要がある。そこで、松井教授は、全体価値考慮説に対して批判しながらも、土地・建物共同抵当の場合は、目的物の担保価値は更地価値（A）＋建物価値（C）と評価されていると捉えれば、築造建物に抵当権が設定されなくても、土地抵当権は更地価値を把握する以上、法定地上権は成立しないとする(22)。この構成はやや不正確であるが、恐らく土地抵当権は（A）を、建物抵当権は（C）を把握するとの構成を前提とするものといえよう。そして、法定地上権価値（B）の把握を観念していない。このような構成であるとするならば、土地・建物共同抵当の捉え方としては妥当なものといえる。そして、この（A）と（C）は一体的価値として考慮しようとするものであり、一体的価値考慮説ともいえる。この結果、建物が滅失すると建物抵当権は消滅し、その後の再築建物に法定地上権を認めると土地抵当権の把握している（A）価値は（A－B）になり土地抵当権者に不利益が生ずることから妥当でないとする。土地・建物が経済的一体性をもって共同抵当とされていることの特徴を最もよく捉えたものといえる。ただ、この説に対しては、単純な甲財産と乙財産の共同抵当の関係とは異なり、財団抵当や企業担保のような、土地と地上建物を集合財産的に一体とみるものであり、土地と建物をそれぞれ独立の不動産とする考え方に立つと無理な法律構成かもしれないと批判され(23)、鎌田教授は土地・建物の一方のみに抵当権を設定された場合と別個に扱う必要性があるとしても、理論構成の基盤まで別異にすることは妥当でないとされ(24)、長谷川教授は、共同抵当の場合とそうでない場合との論理整合性という観点に欠ける(25)と主張されている。一体的価値考慮説を妥当とするときは、これらの諸見解に応えることが必要となる。

第四類型として、一括競売によって問題を処理する立場がみられる。ただ、この立場にはさまざまな見解がある。松本教授は、旧建物が取り壊された段階で更地抵当権が成立し、その後、再築された場合には、一括競売を義務化し、一括競売を申し立てない場合は法定地上権の負担に甘んじなければならないと主張される(26)。山野目教授は、法定地上権は、執行妨害と築造建物が軽易な場合以外は、原則として成立するとしながら、それによる減価を嫌う土地抵当権者に一括競売の途を選択させることによって、土地と建物との一体的な利用および処分を確保する必要があるとする(27)。そのために、土地・建物共同抵当であることを深く考慮する必要があると強調されている(28)。しかし、この見解は、土地・建物共同抵当であることに注目しているようにみえるが、基本的には土地建物の一体処理に主眼があり、土地・建物共同抵当の特質を基調とするものではない。抵当権者が土地と建物を共同抵当にしたことの意図が正しく捉えられていないし、この見解は更地に抵当権を設定し、その後に建物が築造された場合でも法定地上権を認めることにより、一括競売に流し込む理論へと展開することになるのではなかろうか。これに対し、鎌田教授は、山野目見解も簡明さの利点を認めることができるとしながら、共同抵当建物の滅失と再築により、抵当権者が把握していた担保価値が大きく奪われる事態が生ずることを正当化する余地はないが、かかる不都合を回避する適切な手段が存在しないことは制度の欠陥であり、そのため当面の解釈としては、法定地上権の成立を否定しつつ、一括競売を義務づけることによって建物の存続を図るのが現実的かと思うとされる(29)。また、前述のように土地・建物共同抵当であることについては、土地・建物の一方のみに抵当権を設定された場合と別個に扱う必要性があるとしても、理論構成の基盤まで別異にすることは妥当でない(30)として、その特質性を強調することに反対されている。それでは法定地上権の成立を否定する根拠をどこに求めるのかという疑問が生ずるが、それはともかくとして、土地・建物共同抵当であることにより異なる理論構成をすることが妥当でないとすることには検証の余地があろう。これらの説では、土地・建物共同抵当における土地抵当権と建物抵当権の担保価値把握状態は説明されていない。そして、土地・建物が共同抵当であることを強調することによって、あるいは反対にそのことを特段に重視することなく、土地・建物の経済的一体性を重視して、抵当目的物である土地・建物を一括処理することが妥当とするもので、一括処理説とでもいえよう。このため、一見、前者の立場では、土地・建物共同抵当であることに注目しているようではあるが、主眼は一括処理にありうるのであって、抵当権者が土地と建物を共同抵当にする意図や目的、すなわち土地・建物の経済的一体的価値の把握という側面は考慮されていない。共同抵当の視点とは程遠いものである。

第五類型は、自己地上権ないし自己借地権概念を用いて構成する説である。野村教授は、土地上に建物が建築されると、潜在的な自己地上権（b）を除いた土地の価値部分（A－b）、潜在的な自己地上権（b）および建物自体（C）という三つの価値体現物があり、土地・建物共同抵当の場合は、この三つすべての価値を把握する。ただ、（b）については現行法上独立に抵当権を設定する手段がないので、建物抵当権に仮託して抵当に入れられる。この結果、建物が滅失しても（b）上の抵当権は消滅しないことから、建物が再築されても、再築建物には法定地上権は成立しないとして消極に解される。[31] 槇教授は、借地上の建物の取引は建物と借地権との物的結合体の取引と構成され、抵当取引でも、「建物と自己借地権との物的結合体」（C＋b）と「自己借地権を負担する土地」（A－b）と位置づけた上での取引ということになり、別個の不動産とされる土地・建物も、同一所有者に属するときは物的結合体を形成し、経済的には使用価値的・交換価値的統一体として法的運命に服すると解されている。[32] この説は、建物と利用権との物的結合体を観念することを前提とするものであり、土地・建物を経済的一体的に捉えるとしても、それは物的一体性を観念するものである。この意味では、土地・建物共同抵当における経済的一体的把握とは基本的に異なる。また、自己地上権や自己借地権を観念すること自体、現行法の解釈としては問題が残る。

第六類型は、土地・建物共同抵当に限らず、土地抵当の場合にも再築の場合において、法定地上権の成立を全面否定する説である。[33] その基本的論拠は、法定地上権の立法趣旨に置かれている。すなわち、民法三八八条は、抵当権設定当時に土地と建物があり、その状態が実行時まで変更することなく継続する場合に限り、その適用を予定しているものであって、設定時から実行時までの間に、建物が築造されたり、滅失・再築されたような場合をも含めて規定したものではないとの立法趣旨の理解を論拠としている。たしかに、抵当権設定後に建物が変動が生じた場合に、法定地上権が認められるかどうかについては、立法に際しては、明確にされていない。しかし、そうであっても、それを認めることに合理的理由があるならば、これを認めても立法趣旨に反することはないはずである。この意味で、土地抵当の場合には、土地抵当権者は（A－B）として支配しているにすぎないことから、再築建物に法定地上権（もっとも、当初と同一のBであることが必要である）を認めても、土地抵当権者の利益は害されないのであるから肯定する合理的理由があるといえる。ただ、土地・建物共同抵当の場合も同様に解してよいかどうかであって、この場合についてのみ検討が必要とされるのである。

第七類型は、全体価値考慮説にはよらないが、実質的には、これと同様の経済的結果を生じさせようとする見解である。秦教授は、建物が消滅しても、抵当権の効力が引き続き将来発生すべき法定地上権の上に潜在的に存続し、建物が再築されて、従来の法定地上権が復活したときは、その交換価値は従前の建物の抵当権者に復帰すると主張され(34)、須磨氏は、前述の一体価値考慮説のような担保評価に立ちながらも、法定地上権の成立を認めた上で、地上権の対価（B）を土地抵当権者に支払うべきであると主張される(35)。経済的結果処理としては考えられることではあるが、法的理論構成が可能かどうか検討する必要がある。しかし、それは二次的検討課題であり、このように土地・建物共同抵当権者に地上権価値（B）を帰属させるというのであれば、まずは抵当権理論として、それを構成することを検討すべきではないかとの疑問が残る。

以上、諸見解を検討した結果として、土地・建物共同の場合に限り、一体価値考慮説に立って、法定地上権の成立を否定するのが妥当と思われる。そこで、その理論的根拠づけや、一体価値考慮説のさらなる展開につき検討することが必要になる。

（1） この立場の解釈および取扱を説明するものとして、浅生重機＝今井隆一「建物の建替えと法定地上権」金法一三二六号六頁以下（一九九二年）。なお、この立場に立つ判例として、東京地執行処分平成四・六・八金法一三二四号三六頁、東京地決平成五・一・一八金法一三五二号七七頁がある。
（2） 富川照雄「民事執行における保全処分の運用」判タ八〇九号九頁（一九九三年）。
（3） 菅原胞治「抵当地上の建物再築と法定地上権（中）」手研四九五号三五頁（一九九四年）。
（4） 本稿は、一九九四年四月二三日の現代担保法研究会（東京）での報告に基づくものであるが、その後に発表された論稿についても追加検討していることから、若干の修正が加えられている。
（5） 福永有利「判批」私法判例リマークス七号一四三頁以下（一九九三年）参照。
（6） 大判昭和一三・五・二五民集一七巻一一〇〇頁、東京地判昭和五三・三・三一判タ三六九号二三一頁、大阪地判昭和六三・二・二四判時一二八五号五五頁など。
（7） 我妻栄・新訂担保物権法三五三頁（一九六八年）、柚木馨＝高木多喜男・担保物権法〔第三版〕三六四頁（一九八二年）、大判昭和一〇・八・一〇民集一四巻一五四九頁、最判昭和五二・一〇・一一民集三一巻六号七八五頁など。
（8） 福永・前掲注（5）一四四頁。
（9） 井上稔「担保価値の現実と法定地上権の成否」金法一二〇九号二七頁以下（一九八九年）。
（10） 高木多喜男「共同抵当における最近の諸問題」金法一三四九号一五頁（一九九三年）。
（11） 長谷川貞之「判批」ジュリ一〇一五号二八二頁（一九九三年）。
（12） 富川・前掲注（2）一〇頁。
（13） 東京地判平成五・一〇・二七金法一三七八号一三七頁。
（14） 東京地執行処分平成四・六・八金法一三二四号三六頁、同旨、東京地判平成五・一・一八金法一三五二号七七頁。なお、担保実務では賛同するものが多い（吉田光硯「共同抵当と建物の再築による地上権の成否」判タ七九二号七二頁（一九九二年））。
（15） 高木・前掲注（10）一三頁、同旨、富川・前掲注（2）九頁。
（16） 秦光昭「建物の再築等と法定地上権」手研四七〇号二二頁（一九九二年）。
（17） 東京地判平成四・一二・一四金法一三六二号四二頁、東京高判平成五・八・二五手研四九七号四七頁。
（18） 拙稿「再築建物に対する土地・建物共同抵当権と国税債権との優先関係」ＮＢＬ五四六号一七頁（一九九四年）、同旨、菅原・前掲注（3）四一頁。

(19)　堀龍兒「判解」判タ六七一号六八頁以下（一九八八年）。同旨、畔柳正義「判解」判タ七三五号四九頁（一九九〇年）、野村重信「問題のある法定地上権」金判八八七号二頁（一九九二年）、小林明彦「再築建物のための法定地上権」金法一三四三号二九頁（一九九三年）。
(20)　須磨美博「法定地上権」（現代担保法研究会・一九九三年一二月二五日報告・ジュリスト本号一四五頁以下）。
(21)　吉田光碩「共同抵当における建物の滅失・再築と法定地上権」判タ八二四号四三頁（一九九四年）。
(22)　松井宏興「共同抵当物たる建物の再築における法定地上権の成否と一括競売の可否」（取引法研究会・一九九四年七月一六日報告・法律時報六七巻四号九五頁以下）。
(23)　高木・前掲注(10)一五頁、福永・前掲注(5)一四六頁。
(24)　鎌田薫「判批」私法判例リマークス一九九四年〈下〉二八頁（一九九四年）。
(25)　長谷川・前掲注(11)二八二頁、同旨、福永・前掲注(5)一四六頁。
(26)　松本恒雄「土地建物共同抵当と再築建物の法定地上権」金法一三八七号九四頁（一九九四年）。
(27)　山野目章夫「判批」私法判例リマークス一九九四年〈上〉三四頁（一九九四年）、同「判批」一三九六号四六頁以下（一九九四年）。
(28)　山野目・前掲注(27)リマークス三三頁。
(29)　鎌田・前掲注(24)二八頁。
(30)　鎌田・前掲注(24)二八頁。
(31)　野村秀敏「建物の再築と法定地上権の成否」金法一三四〇号一一頁（一九九二年）。栗田隆「判批」判評四二三号三六頁（判時一四八五号一八三頁（一九九四年）。
(32)　槇悌次「再築建物と法定地上権(1)」ＮＢＬ五五〇号三二頁以下（一九九四年）。
(33)　菅原胞治「抵当地上の建物再築と法定地上権(上)」手研四九四号四頁以下（一九九四年）。
(34)　秦・前掲注(16)二三頁。
(35)　須磨美博・前掲注(20)。

土地・建物共同抵当の場合に限って再築建物につき法定地上権の成立を否定する全体価値考慮説や一体価値考慮説は、前述のように土地・建物共同抵当であることに注目している。これに対して、共同抵当の場合に限定するのは理論的整合性を欠くことになるとか、共同担保とすれば土地の全体の価値が把握できるというのは事実上の期待であって、法律上保護された期待ではないとか、甲抵当権と乙抵当権の共同抵当で、乙抵当権が消滅すると、乙抵当権が把握していた担保価値が、その一部であれ、甲抵当権の側に移転することは論理的にありえず、これらの説はこのような考えを前提とするもので妥当でないなどの批判のなされていることは前述したところである。そこで、これらの批判に応えうるかである。

二　土地・建物共同抵当と法定地上権

そこでまず普通共同抵当の利用状況をみると、土地と建物の経済的一体性に注目しての利用が二六五社中二二二社（八三・八パーセント）、被担保債権額にみたないための利用が二六五社中二六九社（八七パーセント）、価値減少・滅失に備えての利用が二六五社中一〇九社（四一・四パーセント）であるとされている。(1) これによると、共同抵当の機能として、一般的には担保価値集積と危険分散にあると説明されているが、土地・建物共同抵当にあっては、経済的一体性に注目して利用している点に特徴がみられる。それは、共同抵当は一般に、それぞれの不動産が独立性をもって抵当権の目的物として存在し、それぞれを個別に評価して実行できる点に特徴があるのと異なることになり、かかる利用実態を理論に反映させることが必要になる。また、土地・建物共同抵当については、大正二年の不動産登記法改正（現行不動産登記法一二二条以下）で共同担保目録の制度を設け設定手続を容易にし、公示を完全にするなどによって、価値集積型や危険分散型と異なる発展のみられること、さらには、根抵当規定の制定の過程で、純粋共同抵当を残した理由に土地と建物のように社会経済的には一個の財産として評価されるものについては、各不動産ごとに極度額の定まる累積式は、経済取引の実情に適さず、適正な担保価値把握の障害になるからであると説明されており[2]、経済的一体型共同抵当が想定されていたことからも、それに応えうる共同抵当理論の形成が望まれることになる。以上のようなことからすると土地・建物共同抵当であることに特に注目することは許されるし、今日においてはそこに注目して始めて妥当な理論を展開することができるものと思われる。また、このことを前提として、土地・建物共同抵当のように経済的一体型の場合は、形式理論的には土地抵当権と建物抵当権を観念するが、両抵当権によって共通に把握している価値は、土地自体と建物自体の価値の総和であることから、建物が滅失し建物抵当権が消滅しても、その支配していた価値の総和から建物滅失による価値減少が生ずるが、その残余価値は土地抵当権によって引き続き支配されるものと考えるならば、前述のような高木批判[3]は全体価値考慮説に対しては妥当するとしても、一体価値考慮説では、このような批判を受けることはないものと思われる。

三　法定地上権立法論議との関係

法定地上権制度は、土地と建物が別個の不動産として取り扱われることになったことから、土地抵当権の効力が建物には及ばない結果、土地抵当権が実行されると土地と建物の所有者が異なることになり、建物は取り壊さなければならないことになる。これは「公益上頗ル不都合[4]」との理由で導入された。今日では、抵当権設定者が地上権を留保していると看做すのが合理的意思といえるとして、法定地上権を基礎づけている。土地・建物共同抵当における再築の場合にも、このような思考を貫徹しなければならないものかどうかである。

この点、法定地上権制度導入の経緯をみるとつぎのようである。まず土地抵当権の範囲につき、法典調査会原案三六五条では「抵当権ハ其目的タル不動産ニ付加シテ之ト一體ヲ成シタル物ニ及フ」と規定し[5]、梅博士は、「宅地ヲ抵当ニ入レルト云フトキニハ何ウモ其家モ竃ッテ居ル方ガ多クハナイカト思ツテ居ル」との認識のもとで、建物は土地に付加して一体をなすものであるから、土地に抵当権が設定されると建物にも土地抵当権の効力が及ぶのが原則で、建物に及ぼさないとするのであれば設定行為で除外すればよいと説明されている。(6) しかしそれは今日の慣習に背くということを理由に「土地ト建物トハ別デアルト云フ主義」で起草することが決議された。(7) このため、「抵当の建物を除く」という規定に改まり、これに伴い土地抵当権が実行されると建物は取り壊されることになり「公益上頗ル不都合」(8) との理由から三八四条「抵当権ノ目的タル土地ノ上ニ抵当権設定者ノ所有ニ係ル家屋アルトキハ抵当権者ハ土地ト共ニ之ヲ競売スルコトヲ得」として一括競売による処理が提案された。(9) この提案に対しては、一括競売は、土地と建物を「別ニ見ル」という原則に反するとか、(10)「折角土地ト家屋トヲ別ニシタ甲斐ガナイ」「土地丈ケ抵当ニ入レタ其場合ニハ抵当債権者ハ土地丈ケシカ売ルコトガ出来ヌ夫レハ始メ抵当ニ取ツタ時覚悟の上デアルカラ」「土地丈デ家ノナイ場合……家ヲ建テル……抵当権者ヲ害スルコトニナルカラ抵当ノ価額ヲ減ジタラ外ノ抵当ヲ増シテヤレバ宜イ」とか、(11) 他方では、「当然地上権ヲ設定スベシト云フコトニシテ置イタラ少シモ差支ヘナイ」(12) とか、「競売スル場合ニ於テハ裁判所デ相当ノ地代ヲ極メテ然ウシテ此地代デ地上権ヲ設定シテ其後トデ売ルコトガ出来ルト云フコトニシテモ宜イガ」裁判所が決めるということは当事者が思ってもいないので穏やかでないとか、(13) さらには「家屋ヲ抵当ニ取ツタ場合ハドウスル」(14) との質問に対しては「家ヲ抵当ニ入レタ時ハ地上権諸共ト云フコトハ含ンデ居ルト思フ」(15) などのやり取りが行われた後に、一括競売規定を削除する提案が可決し、一括競売での処理が否決された。ただ、その時点で、抵当権設定の前と後とで分けて処理することにつき「抵当権設定後ニ設ケタル建物ニ付テハ此原案ノ如クスル」、前は「夫レデハ其家屋モ共ニシテ戴キマセウカ土地又ハ家屋ノミヲ抵当に置イタ場合ニ於テハ競売ニ付シテカラ後ニ地上権ヲ裁判所ヲ以テ認定サセテ設定スル」(16) として付帯決議された。これを受けて、三八四条修正案として「抵当権設定者ハ土地競売ノ場合ニ付キ地上権ヲ留保シタルモノト看做ス但地代ハ当事者ノ請求ニ因リ裁判所之ヲ定ム」、三八五条には「抵当権設定後ノ建物ノ場合ハ一括競売」とすることが提案され承認された。(17)

このような立法過程からみて留意すべき点は、土地・建物一体の考えから、土地・建物一括競売の原則が提案されたが、土地・建物が独立の不動産の観点から修正を受け、法定地上権規定による処理に落ち着いたということである。この意味では、一括競売処理説は立法過程での考えと矛盾することになる。また、法定地上権の導入は、土地のみに抵当権が設定された場合から出発し、その後、建物抵当をも考慮にいれたが、土地か建物のいずれかに抵当権が設定された場合につき論議されているだけで、土地・建物共同抵当の場合は視野に入ってはいないということである。この意味では、土地・建物共同抵当の場合に、一般的な法定地上権議論に従う必要があるのかどうか問題になる。さらには、地上権は、高木見解や梅見解では、「競売の時に裁判所で、あるいは設定者が設定する」ものと考えていたことが注目される。「留保」特約とか「留保したと看做す」との考えもあるが、固守していない。このことからすると、設定時に地上権価値を独立した担保支配価値として観念することや、自己利用権の存在を観念することは立法過程からみても疑問ではないかと思われる。

ところで、このような立法者意思や立法過程での論議を、法解釈にあたってどのように位置づけるかは問題である。この点の検討はここでは留保するが、ただ、単純に、それらの論議において考慮されていなかったというだけで、その適用はないと解釈するつもりはない。この意味では、法定地上権規定の制定にあたって、抵当権設定後に、建物に変動の生じたような場合については立法過程において考慮されていなかったことを理由に再築の場合には常に法定地上権の成立を否定すべきであるとの見解(18)には与することはできない。少なくとも、立法過程において法定地上権制度を導入して処理しようとした目的がどこにあったかを考慮して、この目的にかなう場合には、立法過程において議論されていないことであっても適用することのほうが妥当と思われる。このことからすると、土地にのみ抵当権が設定された場合には、建物が再築されたとしても法定地上権を認めることは、その目的に適合するものといえよう。また土地・建物共同抵当の場合でも、土地又は建物のそれぞれに抵当権が設定され、その後、建物がそのままの状態で存続し実行された場合に、土地抵当権者にとっては当初から法定地上権の負担を覚悟し、そのマイナス面を建物抵当権で補うものと考えていたと推測されることから、法定地上権を認めても不都合はなく、かつ建物の存続を図るという目的にもかなうものといえる。ところが、この場合で、建物が滅失し再築されたが再築建物に抵当権を設定することができない土地抵当権者の場合には、そのマイナス面を建物抵当権で補うことができなくなる。そこで、立法過程をみてもこのような場合まで、法定地上権を認める考えであったとはいえないことから、法定地上権制度導入の一般論議を離れて解釈形成する必要があるということである。

四　私見の展開

以上のような検討の結果として、土地・建物共同抵当の場合には、経済的一体型共同抵当であること、立法過程においてこのような土地・建物共同抵当における再築の場合を想定して法定地上権制度が導入されたものではないことからすると、その特性に注目した解釈的検討が必要とされる。

1　基本的見解

このことに関しては、まず基本的前提として、土地・建物共同抵当の場合は、土地抵当権は土地自体の価値（A）、建物抵当権は建物自体の価値（C）を支配し、共同抵当であることから、両者の合計額（A＋C）を支配することになる。建物利用権（地上権）（B）は、設定当時においては、独立の担保価値対象としては観念しない。設定者は土地所有者であるが故に、土地所有権の効力として自己の建物を土地上に存置させることができるにすぎない。建物の滅失により、建物抵当権は消滅するが、土地抵当権が残る。この時点で、この土地抵当権は、土地自体の価値（A）を支配しており、敷地利用権（地上権）（B）の負担は負っていない状態になる。建物滅失という損失は生じているが、共同抵当の危険分散の機能が発揮され、土地抵当権により被担保債権全額の優先弁済を受けることができる。その後、建物が再築されても、以上の状態には変動はない。それはあたかも、更地に抵当権が設定された後に、建物を築造したと同様に考えてよいであろう。

このため、土地・建物共同抵当の場合の再築建物には、原則として、法定地上権は成立しない。民法三八八条一項の適用外となる。その再築が、設定者再築か第三者再築かを問わないし、再築建物に第三者の抵当権が設定されたか否かを問わない。再築建物が国税債権の目的となっている場合も法定地上権のない再築建物に優先できるだけである。

この点では、全体価値考慮説と結論においては同じである。ただ、全体価値考慮説は、前述のように、土地抵当権は（A－B）、建物抵当権は（B＋C）を把握するものと解し、建物の滅失によって建物抵当権が消滅するとしながら、建物抵当権により把握していた（B）が土地抵当権により把握することになると解する点で問題が残る。私見のようないわゆる一体価値考慮説によるときは、この問題はクリヤーできるものと思われる。

2　私見の展開

以上のような見解を前提として関連する問題について若干私見を展開するとつぎのようである。

まず、土地または建物の一方のみに抵当権を設定した場合、または抵当権者を異にする場合は、再築のときでも三八八条制定過程の考えに従ってよい。土地抵当権は（A－B）であることを覚悟して設定したものであり、建物抵当権は（C＋B）ということになるからである。

土地・建物共同抵当の場合でも、当初建物が存続するときは、競売の時点で、土地または建物の一方のみの抵当権として取り扱うことになったものとして処理してよい。この結果、前述のように建物には三八八条一項を適用し法定地上権が認められることになる。

土地・建物共同抵当の場合の再築のときで、再築建物に土地抵当権者が同順位の抵当権を新たに設定した場合は、その時点から、土地・建物共同抵当としたものとして扱ってよい。ただし、この時点で、土地抵当権は土地自体（A）を建物抵当権は建物自体（C）を把握するのみである。全体価値考慮説でも、再築建物に抵当権が設定されると、法定地上権を認めるわけであるが、その法律関係が明確でない。おそらく、その時点で、土地抵当権は（A－B）を建物抵当権は（B＋C）を把握することになると解することになろう。そのことの結果、この建物抵当権より優先する国税債権がある場合には、国税債権は（B＋C）、すなわち法定地上権付建物価値に対して優先するとの帰結を導き出すことになりかねない。再築建物に対する土地・建物共同抵当と国税債権との優先関係について判示した判例[19]は、このような思考によるものと思われる。このような帰結には、時間的差異が考慮されていないという問題があるが、全体価値考慮説の立つ前提的思考にこのような奇異な結果を導き出す問題的が潜んでいたがためといえよう[20]。そこで私見によれば、この場合に国税債権は、建物が再築されると同時に再築建物に対して効力を及ぼすことになり、このため、その後に設定された再築建物の抵当権に優先するという関係に立つことになる（国税徴収法一六条）。しかし、国税債権が再築建物に効力を及ぼすことができた時点についてみれば、未だ再築建物に抵当権が設定されておらず、このため再築建物につき法定地上権は認められない状態にあったこと、また再築建物抵当権は再築建物価値（C）のみしか把握していないことから、国税債権によって優先できるのは法定地上権の存在しない再築建物価値（取壊しによる木材価値）についてのみであると解される。

土地抵当権者が再築承認しながら再築建物への抵当権設定を拒否する場合も考えられる。それは、再築費用の融資をめぐるトラブルなどの事情によることが多いであろう。そこで、私見のように再築建物に法定地上権が原則として成立しないとすると、建物を再築した者に不測の損害が生ずる。このことから、正当拒否の場合は法定地上権を否定し、不当拒否の場合は土地のみに抵当権設定の場合と同視して法定地上権を肯定すべきである。このような例外を認める理論的根拠をどこに求めるかであるが、信義則ないし禁反原則に求めることができよう。再築を承認したということは、法定地上権の負担を覚悟してのことといえるからである。

最後に、法定地上権の認められない場合の対応としては、土地建物を一体処理するため、一括競売の大幅な活用が考えられる。この場合、一括競売の要件に関して、設定当時更地であることとの関係では、建物滅失により更地となり、この更地上に抵当権が設定されている状態にある再築と解して、これをクリヤーすることができるし、設定者が築造・所有することとの関係では、判例は、第三取得者再築の場合[21]、土地と築造建物同時に第三者に譲渡した場合[22]なども肯定していることから特に障害はないであろう。しかし、一括競売の場合の競売対象価値は、(A+C)で(B)は対象ではない。この結果、建物所有者には、敷地利用権の存在しない建物価値(C)のみが配当されるにすぎないことになる。

おわりに

本稿では、直接的には土地・建物共同抵当における再築建物の法定地上権の成否につき検討したわけであるが、その基本的視点は、土地・建物独立不動産ドグマの修正にある。それは、土地・建物共同担保における経済的一体性に注目した経済的一体型共同担保論の形成を目指すものである。ただ、それは土地・建物一体処分とは異なるものである。そして、法定地上権の成否の問題は、かかる理論形成のための一考察であり、一各論的検討であるにすぎない。その他の問題の検討については後日に留保する。

(1)　一九九〇年にNBL編集部の協力の下で実施した、各企業に対するアンケート調査による。調査結果は未発表。
(2)　我妻栄・新訂担保物権法五二八頁(一九七二年・岩波書店)。
(3)　高木多喜男「共同抵当における最近の諸問題」金法一三四九号一三頁(一九九三年)。
(4)　法典調査会・民法修正案理由書九一九頁(梅謙次郎)。
(5)　法典調査会・前掲注(4)七九三頁。
(6)　法典調査会・前掲注(4)七九五頁(梅)。
(7)　法典調査会・前掲注(4)八〇九頁。
(8)　法典調査会・前掲注(4)九一九頁(梅)。

(9) 法典調査会・前掲注(4)九一八頁。
(10) 法典調査会・前掲注(4)九二〇頁（横田國臣）。
(11) 法典調査会・前掲注(4)九二三頁（土方寧）。
(12) 法典調査会・前掲注(4)九二三頁（高木豊三）。
(13) 法典調査会・前掲注(4)九二三頁（梅）。
(14) 法典調査会・前掲注(4)九二四頁（岸本辰雄）。
(15) 法典調査会・前掲注(4)九二四頁（梅）。
(16) 法典調査会・前掲注(4)九三〇頁、九三一頁（梅）。
(17) 法典調査会・前掲注(4)九三〇頁。
(18) 菅原胞治「抵当地上の建物再築と法定地上権（上）」手研四九四号四頁以下（一九九四年）。
(19) 東京地判平成四・一二・一四判タ八三三号二六一頁、金法一三六二号四二頁、東京高判平成五・八・二五手研四九七号四七頁。
(20) 拙稿「再築建物に対する土地・建物共同抵当権と国税債権との優劣関係」ＮＢＬ五四六号二〇頁（一九九四年）。
(21) 札幌高決昭和五二・六・二八判タ三五九号二七三頁。
(22) 名古屋高決昭和五三・二・一七判タ三六三号二〇二頁。

6 再築建物に対する土地・建物共同抵当権と国税債権との優先関係

はじめに

土地・建物共同抵当権が設定され、その後、建物が滅失し再築された場合、この再築建物につき民法三八八条の法定地上権が認められるかについては議論のあるところである。個別価値考慮説の立場からはこれを肯定し、全体価値考慮説の立場からはこれを否定している。従来の通説・判例は前者に、最近の実務家を中心とした有力見解は後者にたっている。また、大阪地裁執行部は前者の立場で、東京地裁執行部は後者の立場で執行し、配当しているといわれている。(1)このような状況にあって、近時、東京地裁判決(2)は、再築建物に土地抵当権者が新たに抵当権を設定した場合、国税債権との関係では、いずれの説に立つにせよ、再築建物に法定地上権が認められ、この法定地上権付再築建物につき国税債権が優先する旨を判示した。この意味で、この東京地裁判決は、建物の再築と法定地上権の成否を考えるにあたって、新たな問題を提起するものと思われる。本稿では、この東京地裁判決を素材としながら、そこで提起されている問題点を明らかにするとともに若干の私見を述べる。

一　東京地裁判決の事案と判旨

本判決の事案を要約すると次のようである。XはAに金銭を貸し付け、昭和六三年九月九日、A所有の土地と同地上の建物に共同抵当権を設定し登記した。Aは、平成元年三月二〇日ないし元年四月一日以降（判断不明）、この建物を取り壊し、元年六月三〇日に新建物が再築された。Y（国）は、この建物の取壊しから再築の間の元年三月二八日を法定納付期限とする国税債権を有している。ところが、Xは、二年三月六日に、この再築建物につき新抵当権を設定し登記した。その後、四年五月二九日に土地・建物抵当権が実行されたが、執行裁判所は、再築建物については、国税債権を優先させて一億円あまりをYに配当することを示した。Xは、この配当に異議を述べ、本訴に至った。

Xの主張は二点にわたっている。一つは、個別価値考慮説にたち、再築建物に法定地上権が認められるとしても、再築建物に設定された抵当権が把握するのは、再築建物の法定地上権価格ではなく、旧建物の法定地上権価格であると解されるが、この考え方は、再築建物には旧建物の権利関係が引き継がれることを意味し、再築建物上の新抵当権は旧抵当権と実質的に同一であるから、旧抵当権設定時を基準として、国税債権との優劣を決定すべきであり、このためXの再築建物上の抵当権が優先すること。二つは、全体価値考慮説に立ち、再築建物には法定地上権は成立しないのであるから、Yが再築建物に優先権を持つとしても再築建物自体の価額（取壊し後の材木価額）にすぎないと主張した。

判旨は、第一の主張に対しては、「旧建物を基準として法定地上権の内容を決するとのX主張の議論は、抵当権設定の際、旧建物の存在を前提とし、旧建物のための法定地上権を成立することを予定して土地の担保価値を算定した土地に対する抵当権者に不測の損害を被らせないためにとられた考え方にすぎず（したがって、右抵当権者の利益を害しないと認められる特段の事情がある場合には、再築後の新建物を基準として法定地上権の内容を定めて妨げない。最高裁昭和五二年一〇月一一日第三小法廷判決・民集三一巻六号七八五頁参照）、このことから直ちに旧建物の権利関係がそのまま新建物に引き継がれると解したり、旧建物に対する抵当権設定時をもって新建物に対する抵当権設定時と解することができない」とする。第二の主張に対しては、全体価値考慮説は理由のないものではないが、「Xは、新建物について、Aから旧建物につき設定された旧抵当権等と同一の順位、内容の新抵当権等を従前どおり敷地との共同抵当権として新たに設定を受けたのであるから、法定地上権の成立を認めても、Xは土地についての交換価値の全体を把握していることになる。したがって、本件の場合、新建物を基準とした法定地上権が成立するものというべきであり」、法定地上権の成立しないことを前提とする主張は理由がないと判示している。

二　個別価値考慮説と本判決の関係

個別価値考慮説は、土地・建物共同抵当の場合、土地抵当権は更地価値から法定地上権を控除した価値を把握し、建物抵当権は建物価値と建物のための法定地上権価値を把握しているのであるから、建物が滅失し再築されたときに、再築建物につき法定地上権を認めても土地抵当権者を害することはないと主張する。このことからすると、建物が滅失しても法定地上権価値は存続し、再築建物はこの法定地上権価値とドッキングすると思考しているものといえよう。そうだとすると、Xの主張のように再築建物に認められる法定地上権は旧建物に認められていた法定地上権ということになろう。個別価値考慮説は、この点をどのように考えているのか不明である。本判決は、旧建物を基準として法定地上権を決するというのは、再築建物に法定地上権を認めても土地抵当権を害することにならないことを説明するための考え方にすぎず、旧建物の権利関係がそのまま新建物に引き継がれると解することはできないと判示しているが、個別価値考慮説によるとき、直ちにこのようにいい切ることができるか疑問である。少なくとも、法定地上権については、土地・建物共同抵当設定当時に建物抵当権により把握していた法定地上権が引き継がれていると解さざるをえないのではないだろうか。そして、このことを前提とするとき、本件事案のような国税債権との優先関係判断時期をどこに設定すればよいのかという困難な問題が生じよう。

また、個別価値考慮説によるときは、再築建物に法定地上権が認められることから、土地抵当権者に不利益の生ずることが予想される。そこで、実務では、建物の取壊し・再築については抵当権者の同意を得ることとしている。そして、再築と同時に再築建物に抵当権を設定することによってこの不利益を回避しているのが現状のようである。このため、個別価値考慮説によっても、再築建物に抵当権を設定することができないという特別の事情のある場合にだけ、土地抵当権者は不利益を受けるにすぎず、正常な場合には、特に不利益は生じないとの考えもないわけではなかったと思われる。そして、設定者との間にトラブルがあって再築建物に抵当権を設定することができなかった土地抵当権者の利益まで保護することはないとの考えもないわけではなかったと思われる。しかし、本件事案では、再築建物に抵当権を設定した場合でも、個別価値考慮説によるときは、土地抵当権者に不利益の生ずる場合のあることを明らかにしたものとして注目される。もっとも、本件事案では、再築後一年あまりにわたり抵当権を設定していなかったという事情のあることから、そのような怠慢の結果であってやむを得ないという反論も考えられよう。しかし、再築後、直ちに、抵当権が設定されたとしても事情は同じである。再築建物完成と同時に国税債権の対象となることから、直後に抵当権を設定しても抵当権は劣後におかれることになるからである。再築建物完成前に再築建物につき抵当権設定が認められないかぎり、すなわち未完成建物につき抵当権設定が認められないかぎり、抵当権は常に劣後におかれるわけである。このことは、実務としては、個別価値考慮説に依拠しつつ、適切に対応する方法のない難問であり、個別価値考慮説の再考を迫るものといえよう。理論的には、旧建物の法定地上権が存続し続けるかのような思考を前提とする個別価値考慮説の弱点ともいえよう。

三　全体価値考慮説と本判決の関係

全体価値考慮説は、土地・建物共同抵当の場合は、土地の交換価値のうち、法定地上権に相当する部分については建物抵当権から回収し、法定地上権の負担付土地価額は土地抵当権より回収し、いずれにしても土地の交換価値の全体を把握し、建物の滅失・再築のさいに法定地上権の成立を肯定すると、土地の交換価値のうち法定地上権に相当する担保価値について土地抵当権者が回収することができなくなり不合理であるとして法定地上権の成立を否定する。ただ、再築建物に同順位抵当権を取得したときと抵当権取得を放棄したときは例外的に法定地上権を肯定する。ところで、本判決が、全体価値考慮説は理由のないものではないとしながら、再築建物につき法定地上権を肯定したのは、土地抵当権者が再築建物につき同順位抵当権を設定した事案であったからであり、全体価値考慮説に依拠したものでもある。しかしこの結果、もし仮に土地抵当権者が再築建物に抵当権を設定していなかったとすれば、全体価値考慮説にたてば再築建物につき法定地上権は認められず、国税債権がこれに優先できるとしても敷地利用権の存在しない建物価値（取壊しによる材木価値）だけしか優先できないのに対して、本件事案のように土地抵当権者が再築建物に抵当権を設定したがために法定地上権付建物に優先できるという奇妙な関係が生ずる。すなわち、土地抵当権者は再築建物に抵当権を設定して、その債権をより確実に保全するための措置をとったことにより、再築建物＋法定地上権価値は国税債権に優先される一方で、土地抵当権の対象となっていた土地は法定地上権負担付土地となって法定地上権価値分が減少するというわけであるから、奇妙な論理というほかないであろう。

ところで、本判決に対しては、再築建物抵当権設定（平成二年三月六日）前の国税債権だけが存在していた建物再築時（平成元年六月三〇日）を基準とすると全体価値考慮説では法定地上権は認められないのであるから、その後、再築建物に抵当権が設定され、この時点以降において法定地上権が認められるとしても、国税債権との関係では法定地上権を認めるべきではないのであって、これを認めたのは、このような時間差を考慮しなかった結果であり、全体価値考慮説からくる奇妙は論理ではないとの反論が考えられる。それは一理あるところである。しかし、このような時間差を些少して考える原因は全体価値考慮説自体に内包しているといえないだろうか。全体価値考慮説が再築建物に抵当権が設定された場合には法定地上権を肯定する場合の法的構成は明らかでない。そこで、全体価値考慮説の思考の出発点に立って考えると、土地・建物共同抵当の場合、土地抵当権により回収するのは土地価値−法定地上権価値であり、建物抵当権により回収するのは建物価値＋法定地上権価値であるとしているわけであるが、これを前提とすると再築建物に認められる法定地上権は個別価値考慮説と同様に旧建物の法定地上権ではないかと思考できよう。そうだとすると、再築建物に抵当権が設定されて法定地上権が肯定される場合、その法定地上権は建物再築時がら存在していたものとしてとらえることができ、この結果が判旨のような帰結を招いたものと推測できよう。この意味では、この奇妙な論理が出現した元凶は全体価値考慮説の思考自体にあるわけで、この点につき検討されなければならないであろう。

四　土地・建物共同抵当と法定地上権

1　土地・建物共同抵当の特徴との関係

債権者は抵当権の設定にさいして、土地上に建物が存在するときは、特別の事情のないかぎり土地および建物の両方に抵当権を設定し、土地・建物共同抵当とするのが通常である。このように土地と建物の両方に抵当権を設定するのは、かつての調査(3)によると二六五社中二二二社の八三・八％までが土地と建物の経済的一体性の機能に注目しているがためであると答えている。この土地・建物共同抵当の場合の経済的一体性の機能に対する注目は、一般に共同抵当の機能は担保価値集積と危険分散にあるといわれていることとは若干異なるものである。この意味では、土地・建物共同抵当である場合には、この経済的一体性という特徴に注目して、その法律関係を考える必要があるものと思われる。それは、本稿で問題としている再築建物についての法定地上権の存否を考える場合においても見逃すことのできない視点である。すなわち、土地のみに、または建物のみに、あるいは土地と建物の抵当権者を異にして抵当権が設定される場合とは、異なるものであることを認識する必要があるということである。

それは土地・建物共同抵当の設定にあたっての担保評価にみられよう。このような場合の担保実務としては「抵当権者としては、法定地上権のことは念頭にはなく、土地・建物を担保評価するときも、法定地上権をふまえて土地と建物を別に評価するのではなく、土地・建物一体評価、いやむしろ多くは土地を中心に担保評価を考えている。抵当権設定者も法定地上権を認識した上で土地および建物の評価額を考えることはしないし、旧建物が存続していると仮定した限度での法定地上権があると認識していることはない」と主張されている[4]。これがまさに現実であろう。これに対して、おそらく、土地のみに、または建物のみに、あるいは土地と建物の抵当権者を異にするような場合には、建物については法定地上権の存在すること、あるいは存在させること、また土地については法定地上権の負担付であることを前提として担保評価するものと推測される。そうだとすると、土地・建物共同抵当においても、個別価値考慮説にせよ全体価値考慮説にせよ法定地上権を観念して、これを一方では建物に付随させ他方では土地の負担とする思考を前提としていることは、この現実を無視するものである。そして、このことが本件東京地裁判決を招くことになったともいえる。このことから、土地・建物共同抵当の場合には、その経済的一体性という特徴に注目して、法定地上権を観念しないで思考すべきであると思われる。土地・建物共同抵当においては、土地自体の価値と建物自体の価値の総和が担保価値として把握されているだけで、法定地上権価値は観念していないということである。このため、建物が滅失すれば建物抵当権は消滅するが土地抵当権が残り、これによって被担保債権が担保されることになる。建物滅失後、再築されても再築建物には法定地上権は認められないことになるのである。

2　法定地上権制度との関係

法定地上権制度は、土地と建物が別個の不動産として取り扱われることになったことから、土地抵当権の効力は建物には及ばないため土地抵当権が実行されると建物は取り壊さなければならないことになる。これは「公益上頗ル不都合」[5]との理由で一括競売制度の導入が提案されたが、これが否決され、これに代わって導入されたものである。そして、今日では、抵当権設定者が地上権を留保していると看做すのが合理的意思といえるとして、法定地上権を基礎づけている。個別価値考慮説および全体価値考慮説が土地・建物共同抵当の場合でも法定地上権を観念して思考しているのはこのような考えに影響されたものではないかと推測される。確かに、法定地上権制度の立法過程において「法定地上権ヲ留保シタルモノト看做ス」との修正原案[6]が出されているが、それほど強く留保に注目していたものではない。むしろ、一括競売制度否定に代わるものとして「競売ノ後ニ裁判所デ以テ年限ト地代ヲ定メテ地上権ヲ設定スル」[7]との案でまとめられているのである。すなわち、土地・建物共同抵当の設定にあたって、当事者は法定地上権を留保するとの意思があったと解される結果として、法定地上権制度が導入されたとはいい切れないということである。それはもっぱら土地と建物の経済的一体性を維持するために、特に建物を存続させるために政策的に導入されたものであり、競売時点での設定をも想定していたことを物語るものである。このことからすると、土地・建物共同抵当においては、設定時において法定地上権の存在を観念しなかったとしても立法者意思に反することにはならないといえよう。

また、法定地上権制度の導入にあたって、主として議論されたのは、土地のみに抵当権が設定された場合についてである。そして、その後、建物のみに抵当権が設定された場合についても指摘され、土地のみの場合と同様に扱うこととされた。すなわち、立法者は、土地・建物共同抵当の場合について法定地上権が認められるかどうかについては議論していないのである。このような経緯からみても、土地・建物共同抵当の経済的一体性という観点から、法定地上権を観念しないで思考しても立法者意思に反することにはならないであろう。

五　再築建物に対する国税債権優先の可否

土地・建物共同抵当の場合には、土地抵当権によって把握されるのは土地価値であり、建物抵当権によって把握されるのは建物価値であり、そしてその総和ということになる。ここでは法定地上権価値は観念されていない。このため、建物が滅失することによって建物抵当権は消滅する。しかし、土地抵当権は、法定地上権の負担の付かない状態での土地価値を把握し続けているということになる。これは、更地に抵当権が設定された場合と同様の状態になるとみてよいであろう。この結果、今日の通説・判例に従って、その後、建物が再築されたとしても、この再築建物には法定地上権は認められないと解される。この意味では、東京地裁判決が、個別価値考慮説にたってした判断部分は、東京地裁執行部の考えと矛盾するものであり、妥当でない。再築建物についての法定地上権を否定し、国税債権は法定地上権の付いていない建物に優先するものとすべきであったと思われる。

さらに、東京地裁執行部の考えである全体価値考慮説にたっても法定地上権が認められるとしているが、これは全体価値考慮説の基本的思考の不当性から導き出されたものと推測される。全体価値考慮説は、土地・建物共同抵当の場合に、土地と建物を全体として価値把握しているものであるとの思考を前提とする点で高く評価される。それは、前述のように担保実務の現実に対応するものであるからである。ただ、そのさいに、法定地上権を観念し、土地・建物のほかに法定地上権をも含めて全体として価値把握するものとした点に問題がある。この場合には、建物が滅失して、建物抵当権が消滅しても、それまで建物抵当権によって把握していた法定地上権は存続することになる。そして、全体価値考慮説によると土地抵当権者が再築建物に新たに抵当権を設定すると、再築建物につき法定地上権が認められるとされていることから、再築建物は法定地上権付建物として把握されることになる。そこで、国税債権は、これに優先するとみるのは至当な論理といえよう。

そこで、土地・建物共同抵当の場合は、全体価値考慮説の土地・建物全体評価という思考を徹底して、土地価値と建物価値だけの総和として把握し、法定地上権を観念しないことにすると、その問題は解消されることになろう。この場合、再築建物に土地抵当権者が新たに抵当権を設定し土地・建物共同抵当となったとしても、その時点以後、土地抵当権は土地価値を建物抵当権は建物価値を把握し、全体としてその総和が把握されているという状態が生ずるだけであって、建物についての法定地上権は観念されない。このため、再築建物に土地抵当権者が抵当権を設定する以前、すなわち再築建物に国税債権の法定納期限が到来していた時点についてみると、前述のように更地に抵当権が設定された後に建物が築造された場合と同様に解されることから、その再築建物には法定地上権は認められないことになる。そして、このような状態は、土地抵当権者が再築建物に抵当権を設定したからといって変わることはないといえよう。すなわち、再築建物に国税債権が優先するとしても法定地上権のない建物価格（取壊しによる材木価格）についてのみであるということになろう。

おわりに

土地・建物共同抵当の場合において再築建物に法定地上権が認められるかどうか、またこの問題に、優先する国税債権がからんでくる場合の法律関係については、本稿で述べた以外に多くの問題がある。要は共同抵当と法定地上権との関係を視野に入れながら考えなければならない問題であるし、共同抵当でない場合との整合性が必要かどうかも問題となろう。

（1）　前者については宮川照雄「民事執行における保全処分の運用」判タ八〇九号九頁以下（一九九三年）、後者については東京地決平四・三・一〇金法一三二〇号、浅生重機＝今井隆一「建物の建替えと法定地上権」金法一三二六号六頁以下（一九九二年）。

（2）東京地判平四・一二・一四判タ八三三号二六一頁。
（3）一九九〇年にＮＢＬ編集部の協力下で実施した、各企業に対するアンケート調査による。調査結果は未発表。
（4）堀龍児「判例解説」判タ六七一号六八頁以下（一九八八年）。
（5）法典調査会・民法修正案理由書九一九頁（梅謙次郎）。
（6）法典調査会・前掲注（5）九五〇頁。
（7）法典調査会・前掲注（5）九三〇頁（梅）。

7 土地とともに共同抵当の目的となっていた建物の滅失・毀損と法定地上権の成否

はじめに

同一所有者に属する土地・建物に共同抵当権が設定された後に建物が滅失ないし毀損して、その後に再築された場合、当該建物につき法定地上権が成立するかという問題につき、近時論争されている。その発端は、従来、再築建物について法定地上権の成立を認めるのが通説・判例であったのに対し、東京地裁執行部が執務取扱指針を公表し、原則として法定地上権の成立を否定するとしたことにある。しかし、大阪地裁執行部は、このような取扱指針に同調することなく、原則として従来の通説・判例の立場に立ち法定地上権の成立を肯定することを明らかにするとともに、その修正論を展開し、東京地裁通常部でもこの立場が有力化しているようであるといわれている。そして、その後の判例にも様々な立場のものがみられる。概してみれば従来のような法定地上権肯定一辺倒ではない。このことから、実務としては、執行取扱いにおける統一的立場の確立の待たれるところである。また、学説も、後述のように、肯定・否定が入り乱れ、様々な考え方が提起されているのが現状である。そこで、これらの執行実務や判例・学説につき若干の整理を行い、実務上の対応を考えることにする。

一　東京地裁・大阪地裁両執行部の取扱い

執行裁判所では物件明細書の作成・最低売却価額の決定に際して、法定地上権の成否の判断が要求されることから、従来から処分決定ということで、問題とされてきた。

東京地裁執行部では、従来はその取扱いは一定していなかったといわれている。しかし、最近になって、前述のような取扱指針が出された。この執行処分における判断は、法定地上権制度の本質、立法過程、再築建物をめぐる利害関係人の利害等を詳細に検討したうえで、土地・建物共同抵当の場合に「旧建物に法定地上権が成立する要件があったときでも、その法定地上権は新建物には成立せず、新建物の所有者が土地の所有者と同一であり、かつ、新建物が建築された時点での土地の抵当権者が新建物について土地の抵当権と同順位の共同抵当権の設定登記を受けたとき、または土地の抵当権者がそのような抵当権の設定を受ける権利を放棄したときには、新建物についての法定地上権が成立するものと解釈するのが相当である」とする。[1] このような考え方の立脚するところは、更地価値をA、法定地上権価値をB、建物価値（法定地上権を差し引いたもの）をCとした場合に、土地・建物共同抵当では、土地抵当権は（A－B）を、建物抵当権は（C＋B）を把握しているが、土地の交換価値のうち法定地上権に相当する部分については、建物抵当権を実行して法定地上権付建物の売却代金から回収し、いずれにしても抵当権者は、土地の交換価値の全体（A）を把握していることを重視すべきであるとの全体価値考慮説によるものである。

大阪地裁執行部は、この東京地裁の新たな取扱いに同調することなく、基本的には従来の考えにより、これを修正しているといわれている。[2] すなわち、基本的には、共同抵当建物の再築の場合にも、土地抵当権が実行され、土地と建物が別人の所有となった場合、その再築建物につき法定地上権が成立するとする積極説による。すなわち、この考え方の立脚するところは、土地・建物共同抵当の場合は、土地から法定地上権を控除した価値（A－B）を把握する土地抵当権と、建物価値と法定地上権価値（C＋B）を把握する建物抵当権から成り立っているのであるから、再築建物に法定地上権を認めても抵当権者には不利益は生じないとして肯定するものである。[(3)] そして、取壊しと再築による執行妨害である可能性が強い場合には、権利濫用等によって法定地上権の成立を否定するものである。

また、東京地裁通常部では、この大阪地裁執行部の考え方に立つものが、有力になりつつあるともいわれている。[(4)]

二　判例・学説との関係

1　個別価値考慮説とその修正

従来の判例は、その再築建物につき法定地上権が成立するとするのが主流であった。[(5)] さきの大阪地裁執行部は、この判例の主流に依拠していることは明らかである。これは前述の個別価値考慮説を前提としたものでもある。そして、このことによって、土地抵当権だけの場合に滅失・毀損後の再築建物に法定地上権を認める理論と接合させている。

そして、東京地裁平成四年判決[(6)]は、再築建物について設定された新抵当権が国税債権が優先するかどうかについての事案で、かりに、個別価値考慮説に立ち、再築建物に法定地上権が認められるとしても、再築建物に設定された抵当権が把握するのは、再築建物の法定地上権価格ではなく、旧建物の法定地上権価格であると解されるが、この考え方は、再築建物には旧建物の権利関係が引き継がれることを意味し、再築建物上の新抵当権は旧抵当権と実質的に同一であるから、旧抵当権設定時を基準として、国税債権との優劣を決定すべきであり、このためXの再築建物上の抵当権が優先することとの主張に対しては、「旧建物を基準として法定地上権の内容を決するとの主張の議論は、抵当権設定の際、旧建物の存在を前提とし、旧建物のための法定地上権を成立することを予定して土地の担保価値を算定した土地に対する抵当権者に不測の損害を被らせないためにとられた考え方にすぎず（したがって、右抵当権者の利益を害しないと認められる特段の事情がある場合には、再築後の新建物を基準として法定地上権の内容を定めて妨げない。最高裁昭和五二年一〇月一一日第三小法廷判決・民集三一巻六号七八五頁参照)、このことから直ちに旧建物の権利関係がそのまま新建物に引き継がれると解したり、旧建物に対する抵当権設定時をもって新建物に対する抵当権設定時と解することができない」として、国税債権は優先することになると判示している。

高木多喜男教授も、土地抵当権と建物抵当権の価値を分離して観念しなければならないが、この場合には土地の利用権は建物抵当権の担保価値に吸収されると考えるのが現実的であるとして、この見解を基本的に支持されている。(7) しかし、土地・建物共同抵当の場合に土地の利用権が建物抵当権の担保価値に吸収すると観念することは疑問が残る。

ところで、近時は、基本的にはこのような積極説に立ちながらも若干の修正を加えようとする見解がみられる。長谷川貞之教授は、土地抵当権は(A－B)を把握するにすぎないから、原則として再築建物につき法定地上権を認めても土地抵当権を侵害することはないが、抵当債務者が抵当権の実行を妨害するために地上建物を取り壊し再築する執行妨害型の場合には、正義・公平の理念から後述の全体価値考慮説に従い法定地上権の成立を否定すべきであるとする。(8) これを修正的全体価値考慮説と称されている。しかし、むしろ個別価値修正説であり、また原則は個別価値考慮説に立ちながら執行妨害型の場合に限り全体価値考慮説によるものであるが、土地・建物共同抵当に対する両説の基本的思考上の差異を無視するものといえよう。大阪地裁執行部の見解を前提として富川照雄判事は、個別価値考慮説を妥当としながら、抵当権者の承諾なく取り壊した場合は抵当権の侵害であり、法定地上権の放棄であるから、法定地上権を主張することは権利濫用として認められないとして処理し、法定地上権を利用しての執行妨害に対処できるとされる。(9)

そして、最近の判例にも、再築建物につき成立する法定地上権の主張は信義則に反し、権利の濫用に当たるとするものがみられる。(10)

ただ、これらの見解については共同抵当であることについては一考もしていない点で、基本的に従うわけにはいかない。

2　全体価値考慮説

さきの東京地裁執行部の取扱指針以来、従来の判例の主流とは異なり、原則として、法定地上権を否定する判例がみられるようになった。東京地裁平成四年決定(11)は「土地とその地上建物が同一人に帰属する場合に、所有者がこれらを共同担保として、抵当権を設定する場合には、将来競売によって土地と建物の所有者が異なることとなったときでも、建物のため地上権を留保する意思を、抵当権設定の当事者双方が有するのが通常である」が、「そのような当事者の意思は、抵当権の設定された建物が、競売まで存続することを前提としているのであり、競売にいたる前に、旧建物が滅失して、これに設定されている抵当権が消滅した場合にまで、その後建築される新建物のため、地上権を留保する意思を有するということは考え難いことである」。「そうすると、抵当権設定時の合理的な意思の内容は、抵当権が設定された旧建物が滅失した場合には、その後に建築された新建物に土地と同一順位同一内容の抵当権が設定される場合、または抵当権者がそのような抵当権の設定を受ける利益を放棄する場合は別として、新建物には、地上権は留保されないものというほかはないものである」として、法定地上権の成立を否定した。その後も同様の決定がみられる(12)。この説は、土地・建物共同抵当における土地抵当権および建物抵当権の把握している価値は個別価値考慮説と同様の状態にあることを前提としながら、この土地抵当権と建物抵当権とは全体として把握すべきであり、このため、建物が滅失し建物抵当権が消滅した時点においては、土地抵当権は更地価値（A）を把握するものとの考慮のもとで設定されていると解するものである。この説は、土地・建物共同抵当であることを重視し、土地抵当権につき実質的には更地価値（A）を把握しているものと思考する点では妥当といえる。ただ、このような考え方に対しては、高木教授は、甲抵当権（A−B）と乙抵当権（C＋B）の共同抵当で、乙抵当権（C＋B）が消滅すると、乙抵当権が把握していた担保価値（B）が、甲抵当権の側に移転（A−B＋B）するという論理につながるもので、一般的には承認することはできないと批判される(13)。この批判は正当であり、これを受け入れたうえで消極理論を展開することが必要である。また、秦教授は、共同担保とすれば土地の全体の価値が把握できるというのは事実上の期待であって、法律上保護された期待ではないと批判される。[14] 土地・建物共同担保理論から法律的に導き出すことが、本当にできないのかどうかである。

もっとも、東京地裁平成四年判決[15]は、このような考え方を前提として、全体価値考慮説に立っても、再築建物に同順位の新抵当権が設定された場合には、旧抵当権の設定後、新抵当権設定前に法定納期限が到来した国税債権は新抵当権の被担保債権に優先し、再築建物の法定地上権価格を把握できるとする。しかし、全体価値考慮説によるときは、かりに土地抵当権者が再築建物に新抵当権を設定しなかったとすれば、再築建物につき法定地上権は認められず、国税債権は敷地利用権の存在しない建物価値（取壊しによる木材価値）だけにしか優先できないのに対し、土地抵当権者が再築建物に新抵当権を設定して、その債権をより確実に保全するための措置をとったがために、再築建物＋法定地上権価値が国税債権に優先される一方、土地抵当権の対象は法定地上権付土地となって法定地上権価値分が減少するという奇妙な論理になり、妥当とはいえない。[16] その原因は、全体価値考慮説において、土地抵当権は（A－B）を建物抵当権は（C＋B）を把握しているとの考えを前提としていたことと、また例外的に再築建物につき法定地上権を認める場合の時間的関係が明らかにされていなかったがために、これを無視したこと、土地・建物共同抵当では建物が滅失した時点で法定地上権価値は土地抵当権に収斂されるとの全体価値考慮説の考え方を正しく理解していないか、これに従うのは妥当ではないとの判断によるものと推測される。

3　一体価値考慮説

土地・建物共同抵当の場合に限り、法定地上権を原則として否定する見解がみられる。堀龍兒氏は、土地・建物共同抵当の設定にあたり、担保実務では、土地・建物を担保評価するときも、法定地上権のことは念頭にはなく、法定地上権をふまえて土地と建物を別に評価するのではなく、土地・建物一体評価、むしろ多くは土地を中心に担保評価を考え、抵当権設定者も旧建物が存続していると仮定した限度での法定地上権があると認識していることはないとの主張にみられる。[17] 担保実務では、このようにみるのが一般的のようである。[18] この説では、土地・建物共同抵当の場合は（A＋C）

として担保評価が行われ、（B）は観念されていないということである。このことは、個別価値考慮説の前提、すなわち土地抵当権は（A－B）、建物抵当権は（C＋B）を把握するとの考え方と基本的に異なる。そのことは、土地・建物共同抵当における担保評価としては、適切な捉え方といえる。[19] ただ、法律構成としては、土地建物共同抵当権として一括把握するとの構成ができないことから、土地抵当権により把握される担保価値と建物抵当権により把握される担保価値に分けながら、一体としての価値を把握するものと構成する必要がある。そこで、松井宏興教授は、全体価値考慮説に対して批判しながらも、土地・建物共同抵当の場合は、目的物の担保価値は更地価値（A）プラス建物価値（C）と評価されていると捉えれば、築造建物に抵当権が設定されなくても、土地抵当権は更地価値を把握する以上、法定地上権は成立しないとする。[20] この構成は（A）と（C）は一体的価値として考慮しようとするものであり、一体的価値考慮説ともいえる。

4　一括処理説

一括競売によって問題を処理する立場がみられる。[22] 判例にも、差押後に建物が再築された場合[21]や、老朽化した建物を取り壊し更地とすることが約定されていた場合には、法定地上権の成立を否定し、一括競売による処理を認めるものもある。

学説では、山野目章夫教授は、法定地上権は、執行妨害と築造建物が軽易な場合以外は、原則として成立するとしながら、それによる減価を嫌う土地抵当権者に一括競売の途を選択させることによって、土地と建物との一体的な利用および処分を確保する必要があるとする。[23] 鎌田薫教授は、山野目見解も簡明さの利点を認めることができるとしながら、共同抵当建物の滅失と再築により、抵当権者が把握していた担保価値が大きく奪われる事態が生ずることを正当化する余地はないが、かかる不都合を回避する適切な手段が存在しないことは制度の欠陥であり、そのため当面の解釈としては、法定地上権の成立を否定しつつ、一括競売を義務づけることによって建物の存続を図るのが現実的かと思うとされる[24]。これらの説では、土地・建物の経済的一体性を重視して、抵当目的物である土地・建物を一括処理することが妥当とするもので、一括処理説とでもいえよう。

5 その他の諸説

その他、学説には、自己地上権ないし自己借地権概念を用いて構成する説[25]や、再築後の法定地上権の成立を全面否定する説[26]や、全体価値考慮説にはよらないが、実質的には、これと同様の経済的結果を生じさせようとする見解[27]などがある。

三 実務上の対応

以上みてきたように、執行実務においても差異があること、判例も法定地上権肯定説と否定説が対峙していること、学説にはさまざまな見解がみられ帰一していないことなどから、実務としての対応は混乱を生じよう。このようなことから、堀氏は、実務としては、抵当対象建物の現状をウォッチして、建物が再築された場合には、再築した建物について抵当権設定登記可能な書類をあらかじめ入手しておくべきであるとされる[28]。

しかしこのようにしても、東京地裁平成四年判決にみられるように、国税債権には優先できないという現状からは免れえないのである。

（1） この立場の解釈および取扱いを説明するものとして、淺生重機＝今井隆一「建物の建替えと法定地上権」金法一三二六号六頁以下（一九九二年）。

（2） 富川照雄「民事執行における保全処分の運用」判タ八〇九号九頁（一九九三年）。

(3) 井上稔「担保価値の実現と法定地上権の成否」金法一二〇九号二七頁以下。
(4) 菅原胞治「抵当地上の建物再築と法定地上権(中)」手研四九五号三五頁(一九九四年)。
(5) 大判昭和一三・五・二五民集一七巻一一〇〇頁、東京地判昭和五三・三・三一判タ三六九号二三一頁、福岡地判昭和六〇・二・一三金法一一三一号四五頁、大阪地判昭和六三・二・二四判時一二八五号五五頁など。
(6) 東京地判平成四・一二・一判タ八三三号二六一頁。
(7) 高木多喜男「共同抵当における最近の諸問題」金法一三四九号一五頁(一九九三年)。
(8) 長谷川貞之「判批」ジュリ一〇一五号二八二頁(一九九三年)。
(9) 富川・前掲注(2)論文一〇頁。
(10) 東京地判平成五・一〇・二七金法一三七八号一三七頁。
(11) 東京地執行処分平成四・六・八金法一三二四号三六頁。
(12) 東京地判平成五・一・一八金法一三五二号七七頁、金商判九一四号二七頁、判時一四五一号一三三頁。なお、担保実務では賛同するものが多い(吉田光碩「共同抵当と建物の再築による地上権の成否」判タ七九二号七二頁(一九九二年)。
(13) 高木・前掲注(10)論文一三頁、同旨、富川・前掲注(2)論文九頁。
(14) 秦光昭「建物の再築等と法定地上権」手研四七〇号二二頁(一九九二年)。
(15) 前掲、東京地判平成四・一二・一四。
(16) 拙稿「再築建物に対する土地・建物共同抵当権と国税債権との優先関係」NBL五四六号一七頁(一九九四年)、同旨、菅原・前掲注(3)論文四一頁。
(17) 堀龍兒「判解」判タ六七一号六八頁以下(一九八八年)。同旨、畔柳正義「判解」判タ七三五号四九頁(一九九〇年)、野村重信「問題のある法定地上権」金判八八七号二頁(一九九二年)、小林明彦「再築建物のための法定地上権」金法一三四三号二九頁(一九九三年)。
(18) 須磨美博「法定地上権」(ジュリ一〇五五号一四七頁以下(一九九四年)、吉田光碩「共同抵当における建物の滅失・再築と法定地上権」判タ八二四号四三頁(一九九四年)。
(19) 拙稿「土地建物共同抵当における建物再築と法定地上権(下)」ジュリ一〇五六号一四七頁以下(一九九四年)。
(20) 松井宏興「共同抵当物たる建物の再築における法定地上権の成否と一括競売の可否」(取引法研究会・一九九四年七月一六日報告・法律時報六七巻四号九五頁以下)。

(21)　東京地決平成四・三・一〇金法一三二〇号七二頁。
(22)　大阪高決平成五・六・一一金商判九二九号三頁、判時一四六五号九一頁
(23)　山野目章夫「判批」私法判例リマークス一九九四年〈上〉三四頁（一九九四年）、同「判批」一三九六号四六頁以下（一九九四年）。
(24)　鎌田薫「判批」私法判例リマークス一九九四年〈下〉二八頁（一九九四年）。
(25)　野村秀敏「建物の再築と法定地上権の成否」金法一三四〇号一一頁（一九九二年）。栗田隆「判批」判時一四八五号一八三頁（一九九四年）、槇悌次「再築建物と法定地上権(1)」NBL五五〇号三一頁以下（一九九四年）。
(26)　菅原胞治「抵当地上の建物再築と法定地上権(上)」手研四九四号四頁以下（一九九四年）。
(27)　秦・前掲注(14)論文二三頁。
(28)　堀龍兒「共同抵当の目的である建物の滅失、再築と法定地上権」椿寿夫編集代表・ジュリスト増刊担保法の判例Ⅰ一四七頁（一九九四年）。

8 土地・建物共同抵当における法定地上権と租税債権

一 問題の所在

更地に抵当権が設定された後に建物が築造され、この新築建物にも同順位の共同抵当権が設定された場合（更地ケースと呼ぶ）や、土地と建物に共同抵当権が設定された後に建物が滅失したが、その後再築され、この再築建物に同順位の抵当権が設定された場合（再築ケースと呼ぶ）について、法定地上権が成立するかどうかは議論のあるところである。他方、租税債権の法定納期限等が土地抵当権設定登記後で建物抵当権設定登記前の中間である場合（中間租税債権と呼ぶ）に、抵当権付債権と租税債権の優先劣後は抵当権設定登記と租税債権の法定納期限等との先後関係により決まる（国税徴収法一六条、地方税法一四条の一〇）ことから、中間租税債権は建物抵当権者に優先することになる。そこでこの両者を絡ませて考えると、建物について法定地上権が成立しないとの見解に立つときは、中間租税債権が建物抵当権に優先するとしても、建物価格（取壊しによる材木価格＝Cとよぶ）のみからしか弁済を受けられないことになるのに対し、法定地上権が成立するとの見解に立つと、法定地上権付建物価格（B＋Cと呼ぶ）から弁済を受けることができることになる。この結果、土地抵当権者は、前者の場合は、利用権の負担の付かない土地価格（Aと呼ぶ）から被担保債権について弁済を受けることができるのに対して、後者の場合は、地上権の負担の付いた土地価格（A－B）からしか弁済を受けられないことになる。そこで、中間租税債権額が建物価格（C）を上回る場合、土地抵当権者は、前者の場合は不利益は生じないが、後者の場合は法定地上権価格（B）を限度として、その上回った額につき弁済を受けうる額が減少するという不利益が生ずる。利害関係としていずれと考えるかが問題である。

また、再築ケースについては、諸説がみられるなかで、大阪地裁執行部は個別価値考慮説の立場から法定地上権を肯定し[1]、東京地裁執行部は全体価値考慮説の立場から原則として法定地上権の成立を否定しながら「新建物が建築された時点での土地の抵当権者が新建物について土地の抵当権と同順位の共同抵当権の設定登記を受けたとき、または土地の抵当権者がそのような抵当権の設定を受ける権利を放棄したときには」法定地上権が成立すると解している[2]。そこで、前述のように建物について土地抵当権と同順位の抵当権が設定されているという事案では、いずれの説によっても法定地上権が成立することになる。このことから、この再築ケースの場合において、東京地裁民事第四〇部判決は全体価値考慮説の立場から法定地上権の成立を認め、中間租税債権は法定地上権付建物価格（C＋B）から建物抵当権に優先して弁済を受けることができるとの見解を示し[3]、東京高裁第一一民事部判決もこれを支持している[4]。これに対し、更地ケースの場合について、最近、東京地裁民事第二六部判決は法定地上権の成立を否定し、中間租税債権は建物価格（C）からのみ建物抵当権に優先して弁済が受けられるだけであるにすぎないとしている[5]。

そこで、再築ケースの当否、およびこの再築ケースの場合と更地ケースの場合とは理論的に共通するものといえるのかどうか。また東京地裁の再築ケースと更地ケースとが結論を異にする原因はどこにあるのかなどにつき検討することが必要になる。そしてこのことは、前述の再築ケースが現在、最高裁に上告され、審議中であることからすると、これに対する影響の生ずることも考えられる重要な問題といえる。本稿は、以上のような問題認識のもとで、更地ケースの場合を中心としながら検討する。

二　東京地裁民事第二六部判決の概要

Xは、訴外A会社に対する債権担保のために、平成二年五月一八日に、A所有の本件(1)土地から(5)土地の更地に、第一順位の抵当権の設定を受け、登記を経由した。その後、平成三年一二月二六日に、Aは、(1)土地上に建物を新築し、平成四年五月一三日、所有権保存登記を経由した後、同年六月二日に、Xのために第一順位の抵当権を設定し、登記がなされた。ところが、Aは、土地抵当権設定後であり、建物抵当権設定前の日を法定納期限とする平成三年分の国税債権と平成三ないし五年度分の都税債権（ただ、国税徴収法一二条などにより都税債権より国税債権が優先する関係にある）を滞納した。このような状況のもとで、平成五年六月一五日に、執行裁判所は債権者Bの申立てにより土地と建物を一括競売に付し、一四億円で売却された。そこで、執行裁判所は、この一四億円をそれぞれに按分したが、そのうち(1)土地については建物に法定地上権が成立するものとして、(1)土地の売却代金を一億七、九五二万円余りとし、建物の売却代金を一、六九四万円余りとして按分し、一億六、八三九万円余りの国税債権を有するY（国）に、建物の売却代金を配当する旨の配当表を作成した。これに対してXは、Yを相手に、本件建物には法定地上権は成立しないとして、配当異議の申出をした。

裁判所は「更地である土地に一番抵当権の設定を受けた者が、その後、右土地の所有者によって右土地上に建築された建物に順位一番の共同抵当権の設定を受けたが、右両抵当権の設定登記の中間に法定納期限がある租税債権が存在することとなり、配当要求の終期までにその租税債権に基づいて交付要求がされるに至った場合には、執行裁判所は、右土地又は建物の競売あるいは土地及び建物の一括売却によって法定地上権が成立することはないものとして、売却及び配当を実施すべきものである。建物価格や租税債権の額等に照らし土地の抵当権者に不利益が生じない場合であっても、この理に変わりはなく、租税債権によって土地抵当権者に不利益が生ずる抽象的可能性がある限り、法定地上権の成立を否定すべきものである」と判示し、Yには本件建物自体の価格七五万円から占有者の占有事情等を考慮した減価額七〇万円を控除した五万円についてのみ配当されるとする配当表の変更を認めている。(6)

その理由として、①法定地上権を認めると、租税債権の額が法定地上権のつかない建物価値を下回るときは土地抵当権者は不利益を受けないが、上回るときは土地抵当権者の把握していた担保価値にまで食い込むことになり、土地抵当権者の担保価値の把握を不当に妨げること、②更地抵当権者が建築された建物に同順位の共同抵当権の設定を受けた場合には、法定地上権が成立するとしても、一般的には特別の不都合は生じないから、例外的に租税債権が土地抵当権者の把握している担保価値を浸食してもやむをえないと考えることは、土地抵当権者の権利を軽視するものであること、③社会経済上の見地からできる限り建物を取り壊さないようにしなければならないかどうかの事情は、民法制定当時と最近では大いに異なり、法定地上権の規定を拡張解釈することが社会経済上大いに推奨されるという事情にはないこと、④土地抵当権者の担保価値を浸食しない場合には法定地上権が成立すると解釈する余地もあるが、売却条件が建物の売却見込額や租税債権の額によって左右されることになり、民事執行手続の安定性からみて適当でないこと、⑤民事執行手続の安定性を理由に、土地抵当権者の担保価値を浸食する場合でも法定地上権が成立すると解することも考えられるが、このような考えは、土地抵当権者の抵当権設定当時の期待ないし利益よりも民事執行手続上の便宜を優先させ、論理に飛躍があることなどをあげている。

三　従来の判例と学説

1　更地ケースの場合

判例では、更地ケースで中間租税債権が絡んでいる場合について論じたものとして、前述の東京地裁民事第二六部判例があるのみで、このほかには見当たらない。ただ、更地ケースの場合に法定地上権が成立するかどうかの一般論を問題にした判例についてみると、まず更地に抵当権が設定され、その後、建物が築造されたというだけでは法定地上権は成立しないとするのが判例理論といえる(7)。

しかし、築造された建物に土地抵当権と同順位の共同抵当権が設定された場合については、上級審はみられないが、下級審の結論は分かれている。いずれも売却許可決定に対する執行抗告事件に関してであるが、東京高裁昭和五三年三月決定(8)は「土地の抵当権者が別人であるならば、この者に右法定地上権を対抗しえないけれども、本件のように同一抵当権者による共同抵当である場合は、対抗問題は起こらないと解するのが相当である」として、法定地上権を肯定する。これに対して、東京高裁昭和五三年一二月決定(9)は「本件建物については法定地上権のないものとして評価し最低競売価額を定めるほかはない」として、法定地上権の成立を否定し、同旨のものとしては仙台高裁平成元年決定(10)や東京地裁平成三年判決(11)がみられる。

なお、執行実務においては、東京地裁執行部(12)は「建物のため法定地上権の成立を肯定しても、土地抵当権との間には、実質的な対抗関係は生じない」とする前述の東京高裁昭和五三年三月決定を引用して、法定地上権の成立を肯定しているのに対して、裁判所書記官実務研究報告書(13)では、「これまでの判例との整合性、法定地上権の成立を認める理論的根拠が明確でないこと」から法定地上権の成立を否定し、必ずしも一致していないことが指摘されている(14)。

そこで、このような一般論としての肯定説・否定説が、中間租税債権が関係するような場合でも直截的に展開することができるのかどうかも問題となる。

学説でも、中間租税債権との関係を認識しながら論じたものは少ない。小林明彦弁護士は、東京高裁昭和五三年三月決定の肯定見解に対し、土地抵当権と建物抵当権との間に利害衝突が生じないとの理由から直ちに法定地上権を肯定することには結び付かないし、他に肯定説の積極理由はなく、とくに租税債権との優劣が問題になる場合には、土地抵当権と建物抵当権との間に利害衝突が生じ、対抗問題が生じて、肯定説は成り立ちえないと主張される(15)。また菅原胞治氏は、中間租税債権が関係する場合に、再築ケースにおいて法定地上権の成立を認めることは更地ケースにおいても同様の問題が生じ、不当であるとして批判されている[16]。このように学説では、中間租税債権との関係を認識した論考については、否定的見解しかみられない。ただ、一般論としては、全体価値考慮説からこれを肯定する見解もみられる[17]。この見解も中間租税債権との関係でも同様に貫徹されるのかどうか不明である。

2　再築ケースの場合

同一所有者に属する土地と建物に共同抵当権が設定された後、建物が取り壊されて再築された場合に、再築建物につき法定地上権が成立するかについては諸説があり、判例や学説は肯定説と否定説に分かれている[18]。このうちの肯定説は中間租税債権との関係において同様に解するのかどうか明らかでない。また否定説のうち東京地裁執行部の立場とされる全体価値考慮説では、この再築建物に土地抵当権と同順位の共同抵当権が設定された場合には、例外的に、法定地上権の成立を認めるとしている[19]。

そして、このことを前提として中間租税債権が存在する場合でも、同様に解する判例がみられる。その理由として、東京地裁平成四年判決[20]は、全体価値考慮説からみて、原則としては法定地上権が成立しないとの見解は、それ自体理由があるが、再築建物について敷地との共同抵当権として新たに設定された場合は、①法定地上権の成立を認めても、土地抵当権者の土地についての交換価値の全体を把握していることになること、②この結論は中間租税債権がある場合でも左右されるものではないことを挙げている。その控訴審である東京高裁平成五年判決[21]は、①この場合に全体価値考慮説が法定地上権の成立を認めるのは、同一所有者に属する土地・建物について通常の共同抵当権が設定された場合と同じ状況になるからであること、②土地と旧建物への共同抵当権設定時において、抵当権者が有する土地の交換価値全体を把握したいという期待のみによって成否を左右されるものではないこと、③民法三八八条の法意は国民経済上の不利益の回避にあること、④抵当権者の期待を常に保護するとすれば、租税債権の有無や、その法定納期限等の時期、さらに、交付要求の有無という不明確かつ不確定な要素によって、物権である法定地上権の成否が左右されることとなり、取引の安全を害し、不合理であることをあげている。そこで、このように再築ケースでは、中間租税債権が存在する場合でも法定地上権が認められるとする下級審判例と、前述の更地ケースにおいて法定地上権を否定した下級審判例との関係をどのようにみればよいのかが問題となる。理論的にまったく異なるものなのか、本来は共通した問題ではあるが、判例の判断に差異があるだけなのか、そうであるとすればいずれが妥当かが問題となる。

学説は、中間租税債権が存在する場合に限定してみると、否定説が有力である。全体価値考慮説では、もし仮に土地抵当権者が再築建物に共同抵当権を設定していなかったとすれば、法定地上権は認められず、国税債権が優先できるのは敷地利用権の存在しない建物価値（取壊しによる材木価値）だけであることと比較すると、土地抵当権者が再築建物に抵当権を設定して、その債権をより確実に保全するための措置を採ったことにより、再築建物＋法定地上権価値（C＋B）につき国税債権が優先し、この結果、土地抵当権の対象となっていた土地は法定地上権負担付土地（A－B）となって法定地上権価値（B）分が減少する奇妙な論理となり、妥当でないとか[22]、また、もし再築建物に共同抵当権を設定しなかった場合には、土地抵当権者による抵当権設定の放棄とみて、法定地上権が成立し、この場合も法定地上権付再築建物につき国税債権が優先することになり、妥当でないとか[23]、さらには、東京高裁平成五年判決の理由④との関係で、租税滞納の状況といった個別事情により左右されることを認めるのか、あるいは一律に新建物のための法定地上権を否定するのかが問題とされなければならないが、常に新建物のための法定地上権は否定されてよいなど[24]の見解がみられる。

四　土地・建物共同抵当と法定地上権

まず土地・建物が共同抵当である場合、抵当権者は、どのようような状態で価値を把握していると解すべきかが問題である。このことに関しては、再築ケースに関連して諸説[25]が分かれているが、その代表的な見解についてみると、次のようである。個別価値考慮説は、土地・建物共同抵当の場合は、土地から法定地上権を控除した価値（A－B）を把握する土地抵当権と建物と法定地上権価値（C＋B）を把握する建物抵当権から成り立っていると解している。全体価値考慮説は、土地・建物共同抵当の場合は、土地抵当権は（A－B）を建物抵当権は（C＋B）を把握しているが、土地の交換価値のうち法定地上権に相当する部分については建物抵当権を実行して法定地上権付建物の売却代金から回収するもので、いずれにしても土地（A）全体を把握している状態にあると解している。一体価値考慮説は、土地・建物共同抵当の場合は、土地抵当権は（A）を建物抵当権は（C）を把握し、法定地上権（B）は観念されていない。このため（A＋C）の状態にあると解している。そこでは、とくに法定地上権の扱いが注目される。個別価値考慮説や全体価値考慮説は法定地上権の存在を考慮するものであるが、一体価値考慮説は法定地上権の存在を考慮していない。土地・建物共同抵当の場合でも法定地上権成立の要件を充たすものであることはいうまでもないが、共同抵当権による価値把握という観点からみて、それを一つの価値とみてその存在を観念しなければならないものなのかどうかである。

共同抵当の機能については、担保価値集積型と危険分散型がみられるが、土地・建物共同抵当の場合には、その経済的一体性という特徴に注目したものである点に注目するときは、土地自体の価値と建物自体の価値の総和が担保価値として把握されているものと解すべきではないかと思われる。[26]また法定地上権制度は、土地と建物が別個の不動産として取り扱われることになったことから、土地のみに抵当権が設定された場合あるいは建物のみに抵当権が設定された場合に生ずる問題を処理するために導入されたものである。このため、土地・建物共同抵当の場合に法定地上権が認められるのかどうかについては、立法の経緯からみて明らかでない。このことから、土地・建物共同抵当の経済的一体性という観点から、法定地上権を観念しないで思考しても、立法者意思に反することにはならないであろう。[27]このことからすると、一体価値考慮説が妥当といえよう。

五　法定地上権判断時期との関係

前述の更地ケースおよび再築ケースのいずれの場合でも、新築ないし再築された建物への抵当権の設定のみを基準とするときは、法定地上権の成立することに異論はないであろう。それが共同抵当権の場合であっても同様である。もっとも、この場合、この法定地上権が土地抵当権に対抗できるか問題になる。そこで、この法定地上権は土地抵当権設定後に成立したものであることからすると、土地抵当権者には対抗できないことになるのが原則である。しかし、このような論理を前提としながらも、土地と新築ないし再築建物が共同抵当である場合には、土地抵当権者と建物抵当権者との間には利害衝突は生じないとか、対抗問題は生じないとか、誰にも不利益が生じないとして、法定地上権の成立を認めることが考えられる。東京高裁昭和五三年三月決定や東京地裁執行部の考え方がそれである。

ところで、この問題はまず、法定地上権成立の判断基準時をいつにするかの問題と関係する。第一順位抵当権設定時には法定地上権成立の要件が充たされていなかったが、後順位抵当権設定時には土地と建物が同一人に帰することになった場合の判断基準時の問題とも共通する。この点、土地抵当型の場合には第一順位抵当権設定時説によるのが通説・判例であるが(28)、建物抵当型の場合には見解が分かれている(29)。そして、最近の有力説や判例は土地抵当型と同様に整合性を持たせるべきであると主張している(30)。そこで、このような第一順位抵当権設定時説に立つとすると、前述のような論理展開は認められないことになる。しかし、判断基準時を常に第一順位抵当権設定時としなければならない理由はどこにあるのかは、疑問である。民法三八八条は判断時期を明確に限定していないことから、判断基準をいつとするのが妥当かは、その事情や過程などを考慮した類型に応じて判断すればよいと思われる(31)。このことからすると、新築ないし再築建物に抵当権を設定した時を基準として法定地上権が成立すると思考することも成り立ちうることになる。

そこでこのことを前提として、それが共同抵当権である場合に、常に、法定地上権が認められるかである。新築ないし再築建物抵当権に対して優先順位のある第三者が存在しない場合には、土地抵当権者の利害は損なわれることはないから、理論上の問題は別にして、それほど論議することもない。この意味で、前述の東京高裁昭和五三年三月決定や東京地裁執行部の考え方は一応妥当なものといえる。しかし、新築ないし再築建物抵当権に優先する中間租税債権が存在する場合も同様と考えることについては、問題がある。それは、形式的にみると同順位の共同抵当権であるが、実質的には順位が異なっていることに注目すべきである。すなわち、新築ないし再築建物には先順位にある中間租税債権が存在するからである。それは、あたかも新築ないし再築建物には中間租税債権を被担保債権とする担保権が設定された後に、後順位の抵当権が設定されたのと同様の関係に立つことになると考えるべきである。すなわち、土地抵当権とは同順位の関係にないことになる。このように考えると、中間租税債権を被担保債権とする担保権が設定された時点を基準とすれば法定地上権が成立するとしても、この法定地上権は土地抵当権には対抗できない。また、土地抵当権と順位を異にする共同抵当権の場合には、土地抵当権者と建物抵当権者との間には利害衝突が生ずることになり、対抗関係が生じないとする例外に該当しないことになろう。

六　更地ケースと再築ケースの異同と法定地上権

更地ケースでは、土地抵当権者は土地価値からのみの優先弁済を意図していることは明らかである。その後、建物が新築されて、新築建物にも同順位の抵当権を設定するということは、その時点ではじめて、再築ケースの当初の共同抵当権設定の状況と同様になる。これに対して、再築ケースでは、当初は土地と建物の両方の価値からの優先弁済を意図していたが、建物滅失により、土地価値からのみの状態になる。そこで、この時点に限定してみると更地ケースと異なることはない。その後、再築建物に同順位の抵当権が設定された場合も、現象的には更地ケースと同様になる。しかし、このような変化が、抵当権による価値支配という実質的な面においても同様になるのかどうか問題である。

これを図式的にみると次のようになる。

更地ケースでは、「A」⇩「A＋C」ないし「A－BとC＋B」のいずれかになる。

これに対して、再築ケースでは複雑である。代表的な見解によってみると次のようになる。個別価値考慮説では「A－BとC＋B」、全体価値考慮説では「A－BとC＋B」⇩「A」？⇩原則「A＋C」・共同抵当権設定の場合「A－BとC＋B」、一体的価値考慮説では「A＋C」⇩「A」⇩「A＋C」になる。

そこで、両者を比較してみると、更地ケースでは、当然のことながら、再築ケースのように、当初の抵当権設定時においては、個別価値考慮説や全体価値考慮説のような「A－BとC＋B」、一体価値考慮説の「A＋C」という前提が存在しない。このことが、どのような意味を持つものなのかが問題になる。個別価値考慮説は、土地・建物共同抵当権設定時における土地抵当権の把握する「A－B」の状態は、再築建物に法定地上権を認めても変わりはないとして、常に肯定するわけであるが、更地ケースでは「A」から「A－B」に価値減少が生ずることから、同様に解することはできないことになる。この意味では個別価値考慮説からは、更地ケースについては帰結することはできないことになる。ただ、更地ケースで再築建物に同順位の共同抵当権が設定された状態を「A－BとC＋B」になると解するならば、結果としては異ならないことになる。しかし、前述のように中間租税債権（Dと呼ぶ）の存在を建物抵当権に優先する担保権と同様のものと解するときは、中間租税債権が存在するときは「A－（B＋D）と（C＋B）－D」の状態になるわけであるから、同様にはならない。全体価値考慮説や一体価値考慮説では当初の抵当権設定時と異なることは明白であるが、建物の滅失により「A」になる。この時点を基準としてみると、更地ケースの当初抵当権設定時と共通する。

次に、建物が滅失した時点を基準としてみると、更地の状態であるという点は共通している。ただ、個別価値考慮説では、それでも「A－B」の状態が残ることを前提としている。更地ケースでは「A」の状態しか観念できないことから、この点でも個別価値考慮説からは法定地上権の成立を認めることはできない。全体価値考慮説や一体価値考慮説は、土地抵当権は「A」の状態になるとみることから、更地ケースと共通する。このため、仮に、法定地上権を認めると、土地抵当権は「A－B」の状態になり、価値減少が生ずるので認められないことになる。この点でも共通する。問題は新築ないし再築建物に同順位の共同抵当権が設定された場合である。全体価値考慮説では、例外的に法定地上権を認めるわけであるが、この場合に、建物滅失により土地抵当権が把握するのは「A」であるとしながら、共同抵当権の設定により「A－B」になるのはなぜなのか明らかでない。それは、当初抵当権設定時と同様の状態の「A－BとC＋B」になり、土地抵当権者には不利益は生じないとの考えによるものと想定される。この意味では、更地ケースでも共同抵当の状態を「A－BとC＋B」と理解すれば、同様の帰結に達するともいえる。

しかし、再築ケースでは、土地抵当権については「A－B」を前提にして、それを「A－B」の状態に戻すわけであるから変更はないといえるが、更地ケースでは「A」を前提にしているのに「A－B」という価値減少の状態を生じさせるもので、大きな変更である。また、全体価値考慮説は建物滅失によって「A」になると解しながら、再築建物への共同抵当権設定によって「A－B」になるとするのはなぜなのか理論的説明に欠けるものがある。例外の場合だけは、建物滅失の時点でも「A－B」の状態で存在するとして分けて捉えるのかどうか。もしそうだとすると、論理的には一貫性がなさすぎることになろう。それは、おそらく、利害関係には影響が生じないとの価値判断によるものと推測されるが、理論的には問題を残すことになる。この意味では、このような例外を再築ケースにも認めるべきではないのである。

さらには、建物抵当権に優先する中間租税債権（D）が存在する場合には、法定地上権を例外的に認めるとなると、全体価値考慮説でも個別価値考慮説と同様に、当初の共同抵当権は「A－BとC＋B」の状態にあったのに、その後は「A－（B＋D）と（C＋B）－D」に変わることになるわけであるから、妥当とはいえない。更地ケースでも「A－BとC＋B」ではなく「A－（B＋D）と（C＋B）－D」となり、ますます認めることはできないであろう。これらに対して、一体価値考慮説では、再築ケースで建物滅失により「A」になった状態と、更地ケースで「A」の状態を前提とすることとはまったく変わりはない。そして、再築ないし新築建物に共同抵当権が設定されることによって、いずれもが「A＋C」の状態になるわけであるから、両ケースを同一の理論で論ずることができる。そして、両ケースともに建物抵当権に優先する中間租税債権が存在すると、「A＋（C－D）」となる。このことによって、建物抵当権は「C」ではなく「C－D」になるわけであるが、建物抵当権に優先する「D」が存在する以上はやむをえないことである。土地抵当権のみが存在していた「A」の状態には変わりはないわけで、このように解するのが妥当ではないかと思われる。

以上のように考えると、更地ケースについては、再築ケースの場合以上に法定地上権を認める理由はみられない。また再築ケースについても、その理由づけは妥当なものではないといえる。この意味においては、東京地裁民事第二六部判例は妥当というべきであり、東京地裁民事第四〇部判決や東京高裁第一二民事部判決には従うことはできない。後者については上告されていることでもあり、変更されることを期待する。

七　実務上の対応

私見のような見解に立つときは、新築ないし再築建物に共同抵当権を設定したとしても、土地抵当権者は不利益を受けることはない。このような考えに対して、これでは建物の存立を図るという社会経済上の要請を損ねることになるとの反論が考えられる。しかし、この要請も抵当権者の利害を著しく損なわない合理的範囲において認めるべきである。問題とした事例では、それを認めることは妥当でない。とくに、更地ケースについてまで法定地上権を認めることは、更地に抵当権が設定された後に新築された場合のすべての場合にまで認めるのと同じことになる。通説・判例ともに、この一線を守っている以上は、新築建物に共同抵当権が設定された場合であっても、例外を認めるべきではない。また、新築ないし再築建物に共同抵当権を設定した場合に、建物抵当権に優先する中間租税債権などの存在しない場合には、法定地上権を認めても土地抵当権者の利害を害することはないとして、この場合に限定して例外的に認めるべきではないかとの見解を主張することも考えられる。しかし、この見解は、土地・建物共同抵当により把握しているのは「A＋C」であるという基本的考え方と齟齬するものであるし、東京地裁民事第二六部判例も指摘しているように、民事執行手続の安定性からみて適当でない。

なお、再築ケースでの東京地裁民事第四〇部判決や東京高裁第一二民事部判決のように、共同抵当権を設定した場合には例外的に法定地上権を認めるとの見解の妥当でないことは前述したところであるが、しかし、この見解が判例理論として維持されるとした場合の対応としては、新築ないし再築建物への共同抵当権の設定に慎重でなければならないことになる。建物抵当権に優先する中間租税債権などが存在しないかどうかを確認したうえで共同抵当権を設定することが必要である。ただこの場合でも、東京地裁民事第四〇部判決や東京高裁第一二民事部判決のいう共同抵当権の設定を放棄した場合に該当するとの見解によるときは、法定地上権が認められることになり、建物を新築ないし再築させない限り対応のしようがないことになり、奇妙な状態が生ずる。妥当な理論でないことの証拠である。もっとも、更地ケースに限ってみると、この場合を共同抵当権設定の放棄として法定地上権を認めることの根拠はまったくない。再築ケースでは、再築建物に共同抵当権を設定することによって、当初の「A－BとC＋B」の状態に戻すことができたのに、放棄により戻さなかったがために、「A－BとC＋B」の状態にあるのと同様になるとの考えによるものと推測されるが、更地ケースでは、そのような論理は使えないからである。このことから、少なくとも更地ケースでは、慎重に調査したうえで新築建物に共同抵当権を設定するという方法で対応できるものと思われる。

（1）　富川照雄「民事執行における保全処分の運用」判タ八〇九号九頁以下（一九九三年）。
（2）　東京地決平成四・三・一〇金法一三三〇号七二頁、淺生重機＝今井隆一「建物の建替えと法定地上権」金法一三二六号六頁（一九九二年）。
（3）　東京地判平四・一二・一四（金法一三六二号四二頁）。
（4）　東京高判平五・八・二五（金商判九五九号九頁）。

(5) 東京地判平八・六・一一(金法一四五五号七五頁)。
(6) 前掲注(5)東京地判平八・六・一一。
(7) 大判大四・七・一(民録二一輯一三一三頁)、最二小判昭三六・二・一〇(民集一五巻二号二一九頁)、最三小判昭五一・二・二七(金法七九六号七七頁)など。なお最高裁判例のいずれもが、抵当権者があらかじめ築造を承諾した場合でも法定地上権の成立を否定するものである。
(8) 東京高決昭和五三・三・二七(判時八八八号九三頁)。
(9) 東京高決昭五三・一二・六(金法九一一号五三頁)。
(10) 仙台高決平成元・一〇・六(判時一三三六号一〇六頁)。
(11) 東京地判平三・一・三〇(金法一二九一号三一頁)。
(12) 東京地裁民事執行実務研究会編著『不動産執行の理論と実務』二八九頁(一九九四年)。
(13) 裁判所書記官実務研究報告書『不動産執行事件等における物件明細書の作成に関する研究』四四四頁。
(14) 小林明彦「法定地上権の成否と租税債権」金法一四三九号五九頁(一九九六年)、菅原胞治「抵当地上の建物再築と法定地上権(中)」手研四九五号四二頁(一九九四年)。
(15) 小林・前掲注(14)六〇頁。
(16) 菅原・前掲注(14)四二頁。
(17) 井上稔「担保価値の実現と法定地上権の成否」金法一二二〇九号二七頁(一九八九年)。
(18) この場合の詳細については、拙稿「土地建物共同抵当における建物再築と法定地上権(上)・(下)」ジュリ一〇五五号一四〇頁以下、一〇五六号一四五頁以下(一九九四年)参照。
(19) 前掲注(2)東京地決平四・三・一〇。
(20) 前掲注(3)東京地判平成四・一二・一四。
(21) 前掲注(4)東京高判平五・八・二五。
(22) 拙稿「再築建物に対する土地・建物共同抵当権と国税債権との優先関係」NBL五四六号一七頁(一九九四年)。
(23) 菅原・前掲注(14)四二頁。
(24) 小林・前掲注(14)六〇頁。
(25) 諸見解の詳細については、拙稿・前掲注(18)(上)一四〇頁以下参照。

(26)　拙稿・前掲注(22)一八頁。

(27)　拙稿・前掲注(22)一九頁。

(28)　我妻栄『新訂担保物権法』三五七頁（一九六八年）、柚木馨＝高木多喜男『担保物権法〔第三版〕』三二五頁（一九八二年）、川井健『担保物権法』九〇頁（一九七八年）、高木多喜男『担保物権法〔新版〕』一八七頁（一九九三年）など。最二小判平二・一・二二（民集四四巻一号三一四頁・金法一二五八号六〇頁）など。

(29)　肯定説として、四宮和夫「判例評釈」『判民昭和一四年度』二〇一頁（一九三九年）、我妻・前掲注(28)三五七頁、川井・前掲注(28)九〇頁など。否定説として、槇悌次『担保物権法』二二三頁（一九八二年）、柚木＝高木・前掲注(28)三五二頁など。

(30)　高木多喜男「判批」民商法雑誌八一巻二号二四九頁（一九七九年）、松本恒雄「法定地上権と法定賃借権」米倉明ほか編『金融担保法講座(1)』二七二頁（一九八五年）。

(31)　拙稿「判例評論」私法判例リマークス一三号二九頁（一九九六年）。

9 共同抵当に優先する国税の交付要求と法定地上権の成否

〔最判平成九年六月五日民集五一巻五号二一一六頁〕

一 事案

X（上告人）は、昭和六三年九月九日に、訴外A会社に対する貸金債権等を被担保債権として、A会社の所有する建物（旧建物）及びその敷地（本件土地）を共同担保として順位一番ないし三番の根抵当権及び抵当権（旧抵当権）を設定し、登記を経由した。A会社は、平成元年三月ころ旧建物を取り壊し、本件土地上に、新たに建物（新建物）を建築した。そこで、Xは、平成元年六月三〇日に、新建物について、前記債権を被担保債権として本件土地との共同担保とする順位一番ないし三番の根抵当権及び抵当権（新抵当権）の設定を受け平成二年三月六日に新抵当権の設定登記を得た。その後、Xは、新抵当権に基づいて競売を申し立て、一括して売却された。そこで、執行裁判所が配当期日である平成四年五月二九日に配当表を作成し、その内容は新抵当権が把握した交換価値は新建物の価額及び新建物のための法定地上権の価額の合計額であり、当該売却代金の配当については、Y（被上告人）のA会社に対する平成元年三月二八日を法定納期限とする国税債権がXの新抵当権に優先することから、国税債権額に相当する一億〇八八九万円余りを差し引いた額とされた。Xは、配当期日に配当異議を申し出て、旧建物が取り壊されて新建物が建築された場合、原則として法定地上権は成立しないから、Yが国税債権として新建物から優先的に弁済を受けられるのは最大限で新建物の材木価額にとどまるとしてYに対する配当額の変更を求める配当異議の訴えを提起した。原審は、新建物について、旧抵当権と同順位の新抵当権が本件土地との共同担保として設定されたから、新建物のために法定地上権の成立が認められるとしてXの請求を棄却した。

二 判旨

「新建物の所有者が土地の所有者と同一であり、かつ、新建物が建築された時点での土地の抵当権者が新建物について土地の抵当権と同順位の共同抵当権の設定を受けた場合であっても、新建物に設定された抵当権の被担保債権に法律上優先する債権が存在するときは、右の特段の事情がある場合には当たらず、新建物のために法定地上権が成立しないものと解するのが相当である。けだし、新建物に土地と同順位の共同抵当権が設定された場合は、抵当権者は、旧建物に抵当権の設定を受けていたときと同様に土地全体の価値を把握することができるから、新建物のために法定地上権の成立を認めても不利益を被ることはない。しかし、新建物に設定された抵当権の被担保債権に法律上優先する債権が存在する場合は、新建物に右抵当権に優先する担保権が設定されている場合と実質的に異なるところがなく、抵当権者にとっては、新建物に抵当権の設定を受けないときは土地全体の担保価値を把握することができるのに、新建物に抵当権の設定を受けることによって、かえって法定地上権の価額に相当する価値を把握することができない結果となり、その合理的意思に反するからである。なお、このように解すると、建物を保護するという公益的要請に反する結果となるが、抵当権設定当事者の合理的意思に反してまでも右公益的要請を重視すべきであるとはいえない。」

三　先例・学説

土地と建物に共同抵当権が設定された後に建物が取り壊され、その後再築され、この再築建物に土地の抵当権と同順位の共同抵当権が設定されたとき、再築建物に法定地上権が成立するかどうか議論のあるところである。他方、租税債権の法定納期限が土地抵当権設定登記後で再築建物抵当権設定登記前の中間である場合（中間租税債権とよぶ）に、抵当権付債権と租税債権の優先劣後は抵当権設定登記と租税債権の法定納期限との先後関係により決まる（国税徴収法八条・一六条、地方税法一四条の一〇）ことから、中間租税債権は再築建物抵当権に優先することになる。そこでこの両者を絡まして考えると、再築建物について法定地上権が成立しないとの見解に立つときは、中間租税債権が再築建物抵当権に優先するとしても再築建物価格（取壊による材木価格）のみからしか弁済を受けられないことになるのに対し、法定地上権が成立するとの見解に立つと法定地上権付建物価格から弁済を受けることができることになる。この結果、土地抵当権者は、前者の場合は利用権の負担の付かない土地価格から被担保債権について弁済を受けることができるのに対して、後者の場合は法定地上権の負担の付いた土地価格からしか弁済を受けられないことになる。本判決の争点は、ここにある。

ところで、前述の土地・建物共同抵当権と法定地上権の成否の問題については、これまで判例では、土地・建物共同抵当の場合には、土地価値をA、法定地上権価値をB、建物価値をCとした場合に、土地から法定地上権を控除した価値（A－B）を把握する土地抵当権と、建物価値と法定地上権価値（C＋B）を把握する建物抵当権から成り立っているとして法定地上権の成立を認める個別価値考慮説と、土地抵当権は（A－B）を、建物抵当権は（C＋B）を把握しているが、土地の交換価値のうち法定地上権に相当する部分については、建物抵当権を実行して法定地上権付建物の売却代金から回収し、いずれにしても抵当権者は、土地の交換価値の全体（A）を把握していることを重視すべきであるから、建物が滅失し建物抵当権が消滅した時点においては、土地抵当権は土地価値（A）を把握するものとの考慮のもとで設定されていることから、原則として再築建物につき法定地上権を認めるべきではないとする全体価値考慮説が対立していた（これについての学説、判例の詳細は、拙稿「土地建物共同抵当における建物再築と法定地上権(上)(下)」ジュリ一〇五五号一四〇頁以下、一〇五六号一四五頁以下〈一九九四年〉参照）。しかしその後、最高裁判決（最判平九・二・一四民集五一巻二号三七五頁）は、全体価値考慮説に立ち、原則として法定地上権の成立を否定し、判例理論としては統一された。ただ、この全体価値考慮説では、例外的に法定地上権の認められる場合のあることが指摘されていた。全体価値考慮説に立つ東京地裁執行部は「新建物が建築された時点での土地の抵当権者が新建物について土地の抵当権と同順位の共同抵当権の設定登記を受けたとき、または土地の抵当権者がそのような抵当権の設定を受ける権利を放棄したときには」法定地上権が成立すると解していたし（東京地決平四・三・一〇金法一三二六号六頁、淺生重機＝今井隆一「建物の建替えと法定地上権」金法一三二六号六頁〈一九九二年〉）、前述の最高裁判決も「新建物の所有者が土地の所有者と同一であり、かつ、新建物が建築された時点での土地の抵当権者が新建物について土地の抵当権と同順位の共同抵当権の設定を受けたとき等特段の事情のない限り、新建物のために法定地上権は成立しない」として例外成立の場合のあることを指摘している。

そこでこのことを前提とした上で、本件事案のように「新建物について土地の抵当権と同順位の共同抵当権の設定を受けた」ときは、中間租税債権が存在する場合でも、全体価値考慮説のいう例外成立に該当することになるのかどうか問題になる。このことに関しては、本件判決の第一審である東京地裁民事第四〇部判決は全体価値考慮説の立場から法定地上権の成立を認め、中間租税債権は法定地上権付建物価格（C＋B）から建物抵当権に優先して弁済を受けることができるとの見解（東京地判平四・一二・一四金法一三六二号四二頁）を示し、原審である東京高裁民事第一二部判決もこれを支持（東京高判平五・八・二五金判九五九号九頁）している。そして、先例としては、これらの判例があるのみである。

なお、中間租税債権が存在する場合についての学説は、それほど多くは見られない。ただ、前述の個別価値考慮説に立つ見解によれば、法定地上権が認められるとの帰結に至るものと推測されるし、土地・建物共同抵当の場合は目的物の担保価値は土地価値（A）＋建物価値（C）と評価され、法定地上権価値（B）は観念すべきではないとする一体価値考慮説によれば、法定地上権の成立を認める余地は全くないことになる（拙稿「再築建物に対する土地・建物共同抵当権と国税債権との優先関係」NBL五四六号一五頁〈一九九四年〉）。また全体価値考慮説を前提にしても、もし仮に土地抵当権者が再築建物に共同抵当権を設定していなかったとすれば、法定地上権は認められず、租税債権が優先できるのは敷地利用権の存在しない建物価値（取壊による材木価値）だけであることと比較すると、土地抵当権者が再築建物に抵当権を設定して、その債権をより確実に保全するための措置をとったことにより、再築建物と法定地上権価値（C＋B）につき租税債権が優先し、この結果、土地抵当権の対象となっていた土地は法定地上権負担付土地（A－B）となって法定地上権価値（B）分が減少する奇妙な論理となり妥当でない（拙稿・前掲NBL五四六号一七頁）とか、もし再築建物に共同抵当権を設定しなかった場合には土地抵当権者による抵当権設定の放棄とみて、法定地上権が成立し、この場合も法定地上権付再築建物につき租税債権が優先することになり妥当でない（菅原胞治「抵当地上の建物再築と法定地上権㈥」手研四九五号四二頁〈一九九四年〉）とか、さらには租税滞納の状況といった個別事情により左右されることを認めるのか、あるいは一律に新建物のための法定地上権を否定するのかが問題とされなければならないが、常に新建物のための法定地上権は否定されてよい（小林明彦「法定地上権の成否と租税債権」金法一四三九号六〇頁〈一九九六年〉）などの見解がみられ、否定的見解が多かった。

四　評　論

一　本判決は、土地と建物に共同抵当権が設定された後に建物が取り壊され、その後再築され、この再築建物に土地の抵当権と同順位の共同抵当権が設定されたときでも、中間租税債権が存在しこれに基づいて執行裁判所に交付要求がなされている（「中間租税債権＋交付要求」とする）場合には、全体価値考慮説のいう例外肯定には該当しないとしたものである。このことによって、同じ全体価値考慮説を前提として、例外肯定の事案に該当するとした第一審及び原審判決と見解を異にするものであり、また全体価値考慮説を前提としながらも否定的見解の多かった学説に与するものである。そこで、本稿では、本判決の前提としている全体価値考慮説の当否についての検討は留保して、この全体価値考慮説を前提としながら例外肯定の事案でないとして法定地上権の成立を否定したことにつき若干の検討をすることにする。

二　本判決が、その根拠とするところは、①「中間租税債権＋交付要求」は再築建物に設定された抵当権の被担保債権に優先する債権であり、再築建物上の抵当権に優先する担保権が設定された場合と実質的には異ならないこと、②全体価値考慮説によれば再築建物に抵当権を設定しなければ法定地上権が認められないため「中間租税債権＋交付要求」は再築建物価値（C）のみに対してしか優先できないのに、再築建物に抵当権を設定することにより法定地上権が認められるとすると、再築建物価値＋法定地上権価値（C＋B）に対して優先することができ、それは合理的意思に反すること、③法定地上権による建物保護という公益的要請よりも抵当権設定者の合理的意思を尊重すべきであることの三点である。

①の根拠は前提条件である。そして、中間租税債権は再築建物抵当権に優先することについては法律上、明らかにされており問題はない（国税徴収法八条、一六条、地方税法一四条の一〇）。そして、この中間租税債権に基づいて執行裁判所に交付要求が行われると、執行裁判所は、これを優先させて配当しなければならないことについても異論はない。このため、「中間租税債権＋交付要求」は、それだけで再築建物上の抵当権に優先するわけである。そこで、前提条件としては、そのことだけを指摘するだけでよかったのではないかと思われる。「中間租税債権＋交付要求」は再築建物上の抵当権に優先する担保権が設定された場合と実質的には異ならないとまで判断しなくても前提条件は満たされたのではないかと思われる。もっとも、「中間租税債権＋交付要求」についてのこのような性格づけについては問題はないし、

このことによってより説得力を持つことになる。ただ、そのことによって優先担保権ないし実質的優先担保権としての性格の認められる権利が存在する場合でなければ、本判決の射程距離に入らないのかという問題を生じさせることになる。しかし、本判決の真意は、再築建物上の抵当権に優先する権利が存在する場合には例外肯定に該当しないというものと解される。なお、このことと関連して中間租税債権が存在しているが交付要求がなされていない場合も本判決の射程距離に入るかどうかである。本判決は、国税の交付要求があった事案について判示したもので交付要求がない場合については触れていないことに注意すべきであり、国税の交付要求のない場合は、前述の最高裁判決のいう特段の事情のある場合に当たり、法定地上権が成立するものと考えられるとのコメントがみられる（本判決のコメント・金法一四九一号二七頁）。交付要求の行われない場合には例外肯定に該当し法定地上権の成立を認めるとする見解は妥当といえる。しかし交付要求が行われた場合と行われなかった場合とで、何故、このような差異が生ずるのかについては、実質的優先担保権が存在することになるか否かの差異があるからだとみているようである。しかし、交付要求のない場合は、執行裁判所は、再築建物上の抵当権に優先して配当を行う必要がないことから、租税債権との関係では、その担保価値は（C）のみか（C＋B）かを問題にすることなく無視してよいからにすぎない。すなわち、租税債権の優先性が顕在化したか否かの差異によるにすぎないのである。

②の根拠は実質的判断である。この点は、第一審及び原審判決の見解と異なる。第一審の東京地裁平成四年判決（前掲東京地判平四・一二・一四）は、再築建物について敷地との共同抵当権として新たに設定された場合は、法定地上権の成立を認めても、土地抵当権者の土地についての交換価値の全体を把握していることになること、この結論は中間租税債権がある場合でも左右されるものではないとし、原審の東京高裁平成五年判決（前掲東京高判平五・八・二五）は、さらに租税債権の有無や、その法定納期限の時期、さらに、交付要求の有無という不明確かつ不確定な要素によって物権である法定地上権の成否が左右されることは取引の安全を害し不合理であるとして、中間租税債権の存否にかかわらず例外肯定すべきであるとする。これに対して、私見として、「しかしこの結果、もし仮に土地抵当権者が再築建物に抵

当権を設定していなかったとすれば、全体価値考慮説に立てば再築建物につき法定地上権は認められず、国税債権がこれに優先できるとしても敷地利用権の存在しない建物価値（取壊による材木価値）だけしか優先できないのに対して、土地抵当権者が再築建物に抵当権を設定したがために法定地上権付建物に優先できるという奇妙な関係が生ずる。すなわち、土地抵当権者は再築建物に抵当権を設定して、その債権をより確実に保全するための措置を取ったことにより、再築建物＋法定地上権価値は国税債権に優先される一方で、土地抵当権の対象となっていた土地は法定地上権負担付土地となって法定地上権価値分が減少するというわけであるから、奇妙な論理というほかないであろう」。「この奇妙な論理が出現した元凶は全体価値考慮説の思考自体にあるわけで、この点につき検討されなければならないであろう」と指摘した（拙稿・前掲ＮＢＬ五四六号一七頁、同「土地・建物共同抵当における法定地上権と租税債権」金法一四五九号六頁〈一九九四年〉）。本判決は、まさに前半の指摘を受けて全体価値考慮説から派生する奇妙な論理を補正するものであることは明らかである。第一審及び原審判決が、全体価値考慮説の例外肯定の事案を抽象的に判断していたのに対して、再築建物上の抵当権に優先する「中間租税債権＋交付要求」が存在することの意味を実質的に判断することによって補正したものであり、その実質的判断に基づく補正は、妥当と評しうるものである。また、その補正根拠を土地・建物共同抵当の場合の担保価値把握についての全体価値考慮説の立場からの抵当権当事者の意思に立脚するものであり、かかる意味での合理的意思に依拠するものである。そして、このような本判決の見解は多くの賛同が得られるものと推定されるし、このことによって全体価値考慮説の最も問題とされてきた部分を補正して妥当な結論を導いたことにより、全体価値考慮説は、判例理論においては、ますます強化されたものといえよう。ただ、このことによって、全体価値考慮説のいう例外肯定の場面がますます狭められ、例外肯定をも認めない一体価値考慮説により接近することになったともいえる。

③の根拠は、法定地上権制度を考えるに当たっての基本的視点を明らかにしたものである。原審は、民法三八八条の法意は国民経済上の不利益の回避にあるとして、公益的要請にこだわっていたのに対して、抵当権設定当事者の合理的

意思が優先するものであることを明らかにしたことは注目される。しかしこのことは、すでに前述の全体価値考慮説に立つことを明らかにした最高裁判決でも指摘しているところであり、これを強調した大審院判決（大判昭一三・五・二五民集一七巻一二号一一〇〇頁）を、その限りで変更している。また、全体価値考慮説の基本的視点であったともいえる。ここに、最高裁の法定地上権についての基本的姿勢の確立しつつあることを知ることができるのである。このことから、実務においては、本判決事案の場合に限らず、法定地上権に関する問題については、建物保護の公益的要請よりも抵当権設定当事者の合理的意思を重視する方向での解釈適用を図っていくことが必要である。このため、これまでの法定地上権理論は、かかる観点からの修正も行われていくことになるものと推測される。

三　なお最後に、本判決の射程距離に関連して、更地に抵当権が設定された後に建物が築造され、この建物について土地抵当権と同順位の共同抵当権が設定され登記される前に租税債権が存在する場合も同様に解しうるか問題になる。しかし、本判決とは事案が異なることから、そのまま当てはめることは妥当でない。ただ、東京地裁民事二六部判決（東京地判平八・六・一一金法一四五五号七五頁）は法定地上権の成立を否定し租税債権は建物価格（C）からのみ建物抵当権に優先して弁済が受けられるだけであるとしている。この結論は妥当であるが、その理由づけは本判決事案の場合以上に法定地上権を認める余地がないからである（拙稿・前掲金法一四五九号六頁参照）。

10　土地・建物共同抵当権設定後の建物の再築と法定地上権

一　問題点の整理

1　はじめに

土地と建物に共同抵当権が設定され、その後、建物が滅失し再築された場合、この再築建物につき民法三八八条の法定地上権が認められるかが問題になる。土地・建物共同抵当権設定後、再築までの状態で競売され、土地と建物の所有者が異なる状態になった場合には、建物につき法定地上権の成立することについては、今日、異論はない。また、再築の場合も、これと同様に考えることもできる。

他方、土地・建物共同抵当権設定後、建物が滅失すると、再築までは更地の状態になり、土地抵当権だけが存在することになる。その後、建物が再築された場合、更地抵当権設定後の築造と同様であるとみると、法定地上権の成立を認めないのが通説・判例であることから、この場合は否定されることになる。このいずれの立場を妥当とするかが理論的に問題になる。

この建物再築後の法定地上権の成否につき、下級審裁判所では見解が分かれ、学説もいろいろと議論されてきた（拙稿「土地建物共同抵当における建物再築と法定地上権(上)」ジュリスト一〇五五号一四〇頁以下、同「土地建物共同根抵当権設定後の再築建物と法定地上権」銀行法務21五三九号二三頁以下参照）。

2 学　説

(1)　個別価値考慮説

大阪地裁執行部は個別価値考慮説に立ち（富川照雄「民事執行における保全処分の運用」判例タイムズ八〇九号一〇頁）、土地建物共同抵当権によって把握している担保価値は、更地価値をA、法定地上権価値をB、建物価値（法定地上権を差し引いたもの）をCとした場合に、土地・建物共同抵当の場合は、土地から法定地上権を控除した価値（A－B）を把握する土地抵当権と、建物価値と法定地上権価値（C＋B）を把握する建物抵当権から成り立っているのであるから、建物の滅失により建物抵当権が消滅した後は、土地抵当権が残り、それは（A－B）を把握しているにすぎないのであるから、その後、建物が再築され、法定地上権（B）を認めたとしても、土地抵当権により把握している（A－B）の状態には変わりはないとして肯定している。

(2)　全体価値考慮説

東京地裁執行部は全体価値考慮説に立ち（淺生重機＝今井隆一「建物の建替えと法定地上権」金融法務事情一三一六号六頁以下。東京地執行処分平成四・六・八金融法務事情一三二四号三六頁など）、土地・建物共同抵当における土地抵当権および建物抵当権の把握している価値は個別価値考慮説と同様の状態にあることを前提としながら、この土地抵当権と建物抵当権とは全体として把握すべきであり、このため、建物が滅失し建物抵当権が消滅した時点においては、土地抵当権は更地価値（A）を把握するものとの考慮のもとで設定されていると解すべきであるから法定地上権を認めることは妥当でないとしていた。

(3)　その他の学説

学説は、この他に、一体価値考慮説に立ち、土地・建物共同抵当の場合は目的物の担保価値は更地価値（A）＋建物価値（C）と評価されていて（B）は観念されていないことから、再築建物に抵当権が設定されなくても、土地抵当権は更地価値を把握するものとして、法定地上権を成立させるべきでないとか（堀龍兒「判批」判例タイムズ六七一号六八頁以下。同旨、拙稿・前掲論文(下)ジュリスト一〇五六号一四七頁以下など）、自己利用権設定説に立ち、土地・建物共同抵当の場合は、潜在的な自己地上権（b）を除いた土地の価値部分（A－b）、潜在的な自己地上権（b）および建物自体（C）という三つの価値体の三つの価値を把握する結果、建物が滅失しても（b）上の抵当権は消滅しないことから、建物が再築されても、再築建物には法定地上権は成立しないとして消極に解するもの（野村秀敏「建物の再築と法定地上権の成否」金融法務事情一三四〇号一一頁、栗田隆「判批」判例評論四二三号三六頁判例時報一四八五号一八三頁）、同旨・槇悌次「再築建物と法定地上権(1)」ＮＢＬ五五〇号三一頁以下）、あるいは修正的全体価値考慮説、法定地上権全面否定説、一括競売説などが主張されていた。

二　解　説

1　最高裁平成九年二月判決の要旨

このような理論状況、あるいは執行実務上の混乱の中で、最高裁平成九年二月一四日判決（民集五一巻二号三七五頁、金融・商事判例一〇一七号三頁）は、法定地上権の成立を原則として否定し、東京地裁執行部の主張する全体価値考慮説によることを明らかにした。

すなわち、土地・建物に共同根抵当権が設定された後に抵当権者の承諾を得て建物を取り壊し、土地につき更地として再評価をして極度額を増額変更したが、その後土地が賃貸され賃借人が再築したという事案で「土地及び地上建物に共同抵当権が設定された場合、抵当権者は土地及び建物全体の担保価値を把握しているから、抵当権の設定された建物が存続する限りは当該建物のために法定地上権が成立することを許容するが、建物が取り壊されたときは土地について法定地上権の制約のない更地としての担保価値を把握しようとするのが、抵当権設定当事者の合理的意思であり、抵当権が設定されない新建物のために法定地上権の成立を認めるとすれば、抵当権者は、当初は土地全体の価値を把握していたのに、その担保価値が法定地上権の価額相当の価値だけ減少した土地の価値に限定されることになって、不測の損害を被る結果になり、抵当権設定当事者の合理的な意思に反するからである。」と判示している。

その後も、最高裁平成九年六月五日判決（民集五一巻五号二一一六頁、金融・商事判例一〇四四号一二頁）は、これを踏襲している。

ただ、最高裁平成九年二月判決は「所有者が土地及び地上建物に共同抵当権を設定した後、右建物が取り壊され、右土地上に新たに建物が建築された場合には、新建物の所有者が土地の所有者と同一であり、かつ、新建物が建築された時点での土地の抵当権者が新建物について土地の抵当権と同順位の共同抵当権の設定を受けたとき等特段の事情のない限り、新建物のために法定地上権は成立しないと解される。」と判示していることから、例外的に「特段の事情」があるとみられるときは法定地上権の成立する余地があることになる。

それは、「新建物に土地と同順位の共同抵当権が設定された場合は、抵当権者は、旧建物に抵当権の設定を受けていたときと同様に土地全体の価値を把握することができるから、新建物のために法定地上権の成立を認めても不利益を被ることがない。」との考えによるものである。

2　再築建物に国税債権がある場合と法定地上権の成否

⑴　下級審判例

下級審判例では、土地・建物共同抵当権設定後に建物を取り壊し再築された時点で、従前の共同抵当権者が再築建物につき土地と同順位の共同抵当権を設定した事案で、再築建物につき法定地上権が成立するとして、この法定地上権付再築建物（B＋C）につき、再築建物についての抵当権の被担保債権に優先する国税債権が優先配当を受けることができると判示した（東京高判平成五・八・二五金融・商事判例九五九号九頁）。

しかし、このように解すると、もし従前の共同抵当権者が再築建物につき土地と同順位の共同抵当権を設定していなかった場合には、再築建物については法定地上権の成立は認められないことから、国税債権は敷地利用権の存在しない再築建物価値（Ｃ）からしか優先配当を受けることができないのに対して、従前の共同抵当権者が自己の債権の保全のために共同抵当権を設定すると国税債権は法定地上権付再築建物（Ｂ＋Ｃ）から優先配当を受けることができることになり、共同抵当権者は抵当土地上に法定地上権の負担が課され、法定地上権部分（Ｂ）が減少するという奇妙な結果を導き出すことになる（拙稿「再築建物に対する土地・建物共同抵当権と国税債権との優先関係」ＮＢＬ五四六号一七頁）。

⑵　最高裁判決

最高裁平成九年六月判決は、再築建物に対して抵当権の被担保債権に優先する国税債権のある場合は、「新建物の所有者が土地の所有者と同一であり、かつ新建物が建築された時点での土地の抵当権者が新建物について土地の抵当権と同順位の共同抵当権の設定を受けた場合であっても、新建物に設定された抵当権の被担保債権に法律上優先する債権が存在するときは、右の特段の事情がある場合には当たらず、新建物のために法定地上権が成立しないものと解するのが相当である。けだし、……新建物に設定された抵当権の被担保債権に法律上優先する債権が存在する場合は、新建物に右抵当権に優先する担保権が設定されている場合と実質的に異なるところがなく、抵当権者にとっては、新建物に抵当権の設定を受けないときは土地全体の担保価値を把握することができるのに、新建物に抵当権の設定を受けることによって、かえって法定地上権の価額に相当する価値を把握することができない結果となり、その合理的意思に反するからである。」と判示して法定地上権の成立を否定した。このことによって、全体価値考慮説の前提的思考から生ずる奇異な結果を回避したわけである。

3　最高裁平成九年二月判決以降の下級審判決

このような最高裁判決以降の近時の下級審判例の中に、土地・建物共同抵当権設定後に建物が取り壊され再築されたが、再築された新建物には第三者のための第一順位の根抵当権が設定され、従前の共同抵当権者は新建物に第二順位の抵当権を設定した事案で、「土地と地上の旧建物に共同抵当権を設定した後に、共同抵当権に無断で旧建物を取り壊し、地上に新建物を再築した場合は、旧建物の滅失により旧建物自体の抵当権が消滅することは明らかであるが、旧建物の抵当権の設定時に発生した潜在的自己地上権に対する抵当権は、旧建物が消滅しても存続する。その後、新建物が建築されても旧建物を基準とする潜在的自己地上権の抵当権は依然として存続しているから、所有者が新建物に新たに別の債権者のために抵当権を設定したとしても、ここで新たに民法三八八条による法定地上権は発生しない。新建物に設定された抵当権の効力は、潜在的自己地上権部分にも及ぶことになるが、それはもとの共同抵当権者の抵当権に劣後することになる。新建物の抵当権が実行されたときは、新建物と潜在的自己地上権とが競売の対象となる結果、買受人は、新建物と、旧建物を基準とする現実の法定地上権を取得するが、売却代金のうちの潜在的自己地上権の価額部分はもとの共同抵当権者に優先的に配当される。もとの共同抵当権者が土地と潜在的自己地上権の抵当権を実行すれば、買受人は、完全な土地所有権を取得し、新建物のための法定地上権は成立しないから、新建物の撤去を求めることができる。（以上のように解しても必ずしも最高裁平成九年二月四日第三小法廷判決の拘束力ある判例部分とは抵触しないものと解する）。」との趣旨の判示（大阪地判平成九・三・二一金融・商事判例一〇三三号三八頁）がみられる。この下級審判決は、前述した諸見解のうちの自己利用権設定説に近似するものである。

ところで、この下級審判決は、最高裁平成九年二月判決とは抵触しないものと指摘しているが、法定地上権を認めないとする点において抵触しないだけであって、その後の最高裁平成九年六月判決にみられるように、このような事案の場合は「新建物に右抵当権に優先する担保権が設定されている場合」であることから、「土地の抵当権者が新建物について土地の抵当権と同順位の共同抵当権の設定を受けた場合」に該当しないことから、法定地上権を例外的に認める「特段の事情」はないとして否定することが全体価値考慮説を前提とする最高裁判例の帰結ということになろう。

また、潜在的自己地上権というようなものを民法理論の中に位置づけることが可能なのかどうか疑問であり、このような概念を持ち出さなくても最高裁判決の理論に乗って素直に法定地上権の成立を否定することができたのではないかと思われる。

三　実務上の留意点

なお、実務的には、再築建物には法定地上権は成立しないとするのが最高裁判決であることから、このことを前提として対応することが必要になる。この結果、抵当土地を第三者に賃貸して建物を再築し土地抵当権の執行を妨害されるという危険性に対する担保管理の必要はないことになる。

ただ、「特段の事情」のある場合には、例外的に法定地上権の成立が認められることになる。しかし、最高裁判決としては、再築建物に対する抵当権の被担保債権より優先する国税徴収法八条や一六条のような債権が生じている場合、あるいは再築建物に当初の共同抵当権者に優先する抵当権が設定された場合は、その「特段の事情」に該当しないとしていることから当初の共同抵当権者は土地価値（A）から優先弁済を受けることができる。

一方、再築建物に先順位の抵当権を設定し、あるいは優先する権利を有する者であっても、建物価値（C）のみからしか優先弁済は受けられないことになる点に留意しなければならない。

さらに、土地所有者自らが再築したような場合には、その再築された時点で、土地の同一の抵当権を設定することによって、法定地上権の成立が認められることから、再築建物についての土地利用権を確保することができるようになる。このため、建物再築のために融資をするような場合は、この方法によることが可能になる。

なお、この場合に、建物再築のための融資がこじれて、再築建物に抵当権を設定すると法定地上権の認められることから、従前の共同抵当権者は、再築建物への抵当権設定を望まないか、拒否することが考えられる。このような場合には再築建物についての土地利用権は確保されないという問題が生ずる。従前の共同抵当権者としてこのような拒否が許されるかである。この点、最高裁平成九年二月判決では、「共同抵当権の設定を受けたとき等特段の事情のない限り」法定地上権は成立しないとしていることから、正当な理由のない拒否や抵当権設定が可能であるのに自ら放棄することは、ここにいう「特段の事情」にあたると解される余地があり、法定地上権の成立が認められる余地があるものと推測される（拙稿・前掲論文（銀行法務21五三九号三五頁））。

最後に、最高裁判決は、法定地上権の成立を否定すると「建物を保護するという公益的要請に反する結果となるが、抵当権設定当事者の合理的意思に反してまでも右公益的要請を重視すべきであるとはいえない」としていることから、これまで、法定地上権の成否を考えるのに、公益的要請や建物保護の面が強調されてきた嫌いがあったが、その方向を転換する契機を示したものと推測できよう（拙稿・前掲論文（銀行法務21五三九号三六頁））。

11　土地と建物の所有者が後順位抵当権設定時には同一だった場合と法定地上権

〔名古屋高判平成七年五月三〇日判例時報一五四四号六六頁〕

一　事案

訴外Aは、昭和五七年二月、本件保留地及び同土地上の本件建物を購入することとし、Xから、その購入資金を借り入れた。その際、本件建物については所有権を取得した後に、X（被控訴人）の第一順位の抵当権を設定し、保留地につき登記が可能となり次第速やかに追加担保に供する旨を約した。その後、本件建物には、訴外Bの第二順位の根抵当権を設定した。Aは、昭和六二年一月に本件保留地を取得し所有権移転登記を経由した。そして、Aは、昭和六二年四月にY（控訴人）との間で、取得した本件土地（保留地）については第一順位の根抵当権を、本件建物については第三順位の根抵当権を設定し、昭和六二年七月にXの第二順位の抵当権が設定された。

このような状況の下で、平成三年四月にYの申立てにより、本件土地建物に対する不動産競売手続を開始し、同年九月に一括競売に付することとし、同年一二月に、本件建物のため本件土地に法定地上権が成立することを前提にして算定した評価人の評価補充に基づいて、最低売却価額を二、七四五万円、個別価額を本件土地につき一、三〇六万円、本件建物につき一、四三九万円に第二次変更決定をし、入札に付した結果、代金三、二〇〇万円で訴外Cに対する売却許可決定が確定し、平成五年五月に所有権移転登記が経由された。その後、執行裁判所は、平成五年六月、法定地上権が成立しないことを前提にして算定した評価人の第二次評価補充に基づいて、個別評価を本件土地につき二、七一六万円、本件建物につき一六二万円に第三次変更決定をして、一括売却代金三、二〇〇万円を本件土地の売却代金三、〇一九万八、七四九円と本件建物の売却代金一八〇万一、二五一円に按分し、これに基づいて、本件土地の第一順位の根抵当権者であるYには土地の売却代金から手続費用を減じた残額全額の二、九三一万七、三六四円、本件建物の第一順位の抵当権者であるXには建物の売却代金から手続費用を減じた残額全額の一七四万七、六七九円とする旨の配当表を作成した。これに対し、Xは、Yへの配当額を一、五六五万九、五七〇円に、Xの配当額を一、五四〇万六、四七二円に変更するよう配当異議の訴えを提起した。

原判決は、この配当異議の訴えを認容したので、Yが控訴した。

二　判旨

判旨を要約すると以下のようである。

一　「以後の売却又は配当の手続においてよるべき基準となった個別価額を売却後や代金納付後に変更することは、利害関係人の信頼を裏切るものであり、また民事執行法八六条二項前段を空文化することになるから、許されないと解するのが相当である。そして、このような一括売却後の個別価額の変更決定がなされた場合には、配当表作成に当たり、右変更決定の効力はないものとして、変更前の個別価額に基づき売却代金の割付けをすべきものである。」

二　本件のような過誤配当の場合には、本来は、不当利得返還請求によることになるが、しかしこの救済手段は迂遠であり、配当異議の訴えが係属するに至った場合は、当事者が私法上有すると認められる権利の内容に従って個別価額の決定を改めて、配当表を変更する方が訴訟経済に資するだけではなく、当事者にとっても利益になる。

三　「建物抵当型で原則的に法定地上権の成立を認める見解によるのは相当ではなく、法定地上権の成否を検討する上においては、自己借地権が原則として認められない法制の下で、建物の存続を図ることの外に、各関係者間の利益の調整及び取引の安全を確保する見地から、第一順位で抵当権を設定する債権者と債務者がどのような担保価値が把握されることを意図していたか及び後順位の権利者や関係者にとって先順位抵当権が把握する担保価値の内容をどのように見込むことができたかの点を考慮して、一番抵当基準時説を形式的に適用することの弊害を個別的に調整する方法によるのが相当である。」本件においては、「本件建物が土地区画整理の進行中に整理組合の承諾の下に本件保留地上に新築され、本件建物について住宅ローン貸付を主たる業務とするXの抵当権が設定されていて、本件保留地の換地と同時に本件土地は本件建物のための土地利用権の負担を受けるであろうことは、本件土地について取引関係に立とうとする誰の目にも明らかであったものと推認できる。そして、二番抵当権者であるYも、土地建物を共同担保として根抵当権を取得した事実に照らすと、本件土地の更地としての担保価値を把握しようとしたものではなく、本件建物の土地利用権の負担つきの土地として本件土地の担保価値を把握することを意図したものと推認できる。

このような事実関係の下では、本件建物につき法定地上権の成立を認めることは、関係当事者の期待に合致し、取引の安全を損なわず、かつ、建物の存続という社会経済上の要請にも沿うものである」。

三　先例・学説

一　判旨第一点と第二点については、民事執行実務について、先例のない分野であり、その先例的価値の高い判決であると評されている（本判決のコメント・判時一五四四号六七頁）が、手続法上の問題であることから、その任に耐えないため、本稿では、その批評を割愛する。ただ、私見としては、実体法上の観点からみて、その詳細な理由づけとともにいずれの判旨も妥当と思われる。

二　判旨第三点は、第一順位の抵当権設定時においては、土地と建物の所有者が異なっていたため、民法三八八条の法定地上権成立の要件が充足していなかったが、その後、土地と建物の所有が同一人に帰したことによって、法定地上権が認められることになるかどうかの問題にかかわる一類型につき判示するものである。このような問題については、①土地に抵当権が設定された場合（土地抵当型）と建物に抵当権が設定された場合（建物抵当型）、②後順位抵当権者の存在しない場合と存在する場合、③設定者が土地ないし建物を取得した場合と他方の所有者が抵当権付の土地ないし建物を取得した場合に区分し、かつそれぞれの結合類型毎に検討されてきている（荒川重勝「判例評論」私法判例リマークス二号四五頁参照〈一九九一年〉）。その詳細な検討は、ここでは省略するが、概してみれば、土地抵当型については、法定地上権の成立を否定する傾向にある（最判平二・一・二二民集四四巻一号三一四頁、我妻栄『新訂担保物権法』三五七頁〈一九六八年〉、柚木馨＝高木多喜男『担保物権法〔第三版〕』三五二頁〈一九八二年〉、川井健『担保物権法』九〇頁〈一九七八年〉、槇悌次『担保物権法』二三三頁〈一九八一年〉、高木多喜男『担保物権法〔新版〕』一八七頁〈一九九三年〉など）。これに対して、建物抵当型については、肯定と否定に分かれている。

本判決は、この建物抵当型のうち、後順位抵当権者が存在し、かつ設定者が土地を取得した類型について判示するものである。そこでこのような類型及びこれを包含する類型に限定してみると、上級審判例は法定地上権の成立を肯定する傾向にある（大判昭一四・七・二六民集一八巻七七二頁、最判昭五三・九・二九民集三二巻六号一二一〇頁、前掲最判平二・一・二二も傍論であるが建物抵当型では肯定するかのごとくのべている）。学説でも、法定地上権の成立を肯定する見解が多かった（四宮和夫「判例評釈」判民昭和一四年度二〇一頁〈一九三九年〉、柚木馨「判例批評」民商一〇巻六号一〇四六頁、勝本正晃『担保物権法（新法学全集）』一八四頁〈一九五五年〉、我妻・前掲三五七頁、川井・前掲九〇頁、上田勇夫「判例紹介」訟務月報二六一号三一頁〈一九七九年〉、畑邦夫「法定地上権」中川善之助＝兼子一監修『不動産法大系Ⅱ担保』二七九頁〈一九七一年〉など）。しかし、これに対しては、近時、これを否定する有力な見解がみられる（高木・前掲一八八頁、同「判例批評」民商八一巻二号二四九頁〈一九七九年〉、槇・前掲二三三頁、柚木＝高木・前掲三五二頁、田中克志「法定用益権の効力とその内容」加藤一郎＝林良平篇『担保法大系⑴』四九九頁〈一九八四年〉、水田耕一「法定地上権の限界」金法五五七号一

八頁〈一九七〇〉、松本恒雄「法定地上権と法定賃借権」米倉明ほか篇『金融担保法講座Ⅰ』二四六頁〈一九八五年〉）。

四　評　論

本稿では、実体法上の問題である法定地上権の成否にかかる判旨第三点についてのみ論評する。この点に関する本判決の論点は、建物抵当型の場合にも土地抵当型と同様に法定地上権を原則として否定すべきであること、そのことによる弊害は個別的に調整する方法によるべきであること、本件事案では例外的に法定地上権を肯定できることに分けられる。以下、これら各論点について検討する。

一　建物抵当型の場合にも、原則として法定地上権の成立を否定すべきであるとする点は、前述した上級審判例の傾向や従来の多数の学説に反するものではあるが、近時の有力な学説に迎合している。ところで、本判決が、その理由として、①第一順位抵当権基準時説に立つ土地抵当型と首尾一貫しないこと、②土地所有者に不測の不利益の生ずること、③建物抵当権者は約定利用権を前提としており強いて法定地上権の保護の必要のないことを挙げている。そこで、これだけの理由で原則否定を根拠づけられるかである。

①に関しては、理論的整合性に注目するものといえる。このような根拠づけの発想は、否定説に立つ高木見解（第二順位抵当権設定時を基準とする判例（前掲大判昭一四・七・二六）と先順位抵当権設定時を基準とする判例（最判昭四五・七・一六民集二四巻七号九二一頁）があることを指摘する（高木・前掲民商二四九頁））、松本見解（更地に一番抵当権が設定された場合に関する判例（大判昭一一・一二・一五民集一五巻二二一二頁）との整合性を指摘（松本・前掲二七二頁））にもみられるところである。ところで、第一順位抵当権設定時を基準とすると法定地上権の要件を充足していないが、後順位抵当権設定時を基準とするとその要件を充たしている場合に、そのいずれの時期を基準とするかの問題を考えるにあたって、他の類型との整合性を強調し、根拠とすることが妥当かどうかである。後順位抵当権設定時までに、土地と建物が同一

所有者に帰するに至った事情や過程は様々である場合に、その事情や過程などを無視して、一律に横並び論を主張することには疑問が残る。抵当権設定の時に同一所有者に属していることの要件の判断時期を何時とするのが妥当かは、その事情や過程などを考慮した類型に応じて判断してもよいのではないかと思われるからである。民法三八八条の規定において、このような場合の判断時期を明確に限定していないことからすると、それは解釈に委ねられているわけであって、あらゆる類型において、第一順位抵当権設定時としなければならない理由がどこにあるのであろうか。このようなことから、①は法定地上権を否定する根拠になるものではないといえよう。

②に関しては、利害関係に注目するものといえる。このことに関しては、これまでの肯定説、否定説それぞれにおいて根拠づけとして用いられてきている。まず、肯定説によると、建物抵当権者については何らの損害を蒙ることなく利益を受け、一番抵当権者の利益も害されないとし（四宮・前掲二〇一頁）、土地所有者については建物抵当権は敷地利用権に及んでおり、それが借地法により強い保護を受け、競落人は土地利用権を確保できる立場にあったことから、土地の新所有者としてもこのことを当然予期して取得していると考えるのが合理的であり（畑・前掲二七九頁）、不測の結果をもたらすことのない（前掲最判昭五三・九・二九の原審判決（大阪高裁））ことを根拠としている。これに対して否定説は、専ら土地所有者の負担増や不利益に注目している。すなわち、地上権にかわるとすれば、買受人の保護が強化され、それだけ抵当権の価値が増加するが、他方、土地所有者の敷地に対する権利や価値は減少する（柚木＝高木・前掲三五二頁）のに、この法定地上権の成立による負担増に見合う反対給付ないし利益を得ていないことから、その合理的意思の存在は疑問視されると指摘されている（水田・前掲一八頁、田中・前掲四九九頁、柚木＝高木・前掲三五二頁）。また、借地上の建物に抵当権が設定されている場合には、民法六一二条の適用上、買受人が確定的に土地利用権を取得できるわけではなく、借地法により経済上の給付と交換によって取得できるにすぎないことと比較してみると、突如として賃借権どころか地上権を何らの反対給付もなしに買受人に成立するのでは、抵当権者が思いがけない価値を手中におさめることになり妥当な解釈とは思えない（柚木＝高木・前掲三五二頁、高木多喜男「判例批評」民商六二巻一号五六頁〈一九

七〇〉と指摘されている。本判決も、建物所有者が賃借権を有していたときは、借地権より強力な地上権に転化して、賃借権承継時に土地所有者が期待できる譲渡承諾料を失うし、建物所有者に土地利用権のないときや使用賃借権にすぎないときの不利益は更に大きいとしている。抵当権実行によって、土地と建物の所有者が異なる結果となる場合においては、土地所有者に生ずる不利益は否定説の指摘する通りである。なお一括競売された場合も、理論的には土地所有者への配当が減額されることになることから、不利益は生ずることになろう。さらに、本件事案のように土地にも抵当権が設定されている場合には、土地抵当権者の不利益として現れることになるわけで、このような不利益を無視して法定地上権を認めることは妥当ではない。

③に関しては、約定利用権の存在に注目するものといえる。すなわち、本判決は、建物抵当権者は、土地利用権を伴うものとしてまたは伴わないものとしての建物の担保価値を信頼して抵当権の設定を受けるはずであるから、強いて法定地上権の保護を与える必要はないと指摘する。否定説に立つ高木見解が、法定地上権制度は約定利用権不存在との空隙をうめる制度本来の趣旨から考えると第一順位抵当権設定時を基準とすべきではないかとの指摘〈高木・前掲民商八一巻二四九頁〉と同旨であろう。たしかに、一般論としては適切である。それ故、これも法定地上権を否定する論拠となり得よう。ただ、本件事案に即してみると、このように割り切って、法定地上権の成立を原則的に否定してよいのかどうか多少疑問が残る。土地区画整理組合の同意を得た換地処分前の保留地の利用関係をどのようなものと解するのかの問題と密接に関係するからである。すなわち、法定地上権制度は、このような利用関係の空隙をうめる制度としては利用できないのかどうかである。

④に本判決では、抵当権実行との関係をどのように考えているのか明らかでない。肯定説の有力な根拠とされているのは、いずれの抵当権者の申立てであるかを問わず、競落によりすべての抵当権が消滅することである。そこで、二番抵当権によって観念的に分離せられた利用権は一番抵当権に基づく競売によって現実化せられうる〈四宮・前掲二〇一頁〉、あるいは第二順位抵当権設定当時想定される潜在的利用関係が現実化する〈前掲最判昭五三・九・二九の原審判決

（大阪高裁）ことの結果、法定地上権が成立すると解している。これに対し、否定説に立つ高木見解は、第二順位の抵当権も、約定利用権に効力を及ぼし、競落人はこれを取得することになる（高木・前掲民商八一巻二四九頁）のではないかと解される。第二順位抵当権設定当時想定される潜在的利用関係すなわち潜在的法定地上権の存在することは承認するとしても、この場合、いずれの抵当権者が申し立てても第一順位抵当権が実行されることになるわけであるから第一順位抵当権設定時の利用関係を基準とすべきである。この点は、第一順位抵当権が消滅した後に、第二順位抵当権が昇進し、実行された場合に法定地上権を認めるべきであり、これとは異なるものと解される。

⑤に本判決では、混同の法理との関係については言及していない。しかし、原則として法定地上権を否定するためには、土地と建物が同一人の所有に帰した場合に土地利用権は混同で消滅するのかどうかにつき検討する必要がある。この点、肯定説は、強き法定地上権の規定をして混同の例外規定に優先させるべきであり、約定利用権は混同で消滅すると解する（四宮・前掲二〇一頁、我妻・前掲三五六頁）。これに対して、否定説は第一順位抵当権設定当時の約定利用権は混同で消滅することはないとする判例（最判昭四四・二・一四民集二三巻二号三五七頁）との調和が必要と指摘する（高木・前掲民商八一巻二四九頁）。混同の例外規定に優先させて混同で消滅するとの見解は建物抵当権者側からのみみた判断であり、前述のように土地所有者側の不利益を回避するためには、利害関係人が存在するものとして混同の例外規定を適用すべきである。

以上のような検討の結果、本判決が、建物抵当型の場合に法定地上権を原則として否定する部分については、その論拠づけは不十分ではあるが妥当と評価し得る。

二　つぎに、個別的調整が許されるかである。本判決は、第一順位抵当権を設定する債権者と債務者がどのような担保価値を把握することを意図していたか及び後順位の権利者や関係者にとって先順位抵当権が把握する担保価値の内容をどのように見込むことができたのかの点を考慮して個別的調整を行うとしている。しかし、本判決で、前述のように土地抵当型の異類型との理論的整合性を強要しながら、同類型のなかでの個別的調整を認めることは論理思考として問題はないのかどうかという基本的な疑問がある。また、抵当権設定に際して、担保価値をどのように認識し、把握していたかを考慮して判断することは当然であるとしても、それは担保不動産上に存在する権利関係を客観的に評価してのことであり、本判決がいうような担保権者の主観的事情をも考慮したものであってはならない。このような意味での個別的調整は許されるべきではないであろう。本件事案は、一括競売であることから、このような担保権者の主観的事情を考慮しても、買受人との関係では、利害はそれほど異ならないと思われるが、土地と建物の買受人を異にする場合には、そのような主観的事情を考慮することの妥当でないことは明らかであろう。なお、このような主観的事情を考慮に入れての個別的調整の前提は、建物抵当権者と土地抵当権者間の利害調整を前提としたものであると思われるが、このような思考は、債権法上の場合とは異なり、対世的効力の生ずる担保物権法上の思考として許されるものであるのかどうかも問題である。

三　さらに、本件事案との関係で、個別的調整の結果として、法定地上権を肯定したことにつき問題はないかである。このような個別的調整を行うこと自体、妥当でないことは前述したが、そのことをここでは問題にしないとしても、そこで考慮されているのが建物抵当権者側（X）は貸付けに際して土地につき追加担保の設定を予定していたという事情であり、土地抵当権者側（Y）は土地と建物を共同担保として根抵当権を設定したという事情である。このような事情のある場合には、一見、法定地上権を認めても両者には何らの不利益も生じないようにみえる。しかしただ、このような事情で法定地上権を認めるのならば、土地抵当型の場合で、その土地上に建物を築造するための貸付けに際し更地に抵当権を設定した場合にも、個別的調整の結果として、築造された建物のために法定地上権を認めるということになるものと思われるが、そこまで覚悟をしているのかどうか疑問が残る。そして、もし、そこまでの覚悟があるとするならば原則として法定地上権を否定するとの前提を問い直すべきではないだろうか。

ところで、本件事案についてみると、Xの貸付けに際して約束をした土地についての追加担保設定がほごにされ、Yの先順位抵当権が設定されてしまったことによるXの不利益を多少とも救済するために法定地上権を認めるのが妥当との価値判断の働いていることも事実であろう。しかし、このような場合であっても、前述のような個別的調整論理でもって法定地上権を認めることは妥当ではない。十分な債権保全の管理をしていなかったか、約束をほごにするような相手方を信頼してしまったXのために、法的安定を崩しかねない個別的調整をしてまで保護する必要はないと思われるからである。

ただ、本件事案に限ってみるならば、保留地上の建物に抵当権が設定されたという特殊事情に注目して、本来的に法定地上権の認められる場合であったと解することはできないものであろうか。換地処分前に土地区画整理組合の同意を得て保留地に建物を築造した関係をどのような法律関係にあるものと解すべきかの問題の検討はここでは留保するが、換地計画において定められた保留地は、換地処分の公告があった日の翌日において、土地区画整理事業者が取得するものとされている（建設省建設経済局不動産業課監修『不動産取引用語辞典』〔三訂版〕三〇六頁〈一九九四年〉）ことからすると、土地区画整理組合の同意により通常の土地利用権を得ていることにはならないようであるし、従前地の所有者との関係でも同様であろう。しかし他方では、「従前の土地に所有権が存する場合においては、換地予定地に対する使用収益権は所有権と同一の内容を有する」とする最高裁判例（最判昭五〇・一二・二五判時八〇四号三三頁）のあることから、単なる土地利用権以上の従前地の所有権に基づく使用と解することができよう（拙稿「判例批評」別冊ジュリ一〇三号六九頁では、仮換地の不法占拠は従前地の所有権の侵害として理解していることと同趣旨である）。すなわち、抵当権設定者には、建物抵当権設定時にすでに潜在的な土地所有権が帰属し、抵当建物は、このような自己の土地所有権に基づいて存在していた。そして、換地処分により顕在化する状態にあった。このことは、所有権の帰属が潜在的であるか顕在的であるかの違いはあるが、通常、土地と建物が同一人に帰している場合と異なるものではないと解するならば、本来的な法定地上権制度の適用場面としてみることができるのではないかと思われる。

12 建物共有者の一人がその土地共有持分を有する場合の土地抵当権の実行と法定地上権

〔最判(三小)平成六年一二月二〇日民集四八巻八号一四七〇頁、金法一四一六号四一頁〕

一　問題の所在

土地とその上の建物の一方または双方が共有である場合に、法定地上権が成立するかどうかについては、さまざまな態様との関係で、考えなければならない。ただ、このような場合に共通しているのは、土地または建物の共有者のうち、一方の共有者については法定地上権の要件を具備するが、他方の共有者については約定利用権が存在し、法定地上権の要件を欠くことになるということである（高木多喜男『担保物権法〔新版〕』一八九頁（平五））。

ところで、本判決は、土地と建物の双方が共有の場合で、建物共有者のうちの一名にすぎない土地共有者の債務を担保するために、土地共有者全員がその各持分に共同して抵当権を設定しているという事案のもとで、法定地上権の成立を否定している。このような場合には、土地共有者一名についてみれば法定地上権は成立することになるが、他の土地共有者については、その余地はない。こういう場合でも、法定地上権制度の趣旨とされる社会経済的損失の防止の面を重視して、あるいは抵当権設定当事者の合理的意思に注目して、土地共有者全員がその持分につき共同して抵当権を設定していることから、法定地上権の成立を認めるべきかどうか問題となる。

ところで、法定地上権制度については、これまで、判例・学説は、建物に必要な敷地利用権をできるだけ確保するために、これを認めることに努力し、拡張解釈が行われてきた。しかしその一方で、このことにより抵当土地の売却価格が著しく低下するという問題が生じてきている。そして、現在の競売手続では、最低売却価額の決定にあたり、法定地上権の価格を算定すべきであるとされているが、競売期日の公告その他では、法定地上権の存否はまったく明らかにされず、競落人は自らの危険において調査せざるを得ないという状態にあることから、競落人の予測に反することもあるという問題が指摘されている（川井健『担保物権法』八四頁（昭五三））。このことから、法定地上権の成立について、その拡張解釈の傾向を維持ないし強めることでよいのかどうかも問題となってきている。

このような状況のもとにおいて、本判決のように抵当土地と建物の所有がそれぞれ一部において関わりがあるにすぎないという事案につき、どのように考えるか問題となる。

なお、本件事案においては、他の土地共有者全員が共同して抵当権を設定している点をどのように考えるかも問題になり、本判決は、このような事案について、最高裁としてはじめて判断したものである。

二　本件の事案

本件土地は、Y_1（被告・控訴人・被上告人）とその妻子三名が共有していたところ、この三名の共有者は、昭和五八年一二月二三日に、本件土地につき、Y_1の債務者として、国民金融公庫のために抵当権を設定し、同月二七日に登記を了した。一方、本件土地上にある建物は、Y_1の先代である訴外Aが所有していたところ、昭和五六年一月一一日に同人が死亡し、Y_1・Y_2を含む訴外Aの子ら九名がこれを相続し共有している。ところで、本件土地・建物については、訴外AはY_1に贈与する意向であったが、土地についてはY_1が単独で贈与税を支払う資力のないことから、Y_1とその妻子とに贈与され、建物については、Y_1が事業に失敗し、債権者から差押えを受けるおそれがあったことから、訴外A所有名義にしていたところ、相続によりY_1・Y_2を含む子ら九名の共有となったという事情があった。このような状況のもとで、本件土地につき、国民金融公庫の申立てにより、昭和六〇年一二月七日に抵当権に基づく競売手続が開始され、X（原告・被控訴人・上告人）がこれを買い受けて所有権を取得し、Y_1・Y_2を含む九名の建物共有者に対し、建物収去土地明渡しを求めて本件訴訟を提起した。これに対して、Y_1・Y_2らは法定地上権等が存在するとして抗弁した。

一審は、法定地上権の成立を否定し、Xの請求を認容した。そこで、被告らのうちY_1・Y_2二名が控訴した。原審は、右事実関係のもとにおいて、本件土地の共有者全員についてY₁らの共有する本件建物のために地上権を設定したものとみなすべき事由があるとして、Y_1・Y_2の主張を認め、Xの請求を棄却した。そのため、Xが、本件においては約定地上権を設定することが可能であり、法定地上権を成立させる必要はないこと、抵当権者および法定地上権の負担を受ける土地競落人がおよそ窺い知ることが不可能な土地および建物共有者間の主観的事情を考慮して法定地上権を認めた原審には、法令解釈を誤り、理由不備、審理不尽の違法があるとして上告した。

三　本判決の内容

原判決破棄。

「本件土地の共有者らは、共同して、本件土地の各持分について被上告人Y_1を債務者とする抵当権を設定しているのであり、Y_1以外の本件土地の共有者らはY_1の妻子であるというのであるから、同人らは、法定地上権の発生をあらかじめ容認していたとも考えられる。しかしながら、土地共有者間の人的関係のような事情は、登記簿の記載等によって客観的かつ明確に外部に公示されるものではなく、第三者にはうかがい知ることのできないものであるから、法定地上権発生の有無が、他の土地共有者らのみならず、右土地の競落人ら第三者の利害に影響するところが大きいことにかんがみれば、右のような事情の存否によって法定地上権の成否を決することは相当ではない。そうとすると、本件の客観的事情としては、土地共有者らが共同して本件土地の各持分について本件建物の九名の共有者のうちの一名である被上告人Y_1を債務者とする抵当権を設定しているという事実に尽きるが、このような事実のみから被上告人Y_1以外の本件土地の共有者らが法定地上権の発生をあらかじめ容認していたとみることはできない。けだし、本件のように、九名の建物共有者のうちの一名にすぎない土地共有者の債務を担保するために他の土地共有者らがこれと共同して土地の各持分に抵当権を設定したという場合、なるほど他の土地共有者らは建物所有者らが当該土地を利用することを何らかの形で容認していたといえるとしても、その事実のみから右土地共有者らが法定地上権の発生を容認していたとみるならば、右建物のために許容していた土地利用関係がにわかに地上権という強力な権利に転化することになり、ひいては、右土地の売却価格を著しく低下させることとなるのであって、そのような結果は、自己の持分の価値を十分に維持、活用しようとする土地共有者らの通常の意思に沿わないとみるべきだからである。また、右の結果は、第三者、すなわち土地共有者らの持分の有する価値について利害関係を有する一般債権者や後順位抵当権者、あるいは土地の競落人等の期待や予測に反し、ひいては執行手続の法的安定を損なうものであって、許されないといわなければならない」（補足意見がある）。

四　本判決の位置づけ

本判決の位置づけを考える場合には、まず、土地共有者の一人についてのみ法定地上権が成立する場合に、他の共有者との関係ではどうなるかについての学説・判例との関係が問題となる。まず、土地共有、建物単独所有で、建物所有者が自己の土地持分のみに抵当権が設定している場合について、学説の見解はさまざまである。我妻栄博士は、土地が甲・乙共有、建物が甲単独所有の場合に、甲の建物所有のための用益権は、甲と乙の関係にもよるが、原則として、すこぶる強力なもので、法定地上権に顕現しても不当ではないとされ（我妻栄『新訂担保物権法』三六一頁（昭四三））、川井健教授は、土地への抵当権設定当時建物が存在していたこと、しかも建物所有者は土地共有者権に基づく利用権を有し、別個独立の利用権設定が不可能であったことからすると、法定地上権の成立を認めたうえで他の共有者の利益との調和を図るべきであるとして（川井・前掲九二頁）肯定される。また、清水誠教授は、甲と甲・乙との間に存在していた利用関係が、乙との関係では従来どおり存続し、甲については法定地上権が発生すると解し（我妻栄編『判例コンメンタールⅢ担保物権法』四四二頁〔清水誠〕（昭四三））、従来の利用権と法定地上権の併合による敷地利用権の存在を認めている。柚木＝高木見解は、乙としては、自己の関知せざる甲の抵当権設定により甲・乙間の従前の利用関係が地上権に化することは不利であるので、従前からの利用権によることになると解し（柚木馨＝高木多喜男『担保物権法〔新版〕』三七四頁（昭四八）、同旨、半田正夫「不動産の共有と法定地上権」近大法学一七巻一号・二号一二九頁（昭四四））、高木多喜男教授は、土地共有者の一人に成立した法定地上権は法律関係の複雑化の回避という政策的理由のために、甲・乙間の約定利用権に同化・変質して、甲は一体的な約定利用権を取得すると解し（高木・前掲書一九〇頁）、槇悌次教授は、共有者は一体となって土地利用関係を設定していると解され、法定地上権は生じないが、その利用関係は単純な使用貸借ではなく合理的な利用権（地上権または賃借権）をはじめから設定していたと解して（槇悌次『担保物権法』二二四頁（昭五六））、法定地上権の成立を否定しながらも約定利用権の存在を認めている。

このようにして、学説では、法定地上権によるか従前の利用権によるかはともかくとして、敷地利用権の存在を認めるのが多数であったといえる。もっとも、基本的には法定地上権の成立に慎重な見解もある（岩本信行「共有不動産をめぐる法定地上権の成否」判タ三八六号三五頁（昭五四））。

これに対して、本判決が引用する最高裁昭和二九年判決（最一小判昭二九・一二・二三民集八巻一二号二二三五頁）は、法定地上権が「単に土地共有者の一人だけについて発生したとしても、これがため他の共有者の意思如何に拘わらずそのものの持分までが無視されるべきいわれはないものであって、当該共有土地については地上権を設定したと看做すべきでないものといわなければならない」とする。ただ、本判決で同様に引用されている最高裁昭和四四判決（最三小判昭四四・一一・四民集二三巻一一号一九六八頁）は、他の土地共有者がその持分に基づく使用・収益を事実上放棄して、建物所有者である土地共有者の処分に委ねていたなどにより、法定地上権の発生をあらかじめ容認していたとみられる場合には、最高裁昭和二九年判決の例外として、法定地上権は成立するとしている。このことから、判例理論は、法定地上権の成立を原則としては否定するが、建物所有者以外の土地共有者らが法定地上権の成立をあらかじめ容認していたとみることができるような特段の事情のある場合には、例外的に成立する場合があるとの考えによるものといえる（瀬木比呂志「判批」ジュリ一〇六五号七二頁（平七））。

なお、本判決のように土地共有者全員が共同して抵当権を設定している場合については、学説は明確ではない（この場合に、学説の多くは法定地上権の成立を認めているとの解説も見られるが（瀬木・前掲七二頁）、このよな場合についての記述はあまりみられない）。ただ、実務家の論稿では、このような場合、他の土地共有者らは、土地に対する抵当権実行の結果、建物と土地の所有者が異なる事態となったときには、建物所有者の土地利用権が失われるとは考えないで、他の土地共有者らは法定地上権の成立を容認している場合と解して、法定地上権の成立を認めるものが多い（瀬木・前掲七二頁参照。難波孝一「法定地上権」大石忠生＝岡田潤＝黒田直行編『裁判実務大系⑺』二四一頁（昭六一）、村上久一「法定地上権について」判タ七七二号二一頁（平四）など）。これに対して、他の土地共有者らは各持分の担保価値を自己に有利に利用しょうと考えるのが通常であるから、先の判例理論でいう例外的な特段の事情には当たらないとして否定する見解もある（岩本・前掲二二頁）。

本判決は、以上のように、学説や実務家が、なるべく敷地利用権を認める方向で考えようとしているのに対して、消極的な態度がみられる。そして、基本的理論構成としては、前述した判例理論の論理に沿っている。そして土地共有者全員が共同して抵当権を設定している場合に、例外的な特段の事情に当たるか否かを問題とし、これを否定することによって、原則に基づき法定地上権は成立しないとしたものである。

五　本判決の検討

まず、前述の判例理論の論理に沿っていることについては、一応肯定できる。すなわち、土地共有者の一人の持分についてのみ抵当権が設定されているにすぎない場合には、他の土地共有者についても、原則として、法定地上権が成立するとすると、他の土地共有者の利益が著しく害されることになるのは明らかであるからである。このことは、学説の多くも認めるところである。

それでは、土地共有者全員が共同で抵当権を設定している場合に、その例外的事情とみることはできないかである。本判決は、まず、本件事案のような妻子の関係にある等の人的関係は、内部的主観的事情であり、考慮の対象にならいとする。原審がこれを根拠としたことと対立する。たしかに、本判決のいうように、このような人的関係は競落人ら第三者が登記簿などから確知できない事情であることから、考慮の対象としないことは妥当といえる。そこで、土地共有者全員が共同で抵当権を設定しているという客観的事実だけが例外的事情に当たるかである。実務家の論稿の多くは、それに該当すると解していることは前述した。しかし本判決は、他の土地共有者の通常の意思に沿わないとして消極に解している。この場合、他の土地共有者が共同して抵当権を設定するということは、建物所有者らの土地利用につき容認したものと解しうる余地はないではない。しかしこのことによって、土地の売却価格が低下して各持分の価値を維持・活用できないことを覚悟しているかといえば、人的関係のないことを前提とする単なる共有者間においては、そこまでの覚悟はないと解されよう。

また、本判決は、例外的事情をこのように厳しく解する理由としては、利害関係者の期待と予測、および執行手続の法的安定性をあげていることは注目される。とくに、補足意見では、「従来、法定地上権の解釈論は、先に掲げた民法の趣旨、目的のゆえに、実体法学者から、なるべく建物所有者の土地利用権を確保する方向で論じられてきたかと思われる。しかし、その結果の妥当性もさることながら、競売手続が終了した後になって法定地上権の有無が訴訟で争われること自体にも問題のあることを指摘しなければならない」として、解釈にあたっての執行手続上の迅速と安定性を考慮する必要のあることが強調されている。

六　本判決の今後

まず、本判決の事案は、土地共有者全員が共同で抵当権を設定している場合に加えて、建物も共有であり、そのうちの一人だけが土地に持分を持っているという場合である。このことから、建物がその一人の単独所有であった場合にも同様に解されるかどうかである。この場合は判断されていないことを強調する見解もある（瀬木・前掲七二頁）。しかし本判決のように、土地共有者の通常の意思を強調するときには、この場合も射程距離内にあるといえるのではなかろうか。

また、本判決は、法定地上権の成立を否定するとともに、約定地上権の存在についても、対抗要件を欠くものとして否定している。この点も、多数の学説が、せめて約定利用権の存続が認められるようにと思考しているのに対立することになる。このため、今後、約定利用権を活用するためには、新借地借家法の改正によって、共有の建物に対して、他の者とともに有することとなるときに限り、自己借地権の設定が認められることになったことから、これを利用し、登記するしかないことになる。

このようにみてくると、少なくとも、土地共有の場合における法定地上権の成立に関しては、厳しく解釈していく方向が示されたことになる。そして、このような指向は、利害関係人の利益の考慮や執行手続の安定性が強調されていくことからすると、土地共有の場合に限らず、今後の法定地上権の解釈・適用においても、展開される可能性があろう。

13
抵当権者の抵当不動産の不法占有者に対する妨害排除請求権及び直接自己への明渡請求の可否

〔最判(大)平成一一年一一月二四日民集五三巻八号一九一六頁、判例時報一六九五号四〇頁〕

一　事　実

Y(被上告人)は、平成元年一一月一〇日、訴外Aとの間で、A所有の土地及び建物について、債務者をA、極度額を三、五〇〇万円、被担保債権の範囲を金銭消費貸借取引等とする根抵当権の設定契約を締結した。そして、Yは、平成元年一一月、Aに対し、二、八〇〇万円を、平成二年以降毎月一五日に元金一一万七、〇〇〇円を当月分の利息と共に支払うなどの約定により貸し付けた。X(上告人)らは、平成五年五月ごろから、本件建物を権原なく占有している。Yは、本件貸金債権の残額につき期限の利益を失われた後である平成五年九月、裁判所に対し、本件不動産につき本件根抵当権の実行としての競売を申し立て、同裁判所は、不動産競売の開始決定をした。右事件の開札期日は平成七年五月と指定したが、Xらが本件建物を占有していることにより買受けを希望する者が買受け申出をちゅうちょしたため、入札がなく、その後競売手続は進行しなかった。そこで、Yは、Xらが本件建物を権原なく占有していることが不動産競売手続の進行を阻害し、そのために本件貸金債権の満足を受けることができないとして、Xらに対し、本件根抵当権の被担保債権である貸金債権を保全するため、Aの本件建物の所有権に基づく妨害排除請求権を代位行使して、本件建物の明渡しを求めた。

一、二審とも請求を認容したのに対して、Xらは上告した。

二　判旨

「抵当権は、競売手続において実現される抵当不動産の交換価値から他の債権者に優先して被担保債権の弁済を受けることを内容とする物権であり、不動産の占有を抵当権者に移すことなく設定され、所有者が行う抵当不動産の使用又は収益について干渉することはできない。

しかしながら、第三者が抵当不動産を不法占有することにより、競売手続の進行が害され適正な価額よりも売却価額が下落するおそれがあるなど、抵当不動産の交換価値の実現が妨げられ抵当権者の優先弁済権の行使が困難となるような状態があるときは、これを抵当権に対する侵害と評することを妨げるものではない。そして、抵当不動産の所有者は、抵当権に対する侵害が生じないよう抵当不動産を適切に維持管理することが予定されているものということができる。したがって、右状態があるときは、抵当権の効力として、抵当権者は、抵当不動産の所有者に対し、その有する権利を適切に行使するなどして右状態を是正し抵当不動産を適切に維持又は保存するよう求める請求権を有するというべきである。そうすると、抵当権者は、右請求権を保全する必要があるときは、民法四二三条の法意に従い、所有者の不法占有に対する妨害排除請求権を代位行使することができると解するのが相当である。

なお、第三者が抵当不動産を不法占有することにより抵当不動産の交換価値の実現が妨げられ抵当権者の優先弁済請求権の行使が困難となるような状態があるときは、抵当権に基づく妨害排除請求として、抵当権者が右状態の排除を求めることも許されるものというべきである。最高裁平成元年(オ)第一二〇九号同三年三月二二日第二小法廷判決・民集四五巻三号二六八頁は、以上と抵触する限度において、これを変更すべきである。」

「右事実関係においては、被上告人は……乙山の上告人らに対する妨害排除請求権を代位行使し、乙山のために本件建物を管理することを目的として、上告人らに対し、直接被上告人に本件建物を明け渡すよう求めることができるものというべきである。」

三　評　釈

本判決は、抵当権者による抵当不動産の不法占有者に対する明渡請求を否認してきた最高裁平成三年判決（最判平成三・三・二二民集四五巻三号二六八頁）と抵触する限度で変更し、これを肯認した大法廷判決であることから、本判決に関する論稿は既に多数みられる（椿寿夫ほか「新春座談会・抵当権者による明渡請求」銀行法務21五七一号四頁以下、松岡和久「抵当目的不動産の不法占有者に対する債権者代位権による明渡請求(上)(中)(下)」NBL六八一号六頁以下、六八二号三六頁以下、六八三号三七頁以下、滝澤孝臣「抵当権者による抵当不動産の不法占有者に対する明渡請求の可否」金融法務事情一五六九号六頁以下、升田純ほか「座談会・最大判平成一一・一一・二四と抵当権制度の将来」金融法務事情一五六九号二四頁以下、山野目章夫「抵当不動産を不法に占有する者に対する所有者の返還請求権を抵当権者が代位行使することの許否」金融法務事情一五六九号四六頁以下、山本和彦「抵当権者による不法占有排除と民事執行手続」金融法務事情一五六九号五八頁以下、椿寿夫「抵当権の効力拡大現象」銀行法務21五七二号五頁以下、生熊長幸「抵当権者による明渡請求と『占有』」銀行法務21五七二号一一頁以下、佐久間弘道「代位請求・物上請求の構成による抵当権者の明渡請求」銀行法務21五七二号二〇頁以下、福永有利「平成一一年大法廷判決から派生する手続問題」銀行法務21五七二号二八頁以下、吉田光碩「短期賃貸借制度の現状と課題」銀行法務21五七二号三六頁以下、三上徹「平成一一年大法廷判決と銀行実務」銀行法務21五七二号四二頁以下など）し、その評釈すべき論点は多岐に渡っている。しかし、本評釈では、これら全般に渡って論ずることは紙数の関係上困難であるので、本判決の基本的判旨に限定し、かつ最高裁平成三年判決を変更するにあたって理論的克服がなされているのかどうかに焦点を当てて若干の検討を加えるにとどめる。

一　抵当権の本質と第三者占有による抵当権侵害　本判決は、抵当権の本質については、抵当不動産の交換価値から優先弁済を受ける物権であること、不動産の占有を抵当権者に移すことなく設定される非占有担保権であること、このことの結果、原則として抵当不動産の使用又は収益に干渉できないものであるとしている。この点は、最高裁平成三年判決と異なるところはない。また、学説にも異論はない。

このことからすると、抵当不動産を誰が、どのような状態で占有していても、抵当権には影響がないことになる。ただ、本判決は、第三者が抵当不動産を占有する場合、例外的に抵当権の侵害になる場合があることを肯認している。これに対して、最高裁平成三年判決は、抵当権の非占有担保性の故に、第三者が抵当不動産を権原により占有する場合だけではなく不法占有する場合でも、何ら抵当権に影響が生ずるものではないとして、例外的にでも抵当権侵害は生じないとしている点で大きな差異がみられる。たしかに、抵当権の非占有担保性に注目するとき、第三者が抵当不動産を仮に不法占有している場合であっても、占有利益が侵害されたと観念することはできないため、最高裁平成三年判決の論理が成り立つわけである。そうだとすると、本判決においては、第三者の占有によって抵当権が何故、侵害されることになるのかにつき論拠づけをしなければ、判例変更に納得は得られない。本判決では、第三者の不法占有により「交換価値の実現」＝「優先弁済請求権の行使」が「困難」となるからであるとしている。このことは、抵当権のどのような部分が侵害されたということになるのかである。このような「困難」は、占有利益の侵害を意味するものでないことは明らかである。また、学説のなかには、抵当権には物的支配が観念できるとして第三者の不法占有につき抵当権侵害を根拠づけようとする見解（近江幸治・担保物権法一六一頁（一九八八年））がみられたが、これにも左袒していない。さらには、学説でも主張されていた第三者の不法占有による物理的価値の減価あるいは交換価値の減価（拙稿「抵当権（その一）」椿寿夫編・担保法理の現状と課題二二頁（一九九五年））をも論拠とするものではないようである。もっとも、この点で、奥田補足意見では、「抵当不動産の交換価値を減少」又は「交換価値の実現を困難」が抵当権の侵害とされていることから、後者は多数意見と同視できるが、これに加えて前者では交換価値の減価をも想定されている。前者については学説と共通する見解である。しかし、交換価値の減価を抵当権の侵害とみる場合には、どのように論拠づけるかにつき若干の疑問が残る。第三者の占有によって事実上、交換価値の減価の生ずることについては異論はない。ただ、抵当権は非占有担保権であることから、このような占有を排除することが本質的に認められていないとすると、第三者占有による事実上の交換価値減価も甘受しなければならない。抵当権の効力の限界である。このように考えると第三者占有による交換価値の減価によって抵当権侵害を云々することができないことになるのではなかろうか。最高裁平成三年判決には、このような論理も包含していたのではなかろうか。この意味で、交換価値の減価に言及していない多数意見の方が、最高裁平成三年判決を変更するにあたって説得力があるように思われるのである。なお、多数意見でも「適正な価額よりも売却価額が下落するおそれ」が挙げられているが、このことが抵当権侵害になるというのではなく、このことによって「実現が妨げられ」るのが抵当権侵害と解しているのであって、交換価値減価を抵当権侵害と解する見解とは異なるものであることに留意する必要があろう。

それでは、多数意見でいわれているのは、抵当権のどの部分の侵害を意味しているかである。松岡教授は「抵当権の換価権能の侵害」を意味すると主張（松岡・前掲三九頁）され、佐久間教授は換価権＝換価の実現を請求する権利と配当受領権＝抵当不動産価額の維持または回復により配当を受領する権利の両方の侵害（佐久間・前掲二二頁、二三頁）を意味するとされている。ところで、第三者占有によって換価の実現が妨げられることは理解できるが、配当受領権が侵害されるということは何を意味するのか理解に苦しむ。抵当不動産価額の維持・回復による配当受領権の侵害というのは、換価価値の侵害それ自体ではないのかどうか。そうだとすると多数意見とは異なることは明らかである。このことから、多数意見では、第三者占有により抵当不動産を換価する権利、いわゆる換価権が侵害された場合が抵当権侵害に当たると解したものと理解するのが適切である。そこで、このことを前提として、第三者占有により抵当権侵害の生ずる場合を具体的に検討していかなければならないことになる。しかし、抵当権の効力として、このような換価権については余り注目されてこなかった。わが国では近江教授らによる指摘（近江・前掲書三頁、九七頁）が見られる程度であり、その効力内容は余り明らかでない。第三者占有が換価権の侵害として抵当権侵害になるとするならば、その具体的内容を解明するためにも、換価権自体についての検討が必要になるであろう。

第三者占有により抵当権の侵害が生ずる場合として、本判決は、①根抵当権の被担保債権の弁済期到来、②抵当権実行の申立後、③第三者の不法占有をあげている。①に関しては、本件事案との関係で、根抵当権で担保すべき被担保債権が確定し、被担保債権の弁済期が到来していることを意味するものと解される。問題は、このような状態の場合に限られるかである。根抵当権の場合で元本の確定前で被担保債権資格を有する債権の弁済期が到来している場合や、元本の確定後であるが被担保債権の弁済期が到来していない場合でも抵当権侵害が認められるかである。根抵当権は、極度額の範囲において抵当不動産を換価実行できる権利であることからすると、元本確定の有無、被担保債権の弁済期到来の有無にかかわりなく、このような実行を妨げる状態にあれば、抵当権侵害が生ずるとも考えられる。しかし、被担保債権が存在しないのに根抵当権の換価実行を観念することができないことからすると、元本の確定が必要ではないと思われる。抵当権の場合は、当初から被担保債権が特定しているため、かかる問題は生じない。ただ、いずれの場合も被担保債権の弁済期到来が要件となるかである。生態教授は、抵当権の実行が現実的な問題となってきた時以降、すなわち履行遅滞以降と主張されている（生態・前掲一七頁）。被担保債権の弁済期が到来していなければ根抵当権および抵当権は換価実行できないわけであるが、現実に換価実行できるかどうかは問題ではなく、根抵当権ないし抵当権の換価権の侵害状態が生じているかどうかが問題であることからすると被担保債権が存在していれば弁済期到来の有無にかかわらず換価権の侵害状態は観念できるであろう。②に関しては、奥田補足意見では抵当権設定時以降換価に至るまでの間においても、抵当権侵害は生ずる余地があるとされている。換価権は抵当権実行申立時以降に生ずるものではなく、抵当権の効力として抵当権設定時から存在するものであることからすると抵当権実行の申立後に限定する理由はないであろう。③に関しては、不法占有は抵当不動産の所有者との関係においても占有権原がなく、抵当権との関係においても換価権の侵害になろう。この意味では、短賃解除後の占有も同様である。また、長期賃貸占有は抵当不動産の所有者との関係は権原に基づく占有であるが、抵当権との関係においては換価権を侵害する場合がないではない。このことからすると不法占有に限定する必要はないであろう。この他、本判決では直接言及していないが、④交換価値減価や⑤被担保債権の満足が得られないことが要件となるかどうかである。④に関しては、前述したように多数意見では、交換価値減価自体は抵当権侵害の要件ではなく、交換価値減価により換価権が侵害される場合に限っていることから、交換価値減価はそれ自体としては直接要件にはならないことになる。⑤に関しては、占有減価は不可欠の要件でないとすると計算上抵当権者に損害が生じない場合（松岡・前掲㈩四〇頁）、あるいは十分弁済されることになるとき（生熊・前掲一六頁）でも、買受希望者が現れそうにない場合には抵当権侵害が肯定されることになろう。なお、奥田補足意見は、⑥競売手続における当該抵当権者に対する配当の可能性等も考慮すべきであるとする。この根底には、配当を受ける可能性が全くない後順位抵当権者による救済手段の濫用の防止という価値判断がみられる。この意味では、説得力がある。しかし、交換価値減価や被担保債権の満足を考慮しないで換価実行の妨げにのみ注目する多数意見に立つとき、このようなことを要素とできるかどうか疑問である。

以上のように、本判決は、第三者占有による抵当権の侵害は、抵当権の優先弁済力の減少とは切り離して、優先弁済力実現の手段である換価権の侵害の場合であると解することによって、最高裁平成三年判決の否定根拠を克服し、そのことを前提として第三者占有により抵当権侵害の生ずる場合の要件を検討している。この意味では、最高裁平成三年判決の否定根拠を克服して抵当権侵害を根拠づけるためには、非占有担保性を前提として占有侵害を論証するか価値侵害の生ずることを論証が必要であろうとの提言（拙稿・前掲二七頁）のいずれにもよらず根拠づけているわけである。しかし、優先弁済力の減少と切り離して抵当権侵害を観念することが妥当かどうか、第三者占有による抵当権侵害の具体的判断基準を考えるに当たっても優先弁済力の減少を考慮しないでよいのかどうか疑念が残る。奥田補足見解は、このような疑念を想定したものであると評することもできよう。そして、もし、このような疑念を払拭するとすれば、非占有担保権であることを前提としての第三者占有による優先弁済力の減少のメカニズムを明らかにする必要がある。このことは、本判決においてはもちろん奥田補足意見によっても提示されていないように思われる。本判決で、第三者占有により抵当権侵害の生ずる場合のあることが指摘されながらも、その指摘で十分であるかどうかについてもなお検討の余地があるものと思われる。

つぎに、本判決は、このような抵当権侵害に対する救済手段として、抵当不動産所有者の妨害排除請求権の代位行使と、抵当権に基づく妨害排除請求との二つの法的手段を認めている。このことについて、どう評価するかである。

二　所有者の妨害排除請求権の代位行使　最高裁平成三年判決は、短賃解除後の占有それ自体が抵当不動産の担保価値を減少させ抵当権の侵害となるものではない以上は、代位行使の前提を欠くとしているのに対して、本判決は第三者占有により抵当権侵害の生ずる場合のあることを肯認したことから、代位行使も抵当権を侵害された者の救済手段として考える余地が生ずることになる。その際、まず抵当権侵害の場合において民法四二三条の定める被保全権利となるのは何かが問題になる。これまでの学説や下級審判例の多くは、抵当権の被担保債権と解してきた。原審もまた同様である。しかし、第三者占有による抵当権侵害は換価権の侵害を意味し、交換価値減価や優先弁済力減少を意味するものではないとの多数意見に立つ限りでは、被担保債権の保全を云々することはできない。そこで、本判決では、抵当権者の抵当不動産所有者に対する抵当不動産の適切維持保持請求権の保全のためであると構成する。また奥田補足意見は、担保価値維持請求権であるとする。しかし、本判決と奥田補足意見との間には微妙が差異があり、同性質の権利であるといえるかどうか疑問が残る。本判決では交換価値の実現が妨げられ、優先弁済請求権の行使が困難にあることを抵当権侵害として捉え、そのような侵害の生じないように維持管理することに対応した権利であるのに対して、奥田補足意見は、そのような場合に加えて交換価値の減少をも抵当権侵害として捉えていることから担保価値の維持請求をも包摂していると解されるからである。

ところで、このような請求権は、何を根拠に存在するのであろうか。本判決では、抵当不動産の所有者には「維持管理することが予定されている」「したがって、……抵当権の効力として」有するとされ、奥田補足意見では「適切に維持又は保存することが、法の要請するところ」「その反面として」有すると解している。それは、特約の存在や抵当権設定契約という合意に基づくものと考えていないことは明らかである。それでは法定に基づくものなのかどうか。抵当権は抵当不動産を直接排他的に支配できる権利であるとすると、抵当権者は抵当不動産に対するこのような維持管理は直接的に自らにおいてできよう。そうだとすると、抵当不動産の所有者に対する「予定」や「法の要請」を介在させないで、維持管理のための措置をとることができるとして構成する方が優れているのではなかろうか。もし仮に、抵当不動産所有者に対して「予定」され「法の要請」するものであることを肯認できるとしても、そのことによって抵当権者の抵当不動産所有者に対する請求権が導き出し得ることについては、何ら説明されていない。抵当権の効力からこのような請求権が導き出されることについて十分な理由づけがなされていない。きわめて曖昧であり（松岡・前掲㊦三八頁）、判然としない（滝澤・前掲九頁）。なお、抵当権法理は抵当権者の抵当不動産に対する支配、すなわち人の物に対する権利であることを基底として法律構成が行なわれてきた。これに対して、本判決は、抵当権者の抵当不動産所有者に対する権利、すなわち人の人に対する権利構成を導入するものである。もっとも、物権的請求権は、抵当権の効力を人の人に対する権利として構成するものであることから、かかる構成をいちがいに不適当ということはできない。ただ、抵当権者と抵当不動産所有者との関係においてこのような構成を導入しなければならないものなのかどうか、その必要性をも含めて吟味する必要があるものと思われる。鈴木教授がかつて主張された「物上債務」構成への接近を意味するものなのかどうかも問題となる（椿ほか・前掲一三三頁「椿発言」）。

なお、本判決のいう適切維持保持請求権とはどのような性質のものであろうか。抵当権者の抵当不動産所有者に対する権利である点に注目すると債権的な権利としての性質をもつものとも見られる。そうだとするとなぜ、抵当権法理のなかに債権法理を導入させなければならないのか。このような請求権によって達成しょうとする抵当権者の利益享受は、前述のように抵当権自体によって得られるのではないだろうか。松岡教授は、このことに注目して、「結局は、物権的な負担を債権的に構成し直しただけで迂遠な構成」と評される（松岡㊦三八頁）。なお、抵当権設定者との関係に限定せずに、抵当不動産の所有者にも主張できる権利であることから、第三者にも主張できる権利ということになる。このことからすると債権的なものではなく物権的な権利（滝澤・前掲九頁）としての性格を持つことになろう（佐久間・前掲二四頁）。そうだとすると、抵当権者と抵当不動産所有者の抵当権関係当事者間において物権的請求権と同様の権利を観念することになる。そして、このような権利の保全のために抵当不動産所有者の妨害排除請求権を代位行使して第三者占有を排除するわけである。果たして、物権的請求権の性格をもつ権利の保全のために債権者代位権の行使が認められるのか。物権的請求権によって直接、第三者占有を排除することが可能であるのに、このような権利を観念しなければならないものなのかどうか。物権的請求権に包含されているものではないのかなどの疑問が生ずる（滝澤判事も「第三者に対する関係で観念できる抵当不動産の担保価値の毀滅の排除を求める物権的請求権に包含させてさしつかえないように解される」（滝澤・前掲一〇頁）の主張も同旨であろう）。このことから、「その法的構成は、本来物権的請求権として処理されるべきものを債権者代位権制度に乗せるべく、無理な技巧を重ねているように思われる」（松岡・前掲㊦三八頁）とか、「本来物権的請求権で処理すべき問題であり、本判決はあくまで過度的な事例判断である」と読みたい（松岡・前掲㊦四〇頁）との見解には賛同すべきものがある。

ただ、本判決において、このような債権者代位権の転用を肯認したのは、本件事案が被担保債権保全のための代位行使を主張し、争っていたことが原因しているものと思われる。その限りでは、やむを得なかったと思われる。しかし、奥田補足意見は、抵当権に基づく要件及び効果につき議論が尽くされているとはいい難いことから、なお代位請求による途を閉ざすべきではないと主張されている。確かに、債権者代位権の転用は、権利者が第三者に対して直接的に権利行使を認めることが原則的には困難である場合の補充のために認容されてきたことは明らかである。しかし、本件事案のように抵当権を第三者が侵害しているような場合には、抵当権に基づく物権的請求権により得ることは原則的に認められているのに対し、代位行使を認めるために、これまで全く議論されず、その性質さえ明らかでない被保全権利としての適切維持保持請求権を観念してまで債権者代位権の転用を補充的に利用しなければならないものなのかどうか疑問である。そのことよりも、第三者占有による抵当権侵害の救済手段としては抵当権に基づく物権的請求権の要件、効果を論議し、確立していくことの方が筋ではないと思われる。ましてや、第三者占有が権原に基づく場合には、抵当不動産所有者の妨害排除請求の代位行使の構成ができず、抵当権に基づく物権的請求権にのみ寄らざるを得ないことからすると、これを一本化することの方がよりベターではないかと思われる。なお、本件事案との関係でみると抵当権者は自己への引渡を求めていたことも代位行使構成を肯認した背景ではないかとも推測される。債権者代位権行使の効果として代位権者自身への引渡請求が承認されていることから、このような効果に結びつけることが容易であるからである。もっとも、抵当権者自身への引渡を認めたとしても、抵当権者には占有権限の認められていないこととの関係が問題になる。奥田補足意見は、抵当不動産所有者のための、いわゆる管理占有であるとして、この問題に対応している。しかし、代位行使構成をとらなければ、抵当権者の直接自己への明渡しや管理占有は根拠づけられないのかどうか。抵当権に基づく妨害排除請求権構成では、不可能かどうか。もし、不可能であるとすると、代位行使構成は単なる補助的なものとしてではなく代えがたいものということになろう。

三　抵当権に基づく妨害排除請求　本判決は、傍論ではあるが、これを認めている。滝澤判事は「維持保存請求権は抵当権の効力として導かれる物権的請求権の一つとして観念、代位請求よりも、物上請求のほうが本則になるという位置付けが背後にあるため、進んで物上請求の可能性を肯定したのではないと評価したいが」と指摘されている（滝澤・前掲一二頁）。抵当権侵害の場合に抵当権に基づく物権的請求権により救済されることについては異論のないことから、第三者占有による抵当権侵害の場合も同様に考えてよいことになる。本判決は、前述の代位行使を肯認したことよりも、このことを確認したことの方を高く評価すべきであろう。

ところで、抵当権に基づく妨害排除請求が認める前提としての、第三者占有による抵当権侵害は、本判決が代位行使を認める前提とした抵当権侵害と同様なものと解してよいかどうかである。本判決の文脈からすると異なるものと解する根拠はない。もっとも、抵当権に基づく妨害排除請求の前提となる状態として、「競売手続の進行が害され適正な価額よりも売却価額が下落するおそれがあるなど」の文言はみられない。しかし、このような事情は「実現が妨げられ」「優先弁済請求権の行使が困難」な場合の例示であって、代位行使の場合と差異を設けるものではないであろう。それよりも、文脈からすると、「しかしながら」以下が抵当権侵害になる場合につき論述し、「そして」以下が代位行使による救済の可能性、「なお」以下が抵当権に基づく妨害排除請求による救済の可能性を判示するものと解されることから、共通の前提となっているといえる。このことから、本件事案のような場合は当然として、前述したような第三者占有により抵当権侵害になる場合の判断基準に従って判断することも許されることになろう。

問題は、その効果である。特に、抵当権者が直接自己への明渡しを請求できるか。また、明渡しを受けた抵当権者の占有の根拠づけである。このことに関しては、本判決は何ら言及していない。奥田補足意見も直接自己への明渡しの請求については、更に検討を要する問題であると指摘されている。しかし、抵当権は非占有担保権であるとしても、本判決が代位行使の結果として明渡しを受けた後の抵当権者の占有を肯認するのであれば、抵当権に基づく妨害排除請求の場合も「実現が妨げられ」「優先弁済請求権の行使が困難」な状態を排除して、抵当不動産に対する換価権保持のために直接自己への明渡し請求及び抵当権者による占有を認めてしかるべきではないかと思われる。抵当不動産所有者の権利を代位行使しているにすぎない場合には認められて、抵当権者固有の権利を行使して換価権保持を図る場合には否定するという思考は本末転倒ということになろう。さらに、滝澤判事は、抵当不動産の使用・収益を目的とする占有と抵当不動産を適切に維持・保持することができない所有者のために抵当不動産を管理することを目的とする占有（管理占有）とが等質なものではないこと、抵当権者が抵当不動産の明渡しを受けても、自ら使用・収益を行なうわけではなく、抵当権ドグマに矛盾する結果にならないという解釈が成り立ち、この点において、抵当権の占有排除効を議論する場合に問題となっていた抵当権ドグマは克服されたとの指摘に注目するとき、抵当権の非占有担保性とも矛盾するものではないであろう（滝澤・前掲一〇頁）。

四　むすび　本判決は、第三者占有により抵当権侵害の生ずる場合のあることを肯認したことについては高く評価される。また、実務への影響も大きいであろう。ただ、その際、抵当権侵害になる場合を「実現が妨げられ」「優先弁済請求権の行使が困難」、すなわち換価権の侵害に限ったことについて疑問が残る。抵当権の本体ともいえる優先弁済力の減少を考慮しないでよいかどうかである。そして、優先弁済力が減少していないのに換価権の侵害状態にあるだけで、抵当権に基づく妨害排除請求権の行使を認めてよいかである。妨害排除請求権は抵当権による価値支配の妨害を回復する権利であることからすると、価値支配の侵害に注目することなく、その行使を認めることに疑念が残る。

また、本判決は、第三者占有による抵当権侵害につき直接的には債権者代位権の転用による救済を肯認した。事案との関係でやむを得なかった面があるが、本来的には抵当権に基づく妨害排除請求によるべきであったろう。この意味では、本判決は窮余の過度的な判例として位置づけておくべきであろう。

そして、以上のことを前提として、第三者占有による抵当権侵害につき、抵当権に基づく妨害排除請求一本化への理論形成に努めるべきではないかと思われる。

14 建物の合体と抵当権の消長

〔最判(三小)平成六年一月二五日民集四八巻一号一八頁、金法一三八九号二八頁〕

一 本判決の論点

(1) 主従の関係にない甲建物と乙建物が合体して、丙建物になった場合、甲・乙両建物に設定されていた抵当権は丙建物に存続するのか、それとも消滅するのか。もし、後者だとすると、抵当権設定者が抵当権者に無断で合体をすることによって、甲・乙両建物上の抵当権を消滅させることができ、いわゆる「抵当権とばし」を認めることになる。

(2) (1)で丙建物上に抵当権の存続が認められるとした場合、抵当権は、合体後の丙建物の賃借権者に、登記なくして対抗できるか。この場合、抵当権と賃借権は、民法一七七条の対抗の関係になるが、抵当権者に登記のないことを理由に、賃借権者に対抗できないとすると、先の「抵当権とばし」に加担し、賃借権者の権利を守ることになる。それでよいか。

二 事案と判旨

Xは、昭和五五年九月、A所有の甲建物に、Bは、昭和五六年一月、A所有の乙建物に、それぞれ抵当権の設定を受け、登記を経由した。この甲建物と乙建物は、縦割連棟式建物の隣接するそれぞれ独立した二棟の建物であったが、昭和五六年一一月頃、両建物の隔壁が除去されて使用されていた。この建物合体の事実は、甲建物につきXが、乙建物につきBが、それぞれ抵当権に基づく競売申立てに伴い、執行官が現況調査のため現場に臨んだことによって判明した。そこで、X・Bの抵当権に基づく競売手続は、建物滅失の場合に準じて取り消された。

ところで、その後、昭和六二年一一月受付で、甲建物・乙建物については、それぞれ建物滅失登記がなされ、他方、合体・増築を原因とする丙建物の表示登記がなされた。そこで、X・BはAに対する債務名義に基づいて、丙建物につき強制競売を申し立て、差押登記を経た後、この競売で、Xが買い受け、平成元年五月に所有権を取得した。

他方、Y_1は、昭和五六年一一月、丙建物の当時の所有者であったAから、期間三年の短期賃借権の設定を受け、Y_2は、昭和六一年に、Aの承諾のもとに、Y_1から転借した。

以上の事実関係に基づいて、Xは、Y_1・Y_2に対し、丙建物の明渡しと、Xが所有権を取得した日以降の賃料相当額の支払を求めて、訴えを提起した。一審は、甲建物・乙建物は合体により滅失し、抵当権も消滅したとしてXの請求を棄却、原審は、Y_1の短期賃借権は、差押え後の期間満了による更新をもって、X・Bの抵当権には対抗できないとして、Xの請求を認めた。そこで、Y_1・Y_2が上告した。

本判決の判旨は、以下のとおりである。

(1)「互いに主従の関係にない甲、乙二棟の建物が、その間の隔壁を除去する等の工事により一棟の丙建物となった場合においても、これをもって、甲建物あるいは乙建物を目的として設定されていた抵当権が消滅することはなく、右抵当権は、丙建物のうちの甲建物又は乙建物の価格の割合に応じた持分を目的とするものとして存続すると解するのが相当である。けだし、右のような場合、甲建物又は乙建物の価値は、丙建物の価値の一部として存続しているものとみるべきであるから、不動産の価値を把握することを内容とする抵当権は、当然に消滅するものではなく、丙建物の一部として存続している甲建物又は乙建物の価値に相当する各建物の価格の割合に応じた持分の上に存続するものと考えるべきだからである」。

(2) 「上告人Y_1は、旧建物（一）〔甲〕及び（二）〔乙〕間の隔壁を除去する等の工事によりこれが本件建物〔丙〕となった後に所有者から右建物を賃借してその引渡しを受けたとしても、旧建物（一）及び（二）を目的として設定され登記された抵当権の権利者に対し、自らの本件建物の賃借及び引渡しが右抵当権の設定及び登記に先立つものである旨主張することは信義則上許されないとした原審の判断は、正当として是認することができる」。

三　学説と関連判例

(1) 主従の関係にない甲・乙建物が合体して丙建物となった場合の、甲・乙建物上の抵当権の帰趨については、抵当権は消滅するとする見解と、丙建物上に存続するとする見解がみられる。抵当権消滅説は、合体によって甲・乙建物は消滅するものと考え、このため甲ないし乙建物上の抵当権も目的物の消滅に準じて消滅すると解する。一審判決の見解である。そして、かつては、登記手続においても、合体があった場合、甲・乙建物については「区分所有の物の滅失」を原因として滅失登記をし、丙建物については、合棟・合体を原因として表示登記が行なわれていた。その際、丙建物上には抵当権の登記を行うことはなかった。このため、登記手続上も、抵当権消滅説に立っていたといわれている（石田喜久夫「判批」判例時報一五〇九号二一七頁）。もっとも、このような登記手続上の扱いについては、一不動産一登記用紙の原則を貫くための措置であり、実体法上、抵当権が消滅するかどうかの問題には繋がらないとの見解もある（村田博史「二棟の建物の一棟化と登記手続」『石田喜久夫＝西原道雄＝高木多喜男還暦記念・不動産法の課題と展望』三三六頁）。しかし、いずれにしても、丙建物に権利を取得した者に対しては、抵当権は対抗できないことになる。このため、抵当権設定者は、意図的に、抵当権者の不知の間に、抵当権の設定されている建物を合体して、抵当権を消滅させるか、抵当権の対抗力を失わせることによって、いわゆる「抵当権とばし」をすることができることになる。

抵当権存続説は、甲・乙建物は消滅するのではなく、丙建物をなすと考える。その法的理論構成として、甲建物と乙建物がそれぞれ付加一体物となるとみて、民法三七〇条で、甲建物上の抵当権は乙建物に、乙建物上の抵当権は甲建物に及ぶ結果、甲建物上の抵当権も乙建物上の抵当権も合体後の丙建物全体に及ぶことになり、両抵当権は準共有になるとの見解（山田晟「建物の合棟、隔壁の除去とその登記手続」法学協会雑誌八四巻八号一〇一三頁以下、道垣内弘人「判批」私法判例リマークス一九九三年(下)三二頁）、甲建物と乙建物の合体は不動産と不動産の附合であり、民法二四四条を類推適用して、価格に応じて共有となるとの見解（幾代通「建物の分棟・合棟と登記(6)」ＮＢＬ一一一号四四頁以下、石田・前掲二二八頁）、合体により横の混同が生じ、旧建物上に抵当権が存在するときは、民法一七九条一項但書を類推して共有持分権上存続するとの見解（鈴木禄弥「建物合体に関する法律案をめぐっての実体法的考察」ジュリスト一〇二一号一〇九頁）、不動産と不動産の附合で、民法二四四条が類推適用され、合体前建物の抵当権は民法二四七条二項で合体後の建物の共有持分権上に存続するとの見解（藤下健「不動産登記法の一部を改正する法律の解説」登記研究五四八号七頁以下）などがみられる。本判決は、この抵当権存続説によるものであることは明らかであるが、その理論的根拠として、抵当権の価値性に立脚した追及力に着目しているのが注目される。

(2)　丙建物上に抵当権の存続が認められても、これまでの登記手続では、抵当権存続の登記を行なうことはできない。このため、本件のような合体後の建物の賃借権者には対抗できないことになる。そこで、本判決は、信義則によって処理しているが、このことに関しては、民法一七七条の第三者との範囲の解釈との関係で、学説では疑問視する見解がみられる（角紀代恵「判批」法学教室一七四号別冊付録一三頁、道垣内・前掲三二頁）。

四　現代的意義

平成五年の不動産登記法の一部改正で、合体の場合の登記手続については、合体後の建物の表示登記と旧建物の滅失抹消登記は同一の申請書で行い、旧建物に抵当権のある場合は、合体後の建物についての登記用紙に移記するものとした。本判決は、このような改正の実体法的根拠づけとして意味を持ち続けることになる。

15 共同抵当における異時配当と後順位抵当権者の地位

〔最判(一小)昭和六〇年五月二三日民集三九巻四号九四〇頁、判時一一五八号一九二頁、判タ五六〇号一一七頁、金法一〇九九号一二頁、金判七二四号三頁〕

一 事実の概要

①X(上告人)は、訴外A(債務者)に対する債権を担保するために、債務者S所有の本件建物(以下甲不動産)及び物上保証人A_2、A_2所有の本件土地(以下乙不動産)のほか第三者所有の不動産を共同抵当の目的として、極度額一億五、五〇〇万円の第一順位の根抵当権を設定した。②Y(被上告人)は、A_1、A_2を連帯債務者として七七九万円を貸し付け、その担保としてA_1、A_2の本件不動産に第二順位の抵当権を設定した。③その後、さらに、Xは、Sに対する債権を担保するために、本件各不動産を共同担保の目的として極度額二億七、〇〇〇万円、その後もまた極度額三億二、五〇〇万円の根抵当権を設定した。④ところで、XとA₁間には、本件各根抵当権を設定する際に、物上保証人が弁済等によってXから代位によって取得する権利は、XとSの取引が継続している限り、Xの同意がなければ行使しない旨の合意がなされた。⑤Xは、第一順位の根抵当権に基づき、本件各不動産の競売の申立てをしたところ、A_1、A_2の本件不動産等が競売され、Xの債権のうち元本一、四七〇万三、三八〇円、損害金三一一万、六、〇〇〇円の弁済を受け、次いでSら所有の本件建物等について競売されて代金六億円が納付された。⑥裁判所は、Xの甲不動産に対して有する第二、第三順位の

根抵当権は、Yが乙不動産に対して有する第二順位の抵当権に劣後するものとして、交付表を作成した。

そこで、Xは、①物上保証人A_1、A_2に移転したS所有の甲不動産に対する一番抵当権から優先弁済を受けられるのは、甲不動産上の二、三番根抵当権者であるXであり、Yではない、②Yが、物上保証人A_1、A_2の権利を代位行使できるとしても、代位権不行使の合意によってYの代位権は制約され、Xの二、三番根抵当権に劣後する、などを理由に、本件交付表は誤りであるとして争った。原審は、これを排斥したのに対して、Xは上告した。

二　判旨の内容

(1)　「共同根抵当の目的である債務者所有の不動産と物上保証人所有の不動産にそれぞれ債権者を異にする後順位抵当権が設定されている場合において、物上保証人所有の不動産について先に競売がされ、その競売代金の交付により一番抵当権者が弁済を受けたときは、物上保証人は債務者に対して求償権を取得するとともに、代位により債務者所有の不動産に対する一番抵当権を取得するが、物上保証人所有の不動産についての後順位抵当権者……は物上保証人に移転した右抵当権から債務者所有の不動産についての後順位抵当権者に優先して弁済を受けることができる。」

(2)　「右の場合において、債務者所有の不動産と物上保証人所有の不動産について共同根抵当権を有する債権者が物上保証人と根抵当権設定契約を締結するにあたり、物上保証人が弁済等によって取得する権利は、債権者と債務者との取引が継続している限り債権者の同意がなければ行使しない旨の特約をしても、かかる特約は、後順位抵当権者が物上保証人の取得した抵当権から優先弁済を受ける権利を左右するものではない。」

(3)　「債権者が物上保証人の設定にかかる抵当権の実行によって債権の一部の満足を得た場合、物上保証人は、民法五〇二条一項の規定により、債権者と共に債権者の有する抵当権を行使することができるが、この抵当権が実行されたときには、その代金の配当については債権者に優先される。」

三　学説と判例

一　(1)　判旨(1)は、共同抵当の目的不動産として、債務者所有の甲不動産と物上保証人所有の乙不動産がある場合に、乙不動産が先に競売されたときは、乙不動産上の後順位抵当権者は甲不動産上の後順位抵当権者に優先して弁済を受けることができると解している。共同抵当の目的不動産上にそれぞれ後順位抵当権が設定されている場合に、物上保証人所有の不動産上の後順位抵当権者が、債務者所有の不動産上の後順位抵当権者に優先することを明らかにしたものである。

ところで、かかる判決がでてくる判例理論の過程を振り返ってみると概略つぎのようである。まず、共同抵当の目的不動産として、債務者所有の甲不動産と物上保証人所有の乙不動産がある場合で、乙不動産が先に競売され異時配当された場合、物上保証人は民法三九二条二項による甲不動産に代位する関係に立つのか、それとも、物上保証人は代位弁済したものとして、民法五〇〇条・五〇一条にもとづいて代位することになるのかどうかである。判例は従来、物上保証人は、代位弁済による求償権を取得し、甲不動産上の抵当権を代位行使する（民法五〇〇条）ものと解してきている（大判昭和四・一・三〇新聞二九四五号一二頁）。また、物上保証人が甲不動産に代位するとして、甲不動産上の後順位抵当権者との優劣が問題となる。これについては「物上保証人は、民法五〇〇条により、右共同抵当権者が甲不動産に有した抵当権の全額について代位するものと解するのが相当である。けだし、この場合、物上保証人としては、他の……抵当権が設定されたことにより右期待を失わしめるべきではないからである」とする判例がある（最一小判昭和四四・七・三民集二三巻八号一二九七頁）。ついで、乙不動産上の後順位抵当権者は、民法三九二条二項により甲不動産に代位できるかどうかである。このことについても、先の判例は、乙不動産上の後順位抵当権者は民法三九二条二項にもとづいて直接甲不動産に代位できないとして、後順位抵当権者が民法三九二条二項を根拠に配当金の引渡しを請求したのを斥けている（前掲大判昭和四・一・三〇）。そこでさらに、乙不動産上の後順位抵当権者をどのように位置づけるかである。すなわち、乙不動産の実行によって後順位抵当権は消滅したままになるのかどうかである。判例は「民法三九二条二項後段が後順位抵当権者の保護を図っている趣旨にかんがみ、あたかも、……右一番抵当権の上に民法三七二条、三〇四条一項本文の規定により物上代位をするのと同様に、その順位に従い、物上保証人の取得した一番抵当権から優先して弁済を受けることができる」としている（最三小判昭和五三・七・四民集三二巻五号七八五頁、判タ三七二号七五頁、判時九〇七号五五頁、金法八六九号四五頁、金判五五七号三頁、同旨＝大判昭和一一・一二・九民集一五巻二一七二頁）。本判決は、これらの判例理論を踏襲ないし前提として、物上保証人は甲不動産の抵当権に代位し、甲不動産上の後順位抵当権者に優先すること、乙不動産上の後順位抵当権者はこの物上保証人の代位権に代位するのであるから、甲不動産上の後順位抵当権者に優先するとの帰結を導き出したものといえる。

⑵　共同抵当の代位と弁済者の代位

本件事案のように共同抵当の目的不動産の所有者が異なる場合、異時配当においては、民法三九二条二項の共同抵当の代位によるのか、弁済者の代位によるのかの問題については、前述のように、弁済者の代位理論にのみよるものとするのが確定した判例といえる。この結果は、債務者所有の甲不動産が先に競売された場合、債務者は物上保証人所有の乙不動産には弁済者代位することは考えられないのであるから、甲不動産上の後順位抵当権者も乙不動産からは弁済が受けられないことにもなる（広島地尾道支判昭和八・五・一六新聞三五七五号一二頁）。その理由として、判例は、債務者所有と物上保証人所有の場合に、民法三九二条二項の適用を認めると「第三者ノ代位権ハ、常ニ債務者所有ノ不動産ニ対スル後順位抵当権ノ設定ニ依リ不当ニ害セラレルニ至ル結果ヲ生ズ」からであると述べている（前掲大判昭和四・一・三〇）。この理由は、それほど明確ではないが（椿・末尾①一二三頁）、我妻教授は「共同抵当の目的物を提供せる物上保証人は債務者の所有物の担保力に信頼するものにして、第五〇〇条の規定は正にこの信頼を保護するものなるが故に、これについて後順位抵当権者が生ずるもこれによって物上保証人の右保護を廃すべきではないとすることが判例の根拠であろう」と推論補足されている（我妻栄・担保物権法二〇一頁）。その後、判例も「この場合、物上保証人としては、他の共同抵当物件である甲不動産から自己の求償権の満足を得ることを期待していたものというべく、その後に甲不動産に第二順位の抵当権が設定されたことにより右期待を失わしめるべきではない」として同趣の根拠づけをしている（最一小判昭和四四・七・三民集二三巻八号一二九七頁）。現在の多数説もこれによるものといえる（我妻栄・新訂担保物権法四五七頁、柚木馨＝高木多喜男・担保物権法〈新版〉四〇一頁、柚木馨編・註釈民法⑼二〇六頁〔柚木＝高木〕、平井・末尾⑦五一頁、山田・末尾⑭二五頁、小林・末尾⑯六九頁、森井・末尾⑰八四頁など。なお、鎌田・末尾⑲三三頁は、「今日の学説のほぼすべて」と指摘されているがそういえるかどうか疑問である）。そして、このような見解によるときは、常に債務者所有の甲不動産上の後順位抵当権者よりも物上保証人を保護する結果となる。

これに対して、我妻旧説は、共同抵当権に関する民法三九二条の適用を全部債務者の所有の場合に限るのは独断であり、全ての共同抵当に適用すべきであるとされ（我妻栄「判批」判民昭和一一年度一五〇事件）、鈴木教授も基本的にこれを支持し、民法三九二条は一項・二項を問わず、すべての共同抵当に適用されるものであると主張される（鈴木禄弥・抵当制度の研究二三二頁）。このような見解によると、債務者所有の甲不動産上の後順位抵当権者も物上保証人所有の乙不動産に代位できるということになるし、物上保証人が甲不動産に代位できるのは代位弁済した全額ではなく一項による割付額の範囲であり、かつそれは甲不動産上に後順位抵当権者が存在しない場合でも同様ということになろう。この結果、物上保証人は、後順位抵当権者に代位されたことによって弁済した額、あるいは割付額を超える代位弁済額については、債務者に対して求償できるにすぎない。そして、この求償権は何ら担保されていないという不利益は甘受しなければならないのである。一方、このことにより債務者所有の甲不動産上の後順位抵当権者は、いずれの場合も甲不動産に対する割付額を超える部分の担保価値については把握できるという保障が得られることになる。このように、一律に物上保証人を犠牲にしてよいかどうかである。

そこで、学説には、折衷説ともいえる見解がみられる。椿教授は「これらが絶対的な〝正誤〟の問題というよりも相対的な〝当否〟のそれではないかと思われる」とされ、甲不動産の後順位抵当権者に対して物上保証人を勝たせた結論（前掲最一小判昭和四四・七・三）には賛成であるが、他の諸場合および共同根抵当の場合については、それぞれ考えなければならないとされる（椿・末尾①一二四頁）。荒川教授は、常に物上保証人が優先するのか常に後順位抵当権者が優先するのかといった議論のたてかたには疑問があり、個々のケースにつき、いずれを優先させるかを考えないものであろうかと提言される（荒川・末尾②六〇頁）。石田教授は、このような提言を支持しながら、ある程度の類型化のための基準として、物上保証人の代位と後順位抵当権者の代位が衝突する場合には物上保証人に、競合する場合は後順位抵当権者に優先権を認め、いずれかが第三者に譲渡された場合は譲渡前に設定登記を経由していた後順位抵当権者は、民法三九二条二項の代位を主張でき、譲渡後に設定した後順位抵当権者は衝突か競合かで左右し、いずれの不動産も第三者に譲渡されたときは後順位抵当権設定登記が譲渡の前か後かで区別するのが妥当とされる（石田・末尾⑤四七八頁、七四九頁）。これらの諸見解は、判例理論のように一概に民法三九二条二項の適用を否定するというものではないのである。

以上のように、共同抵当の代位によるのか弁済者の代位理論によるのかについては、判例理論や多数説は後者によるものとし、本判決はかかる見解に依拠したものといえるが、学説には有力な反対説や折衷説もみられるのである。

⑶　物上保証人所有の後順位抵当権者と債務者所有の後順位抵当権者間の優劣

両後順位抵当権者のいずれが優先するかについては、本判決の示した新判例である。本判決では、判旨のように前者が優先するとしている。その理論的構成としては、まず、共同抵当の目的不動産の所有者が異なる場合には、弁済者の代位理論によるものであることを前提として、物上保証人が債務者所有の甲不動産上の一番抵当権に代位すること、「それに伴い、後順位抵当権者が物上保証人の取得した一番抵当権にあたかも物上代位するようにこれを行使しうること」の結果であるとしている。本判決が、「後順位抵当権者が物上保証人の取得した一番抵当権にあたかも物上代位する」との解釈は、前述の最高裁昭和五三年判例（前掲昭和五三・七・四）を踏襲するものであるが、これを前提として、

〝前者が後者に優先すると帰結したこと〟が新判例である。最高裁昭和五三年判例は、物上保証人と物上保証人所有の甲不動産上の後順位抵当権者の優劣が争われる事案であることから、そこで用いられた理論を援用することが、本件事案においても妥当かどうか問題となろう。

ところで、学説の趨勢としては、最高裁昭和五三年判例に関しては、後順位抵当権者が物上保証人に優先するとした結果は妥当とする見解が多数である（平井・末尾⑦五一頁、高木・末尾⑩六七頁）。また本判決についても、異論はみられない（森井・末尾⑰八四頁、山田・末尾⑭二六頁、小林・末尾⑯六九頁）。しかし、後順位抵当権者が物上保証人の甲不動産上の一番抵当権をあたかも物上代位することの結果であるとする理論構成については、高木教授は「判例が、これまで、築いてきた理論を土台にして、同一結論を導くためには、複雑にして、かつ若干不明瞭さが残る（「物上代位をすると同様に」と述べており、この法律関係は必ずしも明確ではない）にせよ、やむを得ない」としてその不十分さを指摘されているし（高木・末尾⑩六七頁）、石田教授は、上告理由の物上代位類推論に対し、民法三〇四条は「権利の上への代位」に適用されないとの批判には聴くべきものがあり（石田・末尾⑤七四五頁）、それは「一種の仮託理論」であり、「物上保証人は（債務者所有の甲不動産上の?）後順位抵当権者に優先するという一般論にとり込もうとしたため、物上代位を上のせする余剰な二段構成を採らざるを得なくなってしまったものと推測されるが、惜しまれる」（石田・末尾④一五七頁、一五八頁。（　）内は筆者補足）として批判されている。石田教授の批判は、判例のように弁済者の代位理論となると、このような仮託理論や二段構成を採らざるを得ず、そうだとすると共同抵当の代位によるのが素直ではないかとの指摘につながるもので注目される。ましてや、本件事案のような場合において、当然にかかる理論を持ち込んで帰結することについては、形式論理的には整合性はあるとしても、価値判断の見地からすると問題が残るように思われる。

二　判旨⑵は、債権者と物上保証人との間で、物上保証人が弁済等による代位権を取得したとしても、債権者の同意がなければ行使できないとする、いわゆる代位権不行使特約は、本件事案における後順位抵当権者との関係では効力はないとしている。このような代位権不行使特約は、銀行取引約定書などで行われているものであり、その目的とするところは、保証人が一部を履行した場合に、独自にその代位権の行使を認めると債権者が残債権を回収する上で支障を来すおそれがあることを考慮したものであるとされ（全国銀行協会連合会法規小委員会・新銀行取引約定書ひな型の解説二〇七頁、石井眞司・新銀行取引約定書の解説一九二頁、堀内仁「代位権不行使等の特約（銀取保証条項第三項）の効力」手研三〇七号一〇四頁など）、合理的理由あるものとして、その有効性が認められている。本件事案は、これらの場合と異なり、根抵当権設定契約書で約定されたものではあるが、本判決はその有効性を前提としたものである。ただ、本判決は、このような特約は「物上保証人が弁済等をしたときに債権者の意思に反して独自に抵当権等の実行をすることを禁止するにとどまり、すでに債権者の申立によって競売手続が行われている場合」まで行使を禁止するものではないとの制限的解釈をしている点が注目される。このような特約の有効性は、保証人の一部弁済の場合に限るべきであるとか（鈴木禄弥・註釈民法⒄三三二頁）、債権又は担保権が準共有する場合に限定してよい（門口・末尾⑬二五四頁）などの見解がみられるが、本判決は、このような場合であっても債権者の申立てで競売手続が行われている場合は制限されるとしていることに留意すべきである。さきのような代位権不行使特約をすることの目的からすれば、本判決の見解は妥当といえよう。

ただ、かりに、少数説の言うように、本件事案の場合、共同抵当の代位により処理するときは、かかる特約は何の意味もないことになろう。

三　判旨⑶は、一部弁済による代位の効果につき、抵当権実行による配当に当たっては債権者が優先することを明らかにしたもので、従来の学説、判例との関係づけは重要であるが本稿では省略する。

四　学理上の問題点

共同抵当における異時配当の場合、民法三九二条二項による代位の規定により、すべてを処理するのかどうか。とくに、民法五〇〇条の弁済による代位と民法三九二条二項の共同抵当の代位が衝突ないし競合する場合、いずれによるのかとの関係で問題となる。民法三九二条二項は、共同抵当不動産の全部が債務者の所有に属する場合にのみ適用があり、その全部又は一部が物上保証人の所有である場合は適用されないとするのが判例理論であるとされてきた（門口・末尾⑬二五〇頁）。すなわち、このような場合は弁済者の代位理論によるとするものである。しかし、近時、最高裁は、共同抵当の目的不動産が同一の物上保証人の所有に属する場合は、後順位抵当権者は民法三九二条二項後段により代位することを明らかにした（最二小判平成四・一一・六民集四六巻八号二六二五頁、判タ八一四号二二四頁）。このことは、共同抵当の目的不動産が同一所有者に属する場合は、民法五〇〇条による代位との調整の必要はないとの考えによるものと思われる（鎌田・末尾⑲三四頁）。その結論は当然といえるが、しかし、物上保証人の所有の場合でも必ずしも弁済者の代位理論による必要のない場合のあることが確認されたわけである。他方、これまでの判例理論は、弁済者の代位と共同抵当の代位の衝突（物上保証人と債務者所有の甲不動産上の後順位抵当権者間）の場合か、競合（物上保証人と物上保証人所有の乙不動産上の後順位抵当権者間）の場合かのいずれかの場合に限って、弁済者の代位理論によるとしてきた――学説にはこれについても異論のあったところであるが――わけであるが、これを単純に接合させて、本件事案のような衝突・競合状態（物上保証人所有の乙不動産上の後順位抵当権者と債務者所有の甲不動産上の後順位抵当権者間）の場合に当てはめてよいかどうかをも含めて考察することが必要ではないかと思われる。

衝突の場合は、物上保証人は共同抵当の代位によれば甲不動産に対する割付額の範囲においてしか優先弁済が受けられないのに対して、弁済者の代位理論によれば全額の弁済が受けられる。後順位抵当権者の利害はこの逆となる。そこで、物上保証人と債務者との関係では債務者に最終的な負担を負わすべきであり、そうだとすると債務者の所有不動産に後順位抵当権を設定する者は、そのような債務者自身の地位に由来するマイナスをかぶらせても不当でないとの価値判断（椿・末尾①二二四頁）に立つならば、弁済者の代位理論によることになる。反対に、後順位抵当権者は、共同抵当につき同時配当がなされた場合より劣悪な地位を与えられてはならないとの価値判断（鈴木(禄)・前掲書二三五頁）に立つならば、共同抵当の代位によることになる。私見としては前者に共感を感じる。競合の場合は、弁済者の代位によれば物上保証人が甲不動産に代位し、これに対して、後順位抵当権者は物上代位する。共同抵当の代位によるときは、後順位抵当権者のみが甲不動産に代位することになろう。いずれにしても物上保証人と後順位抵当権者との関係では後順位抵当権者が優先する。ただ、弁済者の代位理論によるときは二段の構成が必要であり、やや技巧的という理論構成上の問題を残すことになる。しかし、この場合、共同抵当の代位によるときは、後順位抵当権者が甲不動産に代位できるのは甲不動産に対する割付額を限度とするため、自己の被担保債権額がこの割付額を超えるときは、この部分については優先弁済を受けられないことになる。これに対して、弁済者の代位理論によるときは、物上保証人は全額につき代位できることから、後順位抵当権者の被担保債権はこの範囲内で優先弁済を受けることができる。そうだとすると物上保証人の後順位抵当権者にとっては、弁済者の代位理論によるほうが有利ということになる。そこで、問題となるのが衝突・競合の場合である。この場合には、「物上保証人の保護＝求償権実現の確保」は妥当として、このことを物上保証人の後順位抵当権者に対しても保障しなければならないかの問題が加わる。石田教授は、「保障する筋合いは無い」とされる（石田・末尾⑤七四三頁）。共同抵当の代位により物上保証人の後順位抵当権者は甲不動産に割り付けられた範囲において優先弁済を受けるにすぎない。このことによって債務者の後順位抵当権者は、そのことは当初から覚悟していたわけでそれ以上の不利益を負うことはないということになる。しかし、衝突の場合に、「後順位抵当権者でも、目的物件が債務者の所有か第三者の所有かにより、満足を期待できる度合いが異なってくるのは避けられない」「ある債権者が次順位抵当権によって把握しようとする物件の法的性状が異なる以上、不平等な取扱いが生まれてもやむをえない」（椿・末尾①一二四頁）との論理を推し進めるならば本判決は妥当ということになる。これに対して、同じ後順位抵当権者でありながら、一方が優先するのは割り切れないとの反論も予測できるが、衝突の場合に物上保証人が債務者の後順位抵当権者に優先することを承認するのであれば、この物上保証人の有する利益を担保目的としている物上保証人の後順位抵当権者もそれを取得できてもよいのではないかと思われる。そこで、かかる結果を導くためには、弁済者の代位理論によらざるを得ないことになろう。この意味では、理論構成としてはやや技巧的なところはないわけではないが、本判決の思考は妥当といえよう。

五　実務上の留意点

本判決を前提とすると、後順位抵当権者による代位の方法が実務上問題になる。この場合の後順位抵当権者の代位は、共同抵当の代位ではないことから、民法三九三条の代位の附記登記を必要としない（時岡・末尾⑧一四八頁）。大審院昭和一一年判決（前掲昭和一一・一二・九）が、代位の附記登記を求める請求を排斥していることからも明らかである。また、後順位抵当権者は物上保証人に移転した甲不動産上の第一順位の抵当権の上に担保権を取得したと同様の結果を享受することになるだけで、後順位抵当権者が自ら代位するものではないから、民法一七七条の登記をも必要としない。後順位抵当権についての登記があれば十分である。ただ、抵当権による物上代位（民法三七二条・三〇四条）による差押えがいるかどうか問題になる。このことに関しては、最高裁昭和五三年判決（前掲昭和五三・九・二九）は、「差押えを必要とするものではない」としている。実務としては、これによってよいであろう。ただ、学説には、これに賛成するもの（高木・末尾⑩六七頁）、疑問とするもの（鈴木（正）・末尾③、石田（穣）・末尾⑪九六頁、石田・末尾⑤七四五頁、平井・末尾⑦五一頁）、民法三〇四条への影響を強調するもの（内田・末尾⑥一九七頁）などがみられる。それらの検討は、本稿では留保する。

〈参考解説・評釈〉

①椿寿夫「判例評釈」判評一三六号一五頁（判時五九〇号一二一頁）（昭四五）
②荒川重勝「判例批評」民商六三巻一号五四頁（昭四五）
③鈴木正和「判例研究」手研二二九号一四頁（昭五〇）
④石田喜久夫「判例評釈」判評二四六号二五頁（判時九二八号一五五頁）（昭五四）
⑤石田喜久夫「判例評釈」民商八〇巻六号七三六頁（昭五五）
⑥内田貴「判例解説」民法判例百選Ⅰ総則・物権〈第二版〉（別冊ジュリ七七号）一九六頁（昭五七）
⑦平井一雄「判例研究」金判五六八号四八頁（昭五五）
⑧時岡泰「判例解説」曹時三一巻七号一三六頁（昭五四）
⑨時岡泰「判例解説」ジュリ六八二号九〇頁（昭五四）
⑩高木多喜男「判例解説」判タ三九〇号六七頁（昭五四）
⑪石田穣「判例評釈」法協九六巻一一号九六頁（昭五四）
⑫門口正人「判例解説」ジュリ八四五号六九頁（昭六〇）
⑬門口正人「判例解説」曹時三八巻一一号二四四頁（昭六一）
⑭山田二郎「判例研究」金法一一二五号二三頁（昭六一）
⑮内田貴「判例解説」民法判例百選Ⅰ総則・物権〈第三版〉（別冊ジュリ一〇四号）一八八頁（平元）
⑯小林資郎「判例解説」昭和六〇年度重判解（ジュリ八六二号）六七頁（昭六〇）
⑰森井英雄「判例コメント」判タ五九八号八二頁（昭六一）
⑱角紀代恵「判例評釈」判タ八二三号六〇頁（平五）
⑲鎌田薫「判例研究」金法一三六一号三二頁（平五）

16 共用根抵当権における被担保債権への充当方法と案分の基礎となる被担保債権額の算定方法

〔最判平成九年一月二〇日民集五一巻一号一頁〕

一　事　実

X信用金庫（原告、被控訴人、被上告人）は、訴外A社に対して貸金①（元本一、七七九万七、三三二円、損害金三一一万二、八二四円）、貸金②（元本二七〇万円、損害金三九万六、七一六円）、貸金③（元本三、二〇九万一、八八三円、損害金五七四万八、四〇三円）、貸金④（元本二、六五七万三、八一一円、損害金四七八万〇、三七三円）の四本の債権を有している。そして、訴外A社の代表者であるY_1（被告、控訴人、上告人）は、この①～④の四本の貸付金につき連帯保証を行い、保証債務①、保証債務②、保証債務③、保証債務④の四本の保証債務が存在する。他方、X信用金庫はY_1に対して貸金⑤（元本一、五六〇万円、損害金二六七万七、七四九円）、貸金⑥（元本六、九二六万九、五六二円、利息二二三万、損害金一、一四二万四、七三三円）の二本の債権を有し、この二本の貸付金につき、Y_1の妻であるY_2が連帯保証をしている。

一方、X信用金庫は、Y_1所有の建物に、Y_2を設定者とする根抵当権を有している。その設定状況は、訴外A社を債務者とする、極度額三、〇〇〇万円、被担保債権の範囲を「信用金庫取引及び手形債権、小切手債権」とする第一順位の根抵当権と、訴外A会社及びY_1を債務者とする、極度額二億円、被担保債権の範囲を「信用金庫取引及び手形債権、小切手債権」とする第二順位の根抵当権になっている。

このような状況の下で、X信用金庫は、第二順位根抵当権に基づき、前記の貸金①～⑥を請求債権として競売を申し立て、第一順位根抵当権に基づき三、〇〇〇万円の配当金を、第二順位根抵当権に基づき一億一、六七七万七、二二八円の配当金を受領した。ところが、第二順位根抵当権に対する配当金では、被担保債権のすべてを消滅させることができないことから、X信用金庫は、Y_1及びY_2に対して、残債務及びその保証債務の履行の請求を行った。その際、第二順位根抵当権に基づき配当金として受領した一億一、六七七万七、二二八円については、第二順位根抵当権のような債務者を複数人とするいわゆる共用根抵当権の場合には、配当金をどの債務に充当するかの選択権は債権者（X信用金庫）にあるなどとして弁済充当を行い、貸金⑥の残債務を請求した。これに対して、Y_1及びY_2は、第二順位根抵当権に基づく配当金は、民法四八九条の規定に基づき弁済充当されることになり、その結果、請求にかかわる貸金⑥の債務は消滅しているとして争った。

第一審は、共用根抵当権では、X信用金庫には、配当金の充当についての選択権はないとし、その配当金の充当方法として、訴外A会社に対する債権を担保するための部分（貸金①～貸金④の残債権）とY_1に対する債権を担保するための部分（貸金⑤と⑥）は同順位にあり、配当金は右部分の債権額に応じて按分的に充当されると解し、Y_1及びY_2の主張に対しては、本件は弁済充当が問題になる場面ではないとした。原審も、共用抵当権が設定されたときは、これらの二以上の債権はいずれも右抵当権により同順位で担保され、配当金は各債権額に応じて按分されるべきであり、民法四八九条等の法定充当の規定は、同一の債務者に対する数個の債権を持つ債権者に割り付けられた配当金をそれぞれの債務の弁済に充当する場面において適用されるもので、共用根当権における配当金の割付けには適用されるものではないとした。

Y_1及びY_2は、これに対して、民法四八九条の適用に当たって債務者が同一であることを要件とする解釈には法令の違背があること、共用根抵当であり、かつ、債務者たる個人と法人代表者が一致し、債権者、債務者双方で実質的には一個の債務者に対する取引としての意識しかない事例では民法四八九条を準用すべきことは、共用根抵当権の場合に根抵当権の数自体複数あることを前提とするもので基本的に疑問があることなどを主張して上告した。

二　判旨

一部破棄自判・一部上告棄却

「1　不動産競売手続における債務者複数の根抵当権についての配当金が被担保債権のすべてを消滅させるに足りない場合においては、配当金を各債務者に対する債権を担保するための部分に被担保債権額に応じて案分した上、右案分額を民法四八九条ないし四九一条の規定に従って各債務者に対する被担保債権に充当すべきである。けだし、債務者複数の根抵当権は、各債務者に対する債権を担保するための部分から成るものであるが、右各部分は同順位にあると解されるから、配当金を各債務者についての被担保債権額に応じて右各部分に案分するべきであり、債権者の選択により右各部分への案分額が決められるものと解する余地はなく、また、同一の債務者に対する被担保債権相互間においては、法定充当の規定により右案分額を充当することが合理的であるからである。」

「2　右1における案分の基礎となる各債務者についての被担保債権額を算出する場合には、ある債務者に対する債権の弁済によって他の債務者に対する債権も消滅するという関係にある複数の被担保債権があるときにおいても、いずれの債権もその全額を各債務者についての被担保債権額に算入するべきであって、右算入額の合計額が根抵当権者が弁済を受けることができる額を超えてはならないものではない。」

「債務者を上告人Y_1とする部分への案分額八、四三五万一、一八八円は、法定充当の規定に定めるところと異なる充当をするべき事由につき何らの主張、立証のない本件においては」まず貸金⑤及び⑥の利息、損害金の全額に充当され、次いで上告人にとって弁済の利益の大きい貸金⑤及び⑥のうち先に弁済期の到来する貸金の元本に充当される。

三　評　釈

一　本件事案で問題となっている第二順位根抵当権のように、根抵当権の被担保債権決定基準のうち債務者基準がY_1及び訴外A会社とする複数の場合を、いわゆる共用根抵当権と呼ばれている。このような共用根抵当権については、根抵当法制定以前においても認められ、昭和三七年七月六日民事発六四六号民事局第三課長回答も「債務者を異にする数個の債権を併せ担保するために、物上保証人から担保を徴求し、これについて一個の根抵当権を設定しその登記をすることができる。」としている。根抵当法制定前において、登記実務上、このような共用根抵当権の登記を認めていたことについては、登記実務の基本的前提が基本契約説であったことからすると意外な感じがするし、債務者の変更はできなかったと思われることから実際的には運用ができなかったのではないかと思われるが[1]、根抵当法制定後においては共用根抵当権の設定については異論はないようである[2]。また、根抵当法施行二〇周年を記念して行われたアンケート調査によれば、八割以上の金融機関が共用根抵当権を利用しているようである[3]。そして、その利用の実態は、本件事案と同様に、主債務者とその連帯保証債務者を根抵当権の被担保債権決定基準の債務者とする場合が多いようである。

二　ところで、このような共用根抵当権の場合において、根抵当権の実行に伴う各債務者への配当金の割当をどのように行うのかについては民法ないし民事執行法上規定がない。また、このことに関する議論も、これまでみられなかった。本判決は、このことに関する最初のものである。

このことに関しては、まず、第二順位根抵当権に割り当てられた配当金につき、多数の債務が存在する場合の弁済充当の法理により処理することが考えられる。本件訴訟当事者の主張はいずれも、このことを前提とするものである。これに対して、第一審及び原審が、弁済充当の法理によることは妥当でない旨を判示し、そのことを前提として、共用根抵当権の場合の配当は「各債務者に対する債権を担保するための部分に被担保債権額に応じて案分する」ものとしている。本判決もこれを支持している。この限りでは、判例理論として確立しつつあるものといえる。

その理由として、第一審判決は、⑴根抵当権設定契約書八条は根抵当権者に充当につき選択権を認めたものではなく、民法三九八条ノ一四は直ちに適用ないし準用されないこと、⑵訴外A会社に対する債権を担保する部分とY_1に対する債権を担保する部分との優劣が登記簿の記載から判明できないこと、⑶成立順序の早い債権あるいは弁済期の到来順序の早い債権から順に担保とすると考えることは、根抵当権の性質にそぐわないこと、⑷公平の観念に照らして同順位にあると解するのが相当であること、⑸民法四八九条は債権者及び債務者が同一であることが前提であり債務者を異にする数個の債務の存在の場合には適用できないこと、⑹そもそも弁済充当が問題になる場面ではないことを挙げている。そして、ここでは、共用根抵当権の場合の配当方法については、前述のように規定もなく、議論もまったくみられなかったという状況の下において、その方法を探るための多面的な理論的探究の跡がみられ評価できよう。ただ、共用根抵当権の場合の配当方法については、なぜ弁済充当の法理によるべきでないのかについては、それほど明確に根拠づけられていないように思われる。また、公平の観念まで持ち出して配分基準を決めていることについては、基本的にはまだ弁済充当的思考に捉われているのではないかと推測される余地がみられる。原審判決は、第一審判決の理由づけを引用するとともに、⑺共用根抵当権は各債務者に対する債権を同順位で担保していること、⑻共用根抵当権の設定者が被担保債務者の一人である場合も同等に扱われるべきであること、⑼民法四八九条等は前述⑸と同様の理由で適用はなく、共用根抵当権における配当金の割付けには適用できないことを挙げている。このように原審判決に至って、この問題は、共用根抵当権の法的構造にかかわるものであるとの認識のもとで考えられているようである。そして、本判決に至って、このことは明確に示され、判示のように、⑽共用根抵当権の法的構造は「各債務者に対する債権を担保するための部分から成るものであり、右各部分は同順位にある」ことを前提として配当方法を帰結している。

根抵当権は、被担保債権決定基準に適合する債権につき、極度額の範囲において担保される可能性がある。それは、各債権については、発生の時期や弁済期の先後にかかわらず同等である。この意味において、第一審判決の理由⑶は正当である。このことは、共用根抵当権のように、債務者を異にする債権についても、同様である。このことから、原審判決の理由⑺及び本判決の理由⑽は当然の帰結といえる。この結果、共用根抵当権における配当方法は、まさに共用根抵当権の法的構造から導かれるものであって、弁済充当の問題でないとする判例の考え方は妥当といえる。それは、思考的には、根抵当権の共有に関する民法三九八条ノ一四第一項本文の「根抵当権の共有者は各其債権額の割合に応じて弁済を受ける」とする考え方と共通するものである。ただ、共用根抵当権に、この根抵当権共有の規定が適用ないし準用されるものではなく、共用根抵当権の法的構造から導き出されるものであることから、民法三九八条ノ一四第一項但書の適用ないし準用の余地はない。また、このように考えると、共用根抵当権における配当の問題は、共用根抵当権の効力に関する問題[4]であって、単なる弁済充当の問題ではないことになる。また、第一審判決の理由⑷のように公平の観念を持ち出すまでもないことである。

なお、最高裁昭和六二年判決[5]は、不動産競売手続における配当金が同一担保権者の有する数個の被担保債権のすべてを消滅させるに足りない場合には、民法四八九条ないし四九一条の規定に従って数個の債権に充当するとしている。また、本件訴訟当事者も弁済充当の方法によるものであること、特にY_1においては最高裁昭和六二年判決と同様に法定充当によるべきことを主張していることとの関係づけを明確にして置く必要がある。第一審判決の理由⑸及び原審判決の理由⑼は民法四八九条などの規定は同一債務者に対して複数の債権のある場合に適用されるものであって、複数の債務者に対して複数の債権のある場合に適用されるものではないとして、これらの見解を排斥している。しかし、なぜこのように解しうるのかは明らかではない。この点、民法四八九条などの充当に関する規定の文言からは、債務者が同一である場合に限ると解することは困難である。しかし、民法はもともと一人の債権者に対する一人の債務者の場合を前提として債権関係を規定し、債務者ないし債権者が複数の場合については多数当事者の債権債務関係として特別の修正規定を置いている。このような規定上の構造からすると、民法四八九条などの充当に関する規定は一人の債務者を前提としたものであると解することができるし、これを修正する特別規定も置かれていないことからすると理由⑸及び理由⑼

の解釈が妥当といえる。ただ、共用根抵当権についての配当方法は、基本的にはこのような弁済充当の問題ではないことから、理由⑸及び理由⑼を根拠としては導かれるものではないのである。

また、本件事案では、共用根抵当権の設定者が被担保債務者の一人であることから、自己の債務についての根抵当権と他人の債務についての物上保証人としての根抵当権が併存することになる。このような場合、そこには利害の違いのあることから、いずれかに先に配当をして消滅させるべきではないかとの考えも生ずる。しかし、根抵当権設定者としての責任負担という観点からみると差異はないことから、原審判決の理由⑻のいうとおりである。

ところで、共用根抵当の場合の配当方法としては、一般論として「各債務者に対する債権を担保するための部分に被担保債権額に応じて案分」するのが妥当としても、本件事案のような場合においても適切であるかどうかは問題となる。上告理由において主張されているように、本件事案においては、債務者たる本人と法人代表者が一致し、債権者、債務者双方で実質的には一人の債務者に対する取引としての意識しかなかった事例の場合において――もっとも共用根抵当ではこのような場合が一般的であるとされているのであるが――も、同様に解してよいのかどうかである。このような場合においては、共用根抵当権としてよりも、一人の債務者に対する複数の債権の存在する場合と同様に解して、弁済充当の方法によるのが適当ではないかということである。しかし、共用根抵当において債務者とされている者が、内部的にどのような関係にあるかは登記などからは判明できないことから、このようなことを考慮して共用根抵当権の成否を判断することになると利害関係を有する第三者に不測の損害を与えることになりかねない。根抵当権の効力の問題として処理する限りにおいては、公示方法としての登記を基準として形式的に判断するのが妥当と思われる。この意味においては、その各債務者間の内部関係を考慮することなく、形式的に複数債務者に対する債権の担保を目的とする根抵当権については共用根抵当権と解して、一般原則による配当方法によるのが妥当といえる。

三　なお、共用根抵当における配分方法として各債務者に対する債権を担保するための部分に被担保債権額に応じて案分する場合に、その案分の基礎となる被担保債権額の算出方法が問題となる。特に、本件事案のように、Y_1に対する債権としては、前記保証債務①〜④の四本と貸金⑤と貸金⑥の二本があり、保証債務①〜④は訴外A会社に対する貸金①〜貸金④が消滅すると消滅する運命にある場合に、これらもY_1に対する被担保債権として案分のための分母にしてよいかどうかである。そして、もしこれらの保証債務①〜④の四本をも加えると合計額が根抵当権者が弁済を受けることができる額を超えることになるが問題がないかどうかである。原審は、訴外A会社を債務者とする被担保債権額は貸金①〜④とし、Y_1を債務者とする被担保債権額は貸金⑤と貸金⑥として保証債務①〜④は算出の基礎としないで案分した。これに対して、本判決はY_1を債務者とする被担保債権額については貸金⑤と貸金⑥に保証債務①〜④をも加えて算出し、それを基礎として案分している。

このことに関しては、貸付債権に配当金が充当されれば、保証債務は当然に付従性によって消滅してしまうことから、保証債務を念頭において配当計算の基礎を固めるべきではないというのが通常の感覚であることから、判旨はちょっと乱暴であり、「問題の性質上合理的である」という言い方には反発がでるかもしれない(6)とか、合理的だといいきれる実質的理由がどこにあるのか問題であり、競売申立債権者は申立に際し、保証債務は重複するので表には出していかないのが普通である(民事執行規則一七〇条二号)ことから、競売裁判所が隠れた保証債務も俎上に乗せて配当額を計算しなければならないことになり、手続面でもいかがかと思う(7)との見解がみられる。

これに対して、本判決は、「複数の被担保債権の相互関係は、本件のような主たる債務に対する債権とその連帯保証債務に限られるものではなく、同一の約束手形の複数の裏書人に対する手形金債権である場合や約束手形の振出人に対する手形金債権と右手形の振出依頼人に対する手形買戻請求権である場合など多種多様な場合があり得るところ、根抵当権者が弁済を受けることができる額を超えて被担保債権額が算入されないような基準をあらゆる場合について策定することは事実上困難であって、いずれの債権もその全額を算入する扱いが簡明であり、問題の性質上合理的である」と理由づけている。たしかに、このように処理することが簡明であることは明らかであるが、それが「問題の性質上合理的」であるのはなぜなのか明らかでない。また、問題の簡明処理だけで、この問題を考えてよいわけではない。このことに関しても、共用根抵当権の法的構成から帰結されるべきである。たしかに、保証債務は主たる債務につき弁済されることによって消滅するものではあるが、共用根抵当権によって担保されているのは主債務者に対する主債権と保証人に対する保証債権であり、各債権は別個独立の被担保債権である。このことの結果として、前述の案分の分母に保証債務を独立に算入することが認められることになるものと解されるのである。この意味において、判旨は妥当ということができる。このため、共用根抵当権の実行の申立においては、保証債務につき申立てがなければ算入の基礎とすることはできないことになる可能性があると解される。なお、このように解すると算入額の合計額が根抵当権者が弁済を受けることのできる額を超えることになるが、しかし当該根抵当権によって優先弁済の受けられるのは根抵当権者の被担保債権額を超えることはないことから不都合は生じないであろう。

四　つぎに、同一債務者に対する債権が複数ある場合に、各債務者に案分配当された配当金をどのように配分するか問題になる。本判決は、案分額を民法四八九条ないし四九一条の法定充当の規定により充当するのが合理的であるとしている。しかし、実際の配当の段階では「法定充当の規定に定めるところと異なる充当をすべき事由につき何らの主張、立証のない本件では」として法定充当により充当している。そこで、この両者の見解の関係をどのように解すべきか問題となる。すなわち、共用根抵当権において各債務者に案分された額の充当については必ず法定充当によるべきであるとするのか、特約など充当の方法につき特別の事情のあることを主張したときは、その特約などに従って充当することができるということなのかである。本件判決の論理的構造からすると後者のように解することが可能である。このため、特約による充当や指定充当の可能性を認めたものと解する余地があるのではないかと主張したことがある。[8] しかし、前述昭和六二年判決[9]は、不動産競売手続における充当においては、「債権者による弁済充当の指定に関する特約がされていても右特約に基づく債権者の指定充当は許されないものと解するのが相当である。けだし、不動産競売手続は執行機関がその職責において遂行するものであって、配当による弁済に債務者又は債権者の意思表示を予定しないものであり、同一債権者が数個の債権について配当を受ける場合には、画一的に最も公平、妥当な充当方法によることが右競売制度の趣旨に合致するものと解されるからである。」と判示している。私見としては、実体法上、弁済充当につき指定充当が認められているにもかかわらず、執行手続法でこの法理を修正するような判例については疑問がある。(10) ただ、本判決は、この判決を修正するほどのものではないようであるから、判例理論としては指定充当の可能性はないものと解される。

(1) 石井真司＝伊藤進＝上野隆司「鼎談・共用根抵当権が実行された場合における配当金の充当方法」銀行法務21五三五号五六頁(石井発言)。
(2) 我妻栄・新訂担保物権法四七八頁、鈴木禄弥・新版根抵当法概説四三頁、香川保一「根抵当法逐条解説(1)」登記研究五二九号五頁。
(3) 「アンケート調査」金融法務事情一三六一号三〇頁参照。
(4) 本判決のコメント(判例時報一五九三号五三頁)。
(5) 最判昭和六二・一二・一八民集四一巻八号一五九二頁。
(6) 石井＝伊藤＝上野・前掲五八頁(石井発言)。
(7) 石井＝伊藤＝上野・前掲五八頁(上野発言)。
(8) 石井＝伊藤＝上野・前掲五八頁(伊藤発言)。
(9) 前掲、最判昭和六二・一二・一八。
(10) 執行手続における弁済充当の方法についての検討は、ここでは留保する。

17 被相続人から抵当権設定を受けた相続債権者と相続財産法人に対する抵当権設定登記請求の許否

〔最判(一小)平成一一年一月二一日民集五三巻一号一二八頁、判時一六六五号五八頁、金判一〇六四号一五頁、金法一五四二号五五頁〕

一　事　案

X銀行は、訴外Aとの間で、平成元年九月二五日にA所有の不動産上に極度額四億四、〇〇〇万円の根抵当権を設定する契約を締結したが、その設定登記手続がされないまま、Aは平成七年一月三〇日に死亡した。そこで、X銀行は、平成七年三月二〇日に仮登記を命ずる仮処分命令を得て、平成元年九月二五日設定を原因とする根抵当権設定仮登記を了した。その後、Aの相続人全員が相続放棄をし、平成八年四月一五日、X銀行の申立により、亡A相続財産法人(Y)の相続財産管理人にB弁護士が選任された。そこで、X銀行からYに対し、本件根抵当権につき、仮登記に基づく本登記手続を請求して訴えた。

第一審はXの請求を棄却したが、原審はXは民法九二九条但書の「優先権を有する債権者」に該当しないとして消極に解しながら、相続財産法人は被相続人を承継した相続人と同様の地位にあることを理由として本登記手続請求を認容した。これに対して、Yは、大審院昭和一四年判決に違背することなどを理由として上告した。

二　判　旨

民法九二九条但書の「『優先権を有する債権者の権利』に当たるというためには、対抗要件を必要とする権利については、被相続人の死亡の時までに対抗要件を具備していることを要すると解するのが相当である。相続債権者間の優劣は、相続開始の時点である被相続人の死亡の時を基準として決するのが当然だからである。この理は、所論の引用する判例（大審院昭和一三年(オ)第二三八五号同一四年一二月二一日判決・民集一八巻一六二一頁）が、限定承認がされた場合について、現在の民法九二九条に相当する旧民法一〇三一条の解釈として判示するところであって、相続人が存在しない場合についてこれと別異に解すべき根拠を見いだすことができない。」

「相続財産の管理人は、すべての相続債権者及び受遺者のために法律に従って弁済を行うのであるから、弁済に際して、他の相続債権者及び受遺者に対して対抗することができない抵当権の優先権を承認することは許されない。そして、優先権の承認されない抵当権の設定登記がされると、そのことがその相続財産の換価（民法九五七条二項において準用する九三二条本文）をするのに障害となり、管理人による相続財産の清算に著しい支障を来すことが明らかである。したがって、管理人は、被相続人から抵当権の設定を受けた者からの設定登記手続請求を拒絶することができるし、また、これを拒絶する義務を他の相続債権者及び受遺者に対して負うものというべきである。

以上の理由により、相続債権者は、被相続人から抵当権の設定を受けていても、被相続人の死亡前に仮登記がされていた場合を除き、相続財産法人に対して抵当権設定登記手続を請求することができないと解するのが相当である。限定承認がされた場合における限定承認者に対する設定登記手続請求も、これと同様である（前掲大審院判決を参照）。なお、原判決の引用する判例（最高裁昭和二七年(オ)第五一九号同二九年九月一〇日第二小法廷判決・裁判集民事一五号五一三頁）は、本件の問題とは事案を異にし、右に説示したところと抵触するものではない。」

三　先例・学説

被相続人から抵当権の設定を受けていた相続債権者が、相続財産法人に対して抵当権設定登記手続を請求した場合に、これが認められるか否かについての先例や学説はあまり見当たらない。しかし、相続人全員が相続を放棄した場合には、相続人が存在しない場合として、相続財産は当然に法人になり（民法九五一条）、相続財産の管理人が選任され（民法九五二条）、相続財産の清算が行われる。その清算は、民法九五七条二項によって準用する限定承認における相続財産の清算手続規定（民法九二八条ないし九三五条）に基づいて行われる。このことからすると、限定承認者に対する登記手続請求についての先例、学説が参考となろう。

そこで、限定承認者に対する抵当権設定登記手続請求についてみると、本件判例の引用する大審院昭和一四年判決は、限定承認されると相続債権者及び受遺者は相続当時における相続財産についてのみ弁済を受けうるにとどまることから、相続開始前に生じた権利の得喪も相続開始当時に対抗要件を具備していない限り、他の相続債権者及び受遺者に権利の得喪を対抗することができないとする大審院昭和九年判決（大判昭九・一・三〇民集一三巻九三頁）を引用し、「左レハ被相続人ニ対スル債権ノ為ニ設定セラレタル抵当権ハ限定承認ノ当時未登記ナルニ於テハ限定承認者ニ対シ之カ設定登記ヲ請求スルノ利益通常存セサルモノト断セサルヲ得ス」として、消極に解している。学説も、消極に解することには異論はないようである（四宮和夫「判例評釈」判民昭和一四年度三八七頁、山木戸「判例批評」民商一一巻六号九八三頁、薬師寺志光「判例研究」志林四六巻五号五六四頁、浅井清「判例研究」法と経済三巻三号四六〇頁、谷口知平＝久貴忠彦編『新版注釈民法㉗』五〇五頁〔小室直人〕、五三七頁〔岡垣学〕〈一九八九年・有斐閣〉、中川善之助＝泉久雄編『相続法〔第三版〕』三七八頁〔市川四郎〕〈一九八八年・有斐閣〉）。そのなかで、四宮博士は、限定承認者の遺産の管理人たる資格と相続財産の主体たる資格の観点から考察し、前者に関しては、相続開始時に対抗要件を具備していない相続債権者は、限定承認により差押をなしたと同一の効果が認められる一般債権者（他の相続債権者或いは受遺者）に対抗できないこと、この結果、相続債権者或いは受遺者のために遺産の清算に従事する管理人に対しても主張しえず、さらに管理人として登記請求を拒絶する義務がある。後者に関しては、限定承認手続中は限定承認者はすべて管理権を奪われるものであることから、登記に応ずる権限を欠くことになるとして大審院昭和一四年判決を支持されている。

これに対して、本判決の引用する最高裁昭和二九年判決は、相続財産法人が相続財産である家屋の占有者に明渡しを求めたところ、被相続人から生前に家屋を贈与された者の同居人としての占有であるとして請求を棄却した原審に対し、右贈与についての登記の欠缺を主張した事案で、「同法人は被相続人の権利義務を承継した相続人と同様の地位にあるものというべく、従って本件の如く被相続人の生前被相続人より不動産の贈与を受けた者に対する関係においては、同法人は民法一七七条にいう第三者に該当しない」として、相続財産法人を包括承継人と同様に位置づけた。本件原審はこのことに注目して、被相続人から抵当権の設定を受けていた相続債権者からの相続財産法人に対する抵当権設定登記手続請求を積極に解した。すなわち、相続財産法人の相続財産の承継主体たる資格の観点から積極説を根拠づけるものである。下級審判例にも同旨の見解に立つものがみられる（和歌山地判昭一三・一二・九新聞四五一〇号三頁）。

四　評　論

1　本判決の問題点

ところで、本判決も、相続債権者間の優劣は、相続開始の時点である被相続人死亡の時を基準とし、被相続人の死亡の時点において設定登記がされていなければ、他の相続債権者及び受遺者に対して抵当権に基づく優先権を対抗できないから、すべての相続債権者及び受遺者のために法律に従って弁済を行う相続財産の管理人は相続財産の清算に著しい支障を来す設定登記手続請求を拒絶することができ、また拒絶する義務を負うとして、消極に解している。この限りでは、四宮博士の限定承認者の遺産の管理人としての登記請求に対する対応の論理に依拠したものと推測される。しかし、本判決は、四宮博士が相続財産の承継主体としての登記請求に対する対応面については、無視しているといえる。すなわち、本判決は、相続財産法人の相続財産の承継主体たる資格を認めた最高裁昭和二九年判決とは抵触しないとしながら、相続財産法人が相続財産の承継主体であるとしても登記請求を拒絶できるのは何故かについては、何ら説明をしないからである。このことから、原審が、最高裁昭和二九年判決で相続財産法人が被相続人の包括承継人と同様の地位に立つとした点に注目して、積極に解したことにつき、何らの応答をしないまま棄却したものと評されよう。また、相続財産の管理人は設定登記手続請求を拒絶することができ、さらには拒絶義務まで負っていることと、相続財産法人に対して設定登記手続を請求することができないという帰結とが直ちにつながるものなのかどうかも疑問である。

2　相続財産法人の二面性との関係

(1)　遺産の管理清算人たる資格との関係

相続財産法人については、この法人の実体は相続財産自体であり、「その目的と活動範囲とが清算という極めて小範囲に限られている」「清算法人に近い」「遺産の清算を目的とする清算法人類似」「相続人の存否不明の相続財産の管理清算を目的とするためのもの」などの見解（詳細は、谷口＝久貴編・前掲六五六頁〔金山〕参照）にみられるように、遺産の管理清算人としての資格のあることは明らかである。その遺産の管理清算に際しては、すべての相続債権者及び受遺者のために民法九五七条二項において準用する九二八条から九三五条の規定に基づいて行うことになる。このことから、配当弁済については、九二九条に従って優先権を有する遺産債権者が他の遺産債権者及び受遺者に優先して弁済を受け、他の相続債権者は債権額の割合に応じて弁済が受けられるように配当することになる。その際、本件についてみれば、被相続人から抵当権の設定を受けてはいるが被相続人死亡時までに設定登記を得ていない相続債権者が他の遺産債権者及び受遺者に優先権を主張できるか問題になる。この点、本判決は、『優先権を有する債権者』に当たるというためには、対抗要件を必要とする権利については、被相続人の死亡の時までに対抗要件を具備していることを要すると解するのが相当」として、優先関係を判断している。その理由としては、限定承認の場合についての大審院昭和一四年判決と別異に解すべき根拠はないからだとしている。この大審院昭和一四年判決は、被相続人から不動産の譲渡を受けた者が、その登記をしない間に相続が開始し、相続人が限定承認をしたときは、譲受人は、相続債権者及び受遺者に対し、所有権の取得を対抗することができないとした大審院昭和九年判決における理由づけ、すなわち「限定承認アリタルトキハ相続債権者及ヒ受遺者ハ相続当時ニ於ケル相続財産ニ就キテノミ弁済ヲ得ルニ止マル」ことから、「相続開始当時未タ其ノ対抗要件ヲ具備セサル以上」「相続債権者及ヒ受遺者ニ対抗スルニ由無キ」とした理由を引用している。この意味では、判例の一貫した見解をベースにしたものである。ただ、このことに関しては、被相続人から抵当権の設定を受けた相続債権者と一般相続債権者が対抗関係に立つとみることにつき、民法一七七条の第三者に該当する一般債権者の範囲を差押または配当加入をなした者に限定する判例理論（大判大四・七・一二民録一一二六頁）との関係づけが問題になる。しかし、限定承認されることによって相続債権者への弁済は相続開始時の相続財産に限定されることから、一般相続債権者が当該相続財産に差押をしたのと同様の立場に立つと考えれば（四宮・前掲三九〇頁）、問題は解消されよう。そして被相続人死亡時までに設定登記を得ていない相続債権者は優先権を主張できないと解することについては、相続財産法人の場合も、限定承認に関する規定が準用されていることから、差異を設ける必要はないであろう。このことから、遺産の管理清算の立場にある者としては、遺産の管理清算のために、相続財産の換価（民法九五七条二項において準用する九三二条本文）をするのに障害となり、清算に著しく支障を来すことが明らかな設定登記手続請求を拒絶し、さらには他の相続債権者及び受遺者に対して拒絶義務を負うことになるとする本判決の見解は妥当ということになる。

しかし、本判決は、設定登記手続請求を拒絶でき、さらに拒絶義務を負うのは相続財産の管理人であるとしている。この管理人として、誰を想定しているのか明確ではないが、もし民法九五二条により選任された相続財産の管理人を想定しているとすれば若干の疑念が生ずる。この管理人は、相続財産法人に帰属する相続財産を管理するために選任されたものであり、民法九五二条において準用する二七条から二九条に規定されている範囲において相続財産法人を代理する者である。たしかに、相続財産を法人としたのは、この管理人の管理清算のための権限を、この法人を本人とする代理権とするための「仮定ヲ設」けるためであった（梅謙次郎・民法要義巻之五（相続編）一四四頁〔明治三三年・有斐閣〕）としても、法形式的には相続財産法人と管理人とは分離し、相続財産法人の目的の範囲の行為を管理人が代理権に基づいて行っていることになる。このことからすると、相続財産法人自体が、相続財産の管理清算人という資格からみると設定登記手続請求を拒絶でき、さらに拒絶義務を負う者として位置づけられ、それを管理人が代理して行うにすぎないと解すべきであろう。このことによって初めて、本判決の判示した「相続財産法人に対して抵当権設定登記手続を請求することができない」との見解を導き出すことができるのではないかと思われる。すなわち、相続財産の管理人につき設定登記手続請求の拒絶や拒絶義務のあることを論証しても判示した見解は導き出すことができないのである。

(2)　相続財産の承継主体たる資格との関係

相続財産法人の承継主体たる資格については、議論されているところである（詳細は、谷口＝久貴編・前掲六三七頁〔金山〕参照）。このうち、相続財産法人を相続人と同じように包括承継人として捉えることは適切ではなく、承継理論とは別の視点で、相続財産自体を法人としたものであるとして、承継主体たる資格を否定する見解（谷口＝久貴編・前掲六三七頁〔金山〕）に立つときは、相続財産法人は被相続人の承継人でないことを理由に相続財産法人への登記手続請求を否定しうる余地がある。もっとも、このような見解に立っても、その相続財産は、被相続人に属していた権利義務をふくめてのことであり、その義務には被相続人がその所有不動産上の権利が移転したことにともなう移転登記に協力すべき義務がふくまれると解する（谷口＝久貴編・前掲六三八頁〔金山〕）と、本件事案との関係でも積極に解されることになろう。さらに、相続財産法人は相続が開始した時における被相続人に属していた一切の権利義務及びその他の法律関係を承継するのであるから、相続人と同一の地位に立つとの見解（近藤英吉・相続法論下九九七頁、中川＝泉編・前掲三一三頁〔市川四郎〕）、あるいは最高裁昭和二九年判決のように「被相続人の権利義務を承継した相続人と同様の地位」に立つとの見解によるときは、相続財産法人は、物権変動の当事者として登記手続請求に応じなければならない義務があるはずである。

このことは、限定承認の場合も同様に問題になる。そこで、四宮博士は、限定承認をした相続人は、財産主体の資格においては遺産に関する一切の管理権を剝奪せられ、ただ遺産の管理人としてのみ管理権を有しているにすぎないから、登記に応ずる権限を欠くとして消極に解されている。相続財産法人の場合にも同様に解しうるか疑問である。相続財産法人は相続財産の管理清算人として位置づけられているわけであるから、管理権の剝奪を根拠として消極見解を根拠づけることは困難ではないかと思われるからである。

(3) **二資格の関係づけ**　このように、相続財産法人の管理清算人資格からみると消極に、承継主体資格からみると積極に解されるという理論状況にあって、いずれと解するのが妥当か。本判決についてみても、最高裁昭和二九年判決の見解を修正したわけではなく、抵触しないとして肯認していることを勘案すると、積極に帰結する余地があるにもかかわらず、消極に帰結したのは何故か。とくに、承継主体たる資格との関係から帰結する積極見解を否定する論拠はどこにあったのか問題となる。

本判決の論理構造についてみると、一方では、相続財産の管理人に拒絶ないし拒絶義務があることを強調し、他方では相続財産法人の承継主体たる地位を認めた判例を維持していることからすると、相続財産の管理人についてと、相続財産法人についてとを区別しているものと推測される。このことは、本判決についての調査官解説で、相続財産法人は被相続人の一般承継人であるから、被相続人から設定を受けた抵当権については民法一七七条の第三者にはあたらないが、しかし、相続財産の管理人は、すべての相続債権者及び受遺者のために法律に従って弁済を行うことを義務づけられているものであるから、拒絶することができ拒絶する義務があるとして抵触しないとされている（近藤崇晴「解説」ジュリ一一六一号一七八頁）ことからも窺い知ることができよう。しかし前述のように、相続財産の管理清算人の資格が問題になるのは相続財産法人であり、このような資格との関係で登記手続請求の拒絶あるいは拒絶義務を負うのは相続財産法人自体であると解すべきではないかと思われることから、このような区別、使い分けでは根拠づけることはできないであろう。そして、本判決が、このような論理によったのは、大審院昭和一四年判決が「利益」が存在しないという巧妙なテクニックを使用して消極に解したのを、実体法上の問題として位置づけるために四宮見解に依拠しながらも、相続財産の承継主体としての資格の面においても限定承認と同様に位置づけて四宮見解によって指摘されている承継主体の資格との関係での論拠づけを欠落させたことに原因があるものと思われる。

そこで、この問題に対処するためには、大審院昭和一四年判決を承継するよりも、最高裁昭和二九年判決を展開する方が妥当ではなかったかと思われる。最高裁昭和二九年判決によると、相続財産法人は、被相続人の設定登記義務を承継することになるわけであるが、無条件に承継すると解する必要はない。同判決は、相続財産法人は「相続財産を管理し」「債務の清算をすることを主目的とするものであるから、この点において同法人は被相続人の権利義務を承継した相続人と同様の地位にある」と解しているわけであるから、管理清算の範囲での承継主体たる資格を認めているにすぎない。そうだとすると、相続財産法人の管理清算人としての資格との関係では、本件のような設定登記手続請求を拒絶でき、拒絶義務を負っていることからすると、管理清算についてしか承継主体たる資格を有しない相続財産法人としては、本件のような設定登記手続請求に応ずる資格がないことになろう。

3　残された問題

(1)　登記が行われた場合の効力

以上の理由から、本判決が、本件のような設定登記手続請求を拒絶でき、また拒絶義務があるとして消極に解したことについては、その理論構成を異にするものの、結論においては賛成である。そこで、今後の問題としては、本件のような場合で相続財産の管理人が登記手続請求に応じて登記が行われた場合どうなるか。このような場合は、相続財産法人としては、本件のような場合に登記に応ずる資格がないわけであるから、そのような登記は効力を持たない。このため仮に登記がなされたとしても優先権を主張して弁済を受けることはできない。さらには、相続財産の管理人は本人である相続財産法人に登記に応ずる資格がないのに代理人として登記請求に応じたわけであるから、このような登記がなされることによって相続財産の換価に障害が生じ、清算が困難となって他の相続債権者或いは受遺者に損害が生じたときは民法九五七条二項において準用する九三四条一項二文にも基づいて損害賠償責任を負うことになると解される。

(2) 被相続人死亡前に仮登記されている場合　本判決は、この場合には、相続財産法人に対して登記手続請求ができるとしている。この場合は、他の相続債権者或いは受遺者との関係においても対抗できる地位を保全しているわけであるから、登記手続請求に応ずることは管理清算の範囲であり、相続財産法人の管理清算の範囲での承継主体として、また管理清算人の資格を有する者として登記に応ずるべきである。

(3) 相続財産状況との関係　本判決の事案では、相続財産状況は明らかでない。ただ、相続放棄が行われていることから債務超過状態にあるものと推察される。しかし、本判決の射程を、債務超過状態にある場合に限る必要はない。債務超過状況にない場合は、登記手続請求債権者は全額の弁済を受けることになり抵当権は消滅することになるだけのことである。

ところで、抵当権設定登記請求と異なり、被相続人死亡前に所有権を取得した者からの所有権移転登記請求の場合で、債務超過状況にないときでも、同様に消極に解してよいかどうかの問題が残る。特定不動産の取得についての対抗要件を具備してやる必要はないのかどうかである。最高裁昭和九年判決は限定承認の場合につき消極に解しているが、同様に解してよいかどうか。この点の検討は留保する。

(4) 限定承認との同視　本判決は、傍論ではあるが限定承認の理由づけについても変更をしている。それは、これまで述べてきたように、相続財産法人の場合と同視したことの結果であるわけであるが、理論的に同視できるものであるかどうか疑問が残る。

18　後順位抵当権者と先順位抵当権の被担保債権の時効援用

〔最判(一小)平成一一年一〇月二一日民集五三巻七号一一九〇頁、判時一六九七号五三頁、判タ一〇一九号八八頁、金判一〇八四号三三頁、金法一五七一号一二〇頁〕

一　事　案

Y信用組合は、A社との間で、A社所有の不動産1ないし17につき、信用組合取引を被担保債権の範囲とする極度額一億五、〇〇〇万円の根抵当権を設定し、登記を経由した。Yは、A社に昭和五二年三月三一日、手形貸付の方法で二億四、三〇〇万円を貸し付けた。A社は貸付金の一部につき内入弁済したが、その後、何らの支払もなく、元本一億二、〇〇〇万円余りが残存している。そこで、Yは、本件根抵当権の実行として、競売を申し立て、裁判所は平成六年六月二三日競売開始を決定し差押登記を経由した。

X_1社は、本件根抵当権設定登記後に本件各不動産の一部に抵当権の設定を受け、また訴外Bほかが本件根抵当権設定後に設定した根抵当権あるいは抵当権の移転を受け、平成五年三月までの間に、本件不動産1ないし16に対し抵当権ないし根抵当権の設定登記を経由している。X_2は、本件不動産4ないし17について、所有権移転登記を経由し第三取得者であると主張するものである。なお、A社の倒産に当たり、債務の整理を依頼したところ暴力団組長Bが配下の者に資産の管理に当たらせ、本件の不動産につき、多額の債権を被担保債権とする抵当権を設定したり、所有名義を関係者に移転させ、第三取得者である旨を主張するX_2は、Bの妻であるという事情がみられる。また、Yの担当者は、Bから執拗に圧力をかけられ、交渉のため何度も面会をしている。

かかる状況の下で、XらがYの貸付金債権は時効で消滅したと主張して、本件根抵当権設定登記の抹消を請求したのに対し、原審は、X_1については民法一四五条の当事者には当たらず消滅時効を援用することができないこと、X_2については第三取得者ということができないとして棄却した。そこで、Xらが上告し、本件の判旨はX_1の上告理由にかかわるものである。

二　判　旨

上告棄却。

「民法一四五条所定の当事者として消滅時効を援用し得る者は、権利の消滅により直接利益を受ける者に限定されると解すべきである……。後順位抵当権者は、目的不動産の価格から先順位抵当権によって担保される債権額を控除した価額についてのみ優先して弁済を受ける地位を有するものである。もっとも、先順位抵当権の被担保債権が消滅すると、後順位抵当権者の抵当権の順位が上昇し、これによって被担保債権に対する配当額が増加することがあり得るが、この配当額の増加に対する期待は、抵当権の順位の上昇によってもたらされる反射的な利益にすぎないというべきである。そうすると、後順位抵当権者は、先順位抵当権の被担保債権の消滅により直接利益を受ける者に該当するものではなく、先順位抵当権の被担保債権の消滅時効を援用することができないものと解するのが相当である。」

三　先例・学説

本判決は、後順位抵当権者は先順位抵当権の被担保債権の消滅時効の援用権者に該当しないとする。すなわち、民法一四五条所定の「当事者」に該当しないとする。民法一四五条の「当事者」の判断基準については、判例は、大審院明治四三年判決（大判明治四三・一・二五民録一六輯二二頁）が「時効ニ因リ直接ニ利益ヲ受クヘキ者即……消滅時効ニ因リテ権利ノ制限若クハ義務ヲ免ルル者ヲ指称」し、「間接ニ利益ヲ受クル者ハ所謂当事者ニ非ス」と判示して以来、今日まで、この直接受益者基準説を踏襲してきている。ただ、この基準に基づく具体的認定においては拡張の傾向をたどってきた。本判決事案と直接関係する範囲においてみると（詳細は、山本豊「民法一四五条」『民法の百年Ⅱ』二七六頁以下参照）、前述大審院明治四三年判決は抵当不動産の第三取得者による被担保債権の消滅時効の援用を否定し、傍論では物上保証人による被担保債権の消滅時効の援用を否定し、かかる見解が承継されてきた。しかし、戦後、最高裁は、他人の債務のための譲渡担保権設定者につき被担保債権の消滅時効の援用を肯定し、その傍論で物上保証人も被担保債権の消滅によって直接利益を受ける者であることを明示し（最判昭和四二・一〇・二七民集二一巻八号二一一〇頁）、さらに判旨も引用している最高裁昭和四八年判決（最判昭和四八・一二・一四民集二七巻一五八六頁）は抵当不動産の第三取得者につき「抵当権の被担保債権が消滅すれば抵当権の消滅を主張しうる関係にあるから、抵当債権の消滅により直接利益を受ける者にあたる」として肯定した。このような状況の下で、本件事案にかかわる後順位抵当権者による先順位抵当権の被担保債権の消滅時効の援用については、判例はなく、その帰趨が注目されていた（山本・前掲二八九頁）。

学説では、「当事者」基準につき種々の提案がなされている（学説の詳細は、松久三四彦「時効の援用権者」北法三八巻五＝六号(下)一五四六〜一五四九頁、山本・前掲二九四〜二九七頁参照）。これらの学説は、当初は、判例が直接受益者基準を狭く解していたのを批判し、援用権者の範囲を拡張するものであったが、最近ではその範囲を狭める立場、より広げる立場、類型化する立場などさまざまな状況にある（山本・前掲二九五頁、二九七頁）。ところで、このような基準についての諸提案の検討は後日に留保するが、そこでも具体的な判断において見解を異にする一つが、本件判決の事案にかかる後順位抵当権者の援用権の許否である。援用権者の範囲を拡張する傾向にあった時期の学説では、負担を免れるか地位が上昇する利益に注目して（我妻栄・新訂民法総則四四五頁［昭和四〇年・岩波書店］）、フランス民法二二二五条の時効の完成につき利益を有するすべての者とする規定を引用して（川島武宜・民法総則四五四頁［昭和四〇年・有斐閣］）、第三取得者と比較して（幾代通・民法総則（第二版）［昭和五九年・青林書院新社］）積極に解する見解が通説的であった。その後、消滅時効制度の目的との関係から（星野英一「判例批評」法協八六巻一一号一三八五頁）、当事者は義務なり責任を免れる者に限り、自己の利益を増進する者は含まれないとの立場から（遠藤浩「時効の援用権者の範囲と債権者代位権による時効の援用」手研三一九号六一頁、松久・前掲一五五七頁）、自らの権利を否定される所有権取得者と順位上昇の利益を否定されるだけの後順位抵当権者とは区別すべきであるとの立場から（魚住康男「判例解説」最高裁判所判例解説民事編平成二年度一七六頁、松久・前掲一五五七頁）、援用の相対効との関係での複雑化の回避（松久・前掲一五五七頁注(7)）などを理由に消極に解する見解（鈴木禄弥・民法総則講義（改訂版）二七六頁、酒井廣幸・増補改訂版時効の管理四四一頁）が優勢となっていた。さらには、後順位抵当権者の援用権を否定しながら援用権の代位行使を認めることで満足すべきであるとの見解もみられる（山本・前掲二九八頁）。

四　評　論

本判決は、これまで、懸案とされていた後順位抵当権者による先順位抵当権の被担保債権の消滅時効の援用につき判示したものとして注目される。その結果においては、従来の判例の直接受益者基準説を踏襲しつつ、具体的判断においては近時、優勢になっていた学説を受け入れたといえる。しかし、その理論的構成において妥当かどうか検討の余地がある。

1　当事者基準との関係

本判決は、まず、当事者基準として直接受益者基準に立つことを明示しながら、後順位抵当権者は、先順位抵当権の被担保債権の消滅については「反射的な利益」が認められているにすぎないから、援用権者には該当しないとしている。たしかに、後順位抵当権者は先順位抵当権により担保される債権額を控除した価額についてのみ優先弁済を受けることができるにすぎない。しかし、わが国の抵当権制度においては、順位昇進の原則が認められており、先順位抵当権が消滅すると後順位抵当権者は先順位抵当権により担保されていた価額分についても優先弁済を受けることが予定されている。このようなわが国の抵当権制度における順位昇進の原則により生ずる利益を単なる反射的利益と解してよいのかどうか若干の疑問が残る。このことから、順位昇進の原則の当否は別にして法が認めたこのような利益増進を受けることのできる後順位抵当権者を除外することには疑問があるとの見解もみられる（田口勉「後順位抵当権者による先順位抵当権の被担保債権の消滅時効援用」法学教室二三五号一一七頁）。この点、順位昇進の原則をどのように評価するかにかかっているようである。順位昇進の原則については、民法上明文の規定はないが、順位確定の原則を採用していないわが民法では当然の前提になると解され、判例（大判大正八・一〇・八民録二五輯一八五九頁）も認めるところであるが、後順位抵当権者が先順位抵当権の被担保債権の消滅という偶然の事由により先順位抵当権者が把握していた担保価値をも把握できるというのは不合理であるとの批判が有力である（我妻栄・新訂担保物権法二一七頁、橋本真「順位昇進の原則」椿寿夫編・担保法理の現状と課題（別冊ＮＢＬ三一号）三〇〇頁など）。そこで、本判決は、順位昇進の原則のこのような不合理を考慮したことの結果ではないかと指摘する見解もある（上野隆司＝浅野謙一「後順位抵当権者が先順位抵当権の被担保債権の消滅時効を援用することの可否」銀行法務21五七三号八頁）。それとともに、最近の立法においても、民事再生法にみられるように、後順位抵当権者の順位昇進の原則による利益増進を保障しないという傾向とも一致するものがある。

ただ、後順位抵当権者の順位昇進の原則による利益増進を単なる反射的な利益にとどまるものといえるかどうかについては決定ではなく、それを基準とすることについては明確性を欠くことは否定できない（秦光昭「後順位抵当権者による先順位抵当権の被担保債権消滅時効の援用の可否」金法一五七七号五頁）。

このようなことから、義務なり責任を免れる者に限り、自己の利益を増進する者は含まれないとする（遠藤・前掲六一頁、松久・前掲一五五七頁）基準を示したほうが明確であり、これまでの判例の実績にも合うように思われるとの指摘がなされている。後順位抵当権者の順位昇進の原則による利益増進を反射的な利益とみて否定するのも、利益増進の場合は含まれないとして直接的に否定するのも実質的には異なるところはない。また、理論的には直接利益を受ける者を基準とすることについては妥当としても、その基準自体が曖昧である。民法の予定している順位昇進の原則という法制度による利益増殖が直接の利益に当たらないとすると何がそれに当たるのかという疑問も生じよう。これらのことを考えると、本判決は、理論的には直接受益者基準によりながら、その直接受益者の具体的な判断において近時の有力学説によって提示されている基準を実質的に借用したものと解することができるのではないだろうか。

2　第三取得者との対比

つぎに、第三取得者につき消滅時効の援用権を認めている最高裁昭和四八年判決（前掲、最判昭和四八・一二・一四）との関係が問題になる。先順位抵当権の被担保債権が消滅時効によって消滅することによって、先順位抵当権の負担のつかない状態で不動産価値を把握することになる点では、後順位抵当権者も第三取得者も変わりはない。このような利益に注目すると第三取得者に認められる以上は後順位抵当権者についても肯定してよいように思われる。上告理由でも、このことが強調され、前述のように学説においても第三取得者との比較において肯定する見解もある。

しかし、本判決は、消滅時効の援用による両者の利益内容の違いに着目して、後順位抵当権者についての否定の論拠としている。すなわち、「第三取得者は、右被担保債権が消滅すれば抵当権が消滅し、これにより所有権を全うすることができる関係にあり、右消滅時効を援用することができないとすると、抵当権が実行されることによって不動産の所有権を失うという不利益を受けることがあり得る」のに対し、後順位抵当権者の援用による利益は反射的な利益にすぎないし「消滅時効を援用することができないとしても、目的不動産の価格から抵当権の従前の順位に応じて弁済を受けるという後順位抵当権者の地位が害されることはない」という違いがあるからであるとしている。しかし、このような違いを指摘するだけで援用権の許否が左右されるものであろうか。消滅時効を援用することによって所有権を全うする利益を受けるということとその援用によって順位昇進による利益が増進するということとの間に、どこが直接でどこが間接であるといえるのかの説明がない。またあえて理屈をいえば、第三取得者に援用権を認めないことによって所有権を失うという不利益は、抵当権付不動産を取得している第三取得者としては覚悟すべき地位にあるわけである。そうだとすると、後順位抵当権者は先順位抵当権の存在を覚悟している以上は援用を認めないことによって地位は害されないというのであれば、第三取得者についても、抵当権の被担保債権につきたまたま消滅時効が完成したからといって、そのことによる利益を与えなければならない必然性はなく、その当初の地位は害されないということになろう。この意味でも、援用権の許否を左右させるものではないのではなかろうか。ただ、第三取得者については所有権上に存在する抵当権の負担を免れるのに対して、後順位抵当権者の場合は、このような義務や負担を免れる関係にはなく利益増進という利益を受けるにすぎないという違いのあることは確かである。本判決の理由づけは、この点を強調するものとすれば、それなりの理由がつこう。このことは、先に指摘したように理論的には直接受益者基準によりながら、その直接受益者の具体的な判断において近時の有力学説によって提示されている基準を実質的に借用したものということになろう。

3　援用の相対効との関係

なお、本判決で援用権を否定すべき実質的理由として考えられるのは、援用の相対効ではないかという指摘がみられる（田口・前掲一二七頁）。また後順位抵当権者の援用権否定根拠の一つに挙げる見解もある（山本・前掲二九八頁）。すなわち、三人以上の抵当権者がいる場合、三番抵当権者が一番抵当権者の被担保債権の消滅時効を援用し得るとすると、時効の援用の効果は相対であることから、援用した三番抵当権者との関係は一番抵当権では消滅したものとして扱われるが、二番抵当権者との関係では一番抵当権は存在しているものとして扱わなければならないことになる。この場合、権利関係は紛糾することから消極に解すべきであるとする（松久・前掲二〇七頁注(7)）。たしかに、このような権利関係の紛糾は指摘の通り予想される。しかし、通常は、二番抵当権者も援用をするであろうし、援用しない場合でも、三番抵当権者との関係では一番抵当権は存在しないものとして、二番抵当権者との関係では一番抵当権は存在するものとして配当計算することは可能ではないだろうか。この意味では、権利関係の紛糾は極力避けることは望ましいことではあるが、そのことを後順位抵当権者の援用権否定の実質的根拠と解することには躊躇が感じられる。

4　消滅時効制度との関係

消滅時効の援用権者をどの範囲まで認めるかは、基本的には消滅時効制度に対する価値判断により異なる。これまでは、取得時効と消滅時効を区別することなく、なるべくその適用の範囲を拡大する傾向にあったと思われる。しかし、とくに消滅時効については、正当な権利者から権利を奪い、不誠実な債務者に利益をもたらす道徳上好ましくない制度ないし正義に反する制度（星野英一・民法概論Ⅰ（一九八一年・良書普及会）二五一頁）と消極的に捉えるべきである（拙稿「『民事執行上の催告』による暫定的中断効と消滅時効中断効論」法律論叢七一巻四・五合併号（椿寿夫教授古稀記念論文集）三六頁）。このような基本的立場からすると、不誠実な債務者が時効利益を援用するについて、それなりの積極的な合理的な理由の存在する場合にのみ援用権を認めるべきであって、これをむやみに拡大すべきではないことになる。この意味においては、本判決が後順位抵当権者につき援用権を否定したのは妥当といえよう。ただ、消滅時効に関する最高裁判例全体の動向としてみるとき、とくに民事執行手続につき消滅時効中断効を認めようとしない一連の最高裁判例（詳細は、拙稿「抵当不動産に対する競売申立と確定的中断効」伊藤進＝新井泉太郎＝平野裕之編・現代民法学の諸問題（玉田弘毅先生古稀記念論文集）一九九九年・信山社）一五頁以下、拙稿「抵当不動産競売手続への申立以外の方法による参加と消滅時効中断効（上・下）ジュリスト一四六号一一五頁以下、一四七号一一八頁以下参照）との関係からみて、このような消滅時効制度に対する価値判断が確認されたことの結果であるかどうかについては判然としないところがある。

5　代位行使との関係

後順位抵当権者自身の援用権を否定することと関連して、後順位抵当権者による援用権の代位行使の可否が問題となる。消極説の中には、後順位抵当権者は債務者無資力の場合に援用権の代位行使（民法四二三条）を認めることで満足すべきであるとする見解がみられる（山本・前掲二九八頁）。また、本判決を前提として、実務上は、後順位抵当権者が代位権を行使し得る場合はどのような場合かという、代位の許否についての議論にウエイトが置かれようとの指摘もみられる（上野＝浅野・前掲九頁）。本判決との関連においても、最高裁昭和四三年判決（最判昭和四三・九・二六民集二二巻九号二〇〇二頁）からみて、後順位抵当権者による援用権の代位行使は、一般論としては否定できないであろう。ただ、AがBに対する貸金の担保としてC所有の甲地上に一番抵当権を有し、DはEに対する貸金の担保として甲地上に二番抵当権を有するという物上保証の場合には、債権者代位権は行使できず、後順位抵当権者は消滅時効による利益を受け得る余地はないと指摘されている（鈴木・前掲二七五頁、山本・前掲三〇三頁注(86)）。もっとも、後順位抵当権者が、このような物上保証物件について、先順位抵当権の被担保債権の消滅時効の援用権を代位行使することについては、最高裁大法廷平成一一年判決（最大判平成一一・一一・二四銀行法務21五七一号三二頁）との関係で、その可能性が示されたものと思われるとの指摘がみられる（上野＝浅野・前掲九頁）。さらに、本件事案との関係においては、後順位抵当権者がA社の援用権を代位行使するに当たっては、A社自体の援用権濫用が問題になる可能性があるとの指摘がみられる（本件判決のコメント（判時一六九七号五四頁））。これらの指摘については、後日に検討を留保する。

〈著者紹介〉
昭和11年３月　大阪府松原市に生まれる。
昭和33年３月　明治大学法学部卒業
昭和35年３月　明治大学大学院法学部研究科修士課程修了
現　　在　明治大学法科大学院長・教授
元司法試験考査委員
金融法学会常務理事

主要著書
銀行取引と債権担保（昭和52年・経済法玲研究会）
担保法概説（昭和59年・啓文社）
担保物権Ⅰ〔共著〕（昭和58年・啓文社）
民法Ⅲ〔共著〕（昭和62年・日本評論社）
担保物権法講義〔共著〕（昭和55年・勁草書房）
不法行為法の現代的課題（昭和55年・総合労働研究所）
リース取引全書〔共編著〕（昭和62年・第一法規出版）
司法書士法務全集〔共編著〕（平成４年・第一法規出版）
授権・追完・表見代理論〔私法研究第１巻〕（平成元年・成文堂）
任意代理基礎論〔私法研究第２巻〕（平成元年・成文堂）
民事執行手続参加と消滅時効中断効（平成16年・商事法務）

抵当権制度論
私法研究著作集　第一四巻

平成一七年七月三〇日　第一版第一刷発行　©

著作者　伊藤　進
発行者　今井　貴
発行所　信山社出版㈱
113-0033 東京都文京区本郷六―二―九
モンテベルデ第二東大前一〇二号
電話　〇三（三八一八）一〇一九
FAX　〇三（三八一八）〇三四四
製作㈱　信山社
信山社笠間支店／稲葉・小池
販売　信山社販売㈱
印刷・製本　松澤印刷・大三製本

ISBN4-7972-9160-5　C3332
NDC 324.551
9160-01011, P264, ¥10000E
出版契約№ 9160-01011